私は地球星警備団の団長ユザレ。このタイムカプセルが地球に到着したということは、地球に大異変が相次いで起きます。その兆しとして大地を揺るがす怪獣ゴルザと空を切り裂く怪獣メルバが復活します。大異変から地球を守れるのはティガの巨人だけです。かつて地球上の守り神だった巨人は戦いのために用いた体をティガの
ッドに隠すと、本来の姿である光となって星雲へ帰って行きました。わが末裔
を甦らせてゴルザとメルバを倒すのです。巨人を甦らせる方法はただ
が光となることです。ダイゴ、またの名をウルトラマンティガ。

地球星警備団団長ユザレの言葉

ウルトラマンティガ
25年目の証言録

八木毅 編

はじめに

八木毅

『ウルトラマンティガ』は1996年9月7日夕方6時から放送が開始されました。そのとき、皆さんはどこでどのように過ごされていましたか？　まだ幼少でご両親とご覧になったかもしれません。もう大人でお子様と一緒にご覧になったかもしれません。それぞれ楽しい想い出をお持ちでしょう。でも私は少し違いました。その日は9話「怪獣を待つ少女」松原組の撮影でした。出演者はダイゴ、ホリイ、シンジョウ、レナ、マユミ、サキ。スタジオ・東宝ビルトの2スタで「別室」と「医療室」のセット撮影をしてから六本木に移動。夜を待って劇用車「シャーロック」の牽引撮影。ですから放送開始日のオンエアは見られませんでした。

当時の私は『ティガ』の本編班サード助監督。朝から晩まで『ティガ』一色でした。まだまだ撮影の経験も浅く、やることすべてが初めてという時期。周りについて行くのに精一杯で、作品づくりにすべてを捧げていました。大袈裟ですね。でも本当です。キャスト、スタッフ全員が毎日試行錯誤しつつ、挑戦して、新しいものを作ろうとがんばっていました。

『ティガ』の素晴らしさはそれだけではありません。キャスト、スタッフはみんな仲がよくて家族のようでした。1年間毎日撮影したり準備したりしますから、本当の家族よりも一緒にいる時間が長い。だからみんな本当に仲がよい。そしてスタジオはわれわれの家でした。東宝ビルトにはすべてがありました。GUTSの司令室、レギュラーセット、特撮のステージ、スタッフルーム、衣装部屋、控え室、オープン、サロン（食堂）となんでも揃っていてまるで生活の場のようでした。そんな環境でわれわれは『ティガ』を作っていたのです。

その後、私自身は1998年作品『ウルトラマンガイア』の終盤、1999年に監督・特技監督となりました。そして2005年の『ウルトラマンマックス』ではプロデューサーとなり、2008年には長野博さん主演で並行世界のウルトラマンティガが大活躍する映画『大決戦！超ウルトラ8兄弟』を作りました。少し早すぎるスピードで監督となりプロデューサーとなりましたが、すべては『ティガ』での経験があったからだと思います。

今年は『ティガ』放送25周年という記念の年です。当時現場にいた人間として、この記念の年に『ティガ』のことを本にしたいと思いました。だから本書はお祝いの本でもあります。そして少し特別な本でもあります。助監督だった私が、当時の家族（仲間）であるスタッフ、キャスト、関係者の方々と一緒に作る『ティガ』の内側からの本なのです。だから楽しい本になりましたし、書かれていることはすべてが事実です。永遠の名作『ウルトラマンティガ』がどのようにして作られたかをこの本では語ります。

最後になりましたが、本書は多くの方々のご尽力によって出来上がりました。取材を快く受けてくださった素晴らしいキャスト、スタッフ、関係者の方々、そして、円谷プロの監修の方々、『ウルトラマンマックス 15年目の証言録』に続き担当してくださった立東舎の編集者、山口一光さん、本当にありがとうございました。あらためて感謝申し上げます。

それでは、25年ぶりに帰ってきた『ウルトラマンティガ』を存分にお楽しみください。

GUTSのメンバーたちが集う地球平和連合TPC極東本部基地

CONTENTS

PART 1
キャスト編

010
長野博
現場の熱意みたいなものが画面にも出ていました

022
吉本多香美
カメラの前もオフシーンも全部同じでいられるような特別な現場

034
大滝明利
作品は終わっても役づくりは終わらない

050
高樹澪
みんなが持っているプラスの部分を持ち寄った作品

PART 2

スタッフ編

064
松原信吾
『ウルトラマン』をビデオで撮るのは止そうよ

088
村石宏實
多分に無茶した部分はあると思うけどやり通した

112
神澤信一
『ウルトラ』史上におけるアナログからデジタルへの橋渡し的な作品

130
岡田寧
子どもの話を作りたいというのが僕の基本スタンスです

144
勝賀瀬重憲＋今泉吉孝＋黒木浩介＋八木毅
演出部メンバーが語るあまりに熱かった撮影現場

158
倉持武弘＋佐藤才輔
『ティガ』の画面を作り上げた照明と撮影のコンビネーション

174
右田昌万
時間がなかったのはかえってよかったかもしれない

188
小中千昭
みんなが光になれるんだよっていう話で終わりたかった

204
太田愛
クリエイターにとって自由にのびのびと創作ができた幸福な場所

218
長谷川圭一
最初はそんなにすごい作品だとは思っていなかった

PART 3

プロデューサー編

260
笈田雅人
魂をぶつけるくらいの脚本じゃないとやらないよ

288
丸谷嘉彦
ホン打ちから仕上げまで徹底的に付き合った

296
円谷一夫
『ティガ』を96年にスタートできたことを誇りに思っています

コラム
232
全話体験記

PART 1 キャスト編

HIROSHI NAGANO
長野博

TAKAMI YOSHIMOTO
吉本多香美

AKITOSHI OTAKI
大滝明利

MIO TAKAKI
高樹澪

長野博

Hiroshi Nagano | Actor

現場の熱意みたいなものが画面にも出ていました

『ウルトラマンティガ』の主役を務めたのはV6の長野博氏。そのピュアなキャラクターはダイゴ役にぴったりで『ティガ』の世界を牽引していくことになるわけだが、全く新しい『ウルトラマン』を作り出す現場の苦労はどれほどのものだったのだろうか。自身も『ウルトラ』ファンだという長野氏に撮影時の貴重なお話を伺うことができた。記念碑的な作品『ティガ』はこのようにして始まったのだ。

聞き手＝八木毅

「ああ、M78星雲じゃないのか……L77星でもないんだ」

八木　『ティガ』撮影時にはサード助監督だった僕なりの視点で、今回の本ではキャストやスタッフの皆さんにお話を伺わせていただきたいと考えています。当時はカチンコが全然入らない助監督でご迷惑をおかけしたと思いますが、よろしくお願いいたします。

長野　全然気にしてはいなかったけど、確かに八木さんはカチンコを怒られていましたね（笑）。でもその後は監督になって『大決戦！超ウルトラ8兄弟』（08）で会えたからうれしかったです。なかなかそうやってご一緒できることは少ないですから。

八木　ありがとうございます。とてもうれしいです。では早速お話を伺っていきたいと思います。『ウルトラ』史上では有名グループのメンバーが主役をやってくださるというのは初めてだったわけですが、『ウルトラマンティガ』のヒーロー役のオファーがきたときはどう思われました？

長野　子どものときは昭和の『ウルトラマン』を見ていたので、「ああ、自分がウルトラマンになるんだな」って思いましたね。確か『ウルトラマンレオ』（74-75）がリアルタイムだったのかな？　あとは再放送を夕方6時から見たりしていましたし、怪獣が全部載っている『ウルトラマン大百科』という本も持っていて読んだりしていましたから、自分がウルトラマンになるというのは不思議な感じでしたね。見ていたものになるっていうのは独特な感覚でした。

八木　僕も小さいときに『ウルトラマン』を見ていて、いざ現場に入っていくときには不思議な感じがありました。でも「ウルトラマンになる」というのは本当に特別ですからね。

長野　しかも映画はやっていましたけど、連続ものは『ウルトラマン80』（80-81）以来だから16年ぶりくらい。すごく久しぶりだったわけじゃないですか？　あと『ウルトラマン』に限らず特撮ものの雰囲気自体が分からなかったので、そういう世界観が初めてだったということもありましたね。始めはとにかくそこでしたね。でも、あとは演じていくしかないので。

八木　役づくりなどは1～2話の松原信吾監督と相談されたりしましたか？

長野　「こういうキャラですかね？」っていう役づくりの話し合いをした覚えはあまりないですね。だから脚本を読んだイメージで芝居に入っていく感じだったんだと思います。

八木　いま見返すと長野さんのお芝居は自然体で始まって、どんどんダイゴになっていくようなところがあります。

© 円谷プロ

スパークレンスを見つめるダイゴ隊員。第1話「光を継ぐもの」より。すべてはここから始まりました

最初は自然な形で役を受け入れられたということだったんですね。
長野　そうですね。それで1年やっていく中で変わっていったんだと思います。
八木　クランクインは7月1日の道志村ですが、その10日前には東宝ビルトで衣装合わせ兼カメラテストを行なっています。今日は大滝（明利）さんにお借りして当時の写真をお持ちしたんですが、カメラテストのときはGUTSスーツが布だったんですよね。デザインは一緒なんですけど。
長野　あ、本当だ。懐かしい（笑）。これ、パンツをブーツにインして撮影していますね。でも初代『ウルトラマン』（66-67）なんかも隊員服は布だったし、『ティガ』も最初はあんな感じだったということですね。
八木　そうですね。でもこの布バージョンはNGになって、急遽革のスーツを作ることになりました。それを初めて着ていただいたのが7月1日の撮影初日だったというバタバタした現場でした。
長野　初日のことは覚えていますね。いないものと演技するという前提とは思っていましたけど、いきなり最初からそうでしたから（笑）。ティガの石像を見つける芝居で、レーザーポインターで「この辺です」って言われて。そういうのが多かったですね。だから「ああ、特撮ってこんな感じなんだな」って。でも戸惑ったというよりは「こういう感じで撮るんだぁ」と思いながらやっていました。ただ超古代文明の石像という設定だったから、「ああ、M78星雲じゃないのか……L77星でもないんだ」っていう感じはありました。ウルトラ兄弟じゃないのかっていう（笑）。

変身ポーズは簡単に真似できるものにしたかった

八木　『ティガ』の現場でよく覚えているのは、村石宏實監督が現場で長野さんに「ちょっと変身ポーズを考えて」っておっしゃっていたことです。4話「サ・ヨ・ナ・ラ地球」のロケでしたけど、長野さんがその場で考えられていたのですごいなと思いました。
長野　山の中で、校長先生が乗る朝礼台みたいな台の上に乗ってやりましたね（笑）。その場で考えて村石さんに1回見ていただいたら、「いいんじゃない、それで！」っていう感じで。変身ポーズって子どもが真似するものだろうから、真似しやすいものがいいだろうなという意識はありました。本当かどうか分からないですけど『ウルトラマンA』（72-73）の変身は2人で前宙するから難しすぎて、途中から変わったという話も聞いていましたし。
八木　諸説ありますけど、確かに男女2人いないと変身できないし前宙は真似できないですよね。
長野　まあその話が本当かどうかは分からないですけど、変身ポーズは簡単に真似できるものにしたい。そう思って考えたらすぐに決まったんですよね。
八木　その場にいたからよく覚えています。しかも単純でありながらものすごく美しい変身ポーズでした。ただ正確に真似しようとすると、体重の移動もちょっと難しかったりして。
長野　そこまで真似しないでも大丈夫です（笑）。
八木　村石監督は変身ポーズの回も含め重要な作品をいっぱい撮られていますが、現場ではいかがでしたか？
長野　本数としては一番多かったですし、『ウルトラマンティガ THE FINAL ODYSSEY』（00）も村石さんでした。だから一番見てくれている監督で、安心してやれたというのはありますね。監督さんが変わると「今回はどんな感じなんだろう？」というところからまず入るので、そういった意味でも安心でした。
八木　他に印象的だった監督はいらっしゃいますか？
長野　川崎（郷太）さんは画コンテの人ですごく分かりやすかったですね。「ここに怪獣が出てきます」っていう感じで全部描いて説明してくれたのをよく覚えています。

八木　普通は字コンテだけど川崎さんはちゃんと描かれていましたね。あの画のまま撮影の倉持（武弘）さんが撮ってくれるので分かりやすかったですね。

長野　絵もすごくうまかったし、スタッフさんも分かりやすかったでしょうね。あとは実相寺（昭雄）さんのカメラにワセリンを塗る感じがすごかったですね。レンズをわざとぼやかす感じで。ちょっと煽る感じで撮るのを見ても「あ、メトロン星人の回だ！」って思ったりして、やっぱり独特でした。桜吹雪の中での戦いもまるで舞台のようで、本当に綺麗な映像を撮られていました。

八木　実相寺監督とは撮影時になにか話されました？

長野　「また仕事をしよう」とおっしゃっていただきましたね。あれはうれしかったです。残念ながらもう一度お仕事をご一緒することは叶いませんでしたけど。

八木　実相寺監督に「また仕事をしよう」と言われたのは素晴らしいですね。その作品はぜひ拝見したかったです。

シャーロックもデ・ラ・ムも実際に運転した

八木　長野さんはクルマをお好きで運転もうまくて、東宝ビルトにもよくクルマで来られていましたよね。

長野　運転は好きだから現場にも自分のクルマで行っていましたね。ビルトは奥まったところにあったので、最初は道が分からなかった（笑）。それで6時間とか中空きがあるときは「1回抜けます〜」って言って出かけたりしていました。

八木　劇中でシャーロックやデ・ラ・ムを実際に運転していただいたこともありましたよね。今ではとても考えられないことですけど。

長野　回数は少なかったけど両方とも運転しましたね。シャーロックは鎌倉で、海側の坂の下からバーって登っていったイメージが強いです。鎌倉ではいっぱい乗った気がしますね。

八木　46話「いざ鎌倉!」ですね。

長野　別の話ではデ・ラ・ムも運転しましたけど、あれは装飾が200キロ以上付いているから重かったですね。ブレーキが効きづらくてなかなか停まらなかった。

八木　撮影用なのに大型砲デグナーなんかが全部金属製でしたから重いんですよね。

長野　撮影後にGUTSスーツと装具一式をいただいたんですけど、そのときにデ・ラ・ムをくれるという話もあったんです。でもさすがに置く場所もないし、そもそも普段乗るようなクルマじゃないから「いや、デ・ラ・ムは要らないです」ってお断りしました(笑)。僕が持っていても宝の持ち腐れだし展示してもらった方がいいですから。

八木　確かに自宅にデ・ラ・ムがあっても困りますね。

長野　バイクだと「霧が来る」(22話)で山梨に行ったときに、山道でモトクロスのシーンもやりましたね。でもあのときは「危ないから」ということでスタントの方がやってくれたんです。また、道志の川に流されるシーンもあったんですけど、背中に発泡スチロールを入れて浮くようにして寒い川に流れていても全然カットがかからない。バイクは本人で、川の方をスタントで行けなかったのかなと思いましたね(笑)。

八木　仰向けで顔が映るからスタントで行けなかったんですよね。あのときは雪解け水で川は冷たかったはずで、ドラム缶でお湯を沸かしたりはしましたけど……。

長野　寒くてお湯が全然温かくならなかったですね(笑)。

八木　申し訳なかったです。長野さんには大変な撮影をたくさんやっていただきました。

撮影の準備待ちをするレナ、ダイゴ、シンジョウ隊員。11話「闇へのレクイエム」より。伊豆の今井浜は綺麗なロケ場所でした

長野　でもGUTSのバイクには1回もまたがらなかったんですよね。
八木　そうだったんですね。バイクでいうと青木拓磨さんがゲストの15話「幻の疾走」という回もありました。
長野　円谷プロダクションがロードレースのスポンサーになっていた縁で来てくれたんですよね。僕は『青木三兄弟物語』を見ていたので「おお、青木拓磨くんだ」って思って、そこから仲良くさせてもらっています。
八木　当時の円谷プロの社長だった円谷一夫さんがモータースポーツ好きで、「幻の疾走」の原案も一夫さんでした。
長野　青木拓磨くんのレースを見に、一夫さんに鈴鹿サーキットまで連れて行ってもらったこともありました。97年世界グランプリの500ccクラスで拓磨くんが年間ランキング5位までいった年ですけど、ホンダワークスのスーツがすごくカッコよかったことを覚えています。そんな縁で自然にモータースポーツの仕事につながっていったということもありましたね。だから『ティガ』を通じていろいろなご縁もできたのは感謝しています。
八木　一夫さんはV6のラジオ番組にも出演されていますよね。
長野　お寿司を持ってきてくれました（笑）。一夫さんは現場にもよく来てくださって、ビルトまでモトコンポというバイクで来てくれたりしたこともありましたね。本当に『ティガ』を愛してくれているのが感じられました。

『大決戦！超ウルトラ8兄弟』のこと

八木　長野さんには僕が監督した『大決戦！超ウルトラ8兄弟』にも出演していただきましたが、あのときはダイゴのままで演じていただきたいというお話をしたと思います。というのも、『ティガ』の世界を壊さないようにということを考えていましたから。
長野　それぞれのウルトラマンが一緒にいるのはおかしいから設定をちゃんと考えないといけない。それでパラレルワールドにしたということですよね。

八木　そうなんです。並行世界だったら同一人物でも別のところに置けるので、ということで。

長野　『超ウルトラ8兄弟』は子どものときに見ていたウルトラマンと共演できましたし、ご本人たちにもお会いできたので貴重な体験でしたね。ヒロインも皆さん出てくださって、あれもなかなかレアでしたね。「何十年の時を経て共演できた！」と思いましたから。

八木　そういう意味ではお祭りみたいな映画でしたね。

長野　高峰（圭二）さんには「僕は正直、『A』が一番好きだったんです」って言ったりして（笑）。エースキラーとかよく覚えていますよ。兄弟が十字架に磔になってね。

八木　ゴルゴダ星ですね。

長野　でも『超ウルトラ8兄弟』は横浜の開港150周年記念ということで横浜市長も出演されていますけど、ベイブリッジを壊していいのかな〜なんて思っていました。「まあ市長さんが出ているんだからいいんだろうな」って（笑）。

八木　日本丸も飛ばしちゃっていますが、横浜市が全面協力ということでお墨付きでした（笑）。

現場ではいいものを作ろうという空気感をすごく感じていました

八木　今回『ティガ』を何度か見直してみたんですが、あらためてすごい傑作だなと思っています。これは久しぶりの『ウルトラ』ということでキャストもスタッフも一生懸命だったし、そうやって試行錯誤する中でみんなが成長していった結果なのかもしれません。

長野　確かにそういう現場の熱意みたいなものが画面にも出ていましたよね。平成で最初というタイミングも含めて、いろいろなものが噛み合ってあの作品になったんだと思います。現場ではいいものを作ろうという空気感をすごく感じていましたし、みんな仲がよかったですから。それはＧＵＴＳのメンバーもそうだし、スタッフさんとも仲がよかった。そんな感じですごく雰囲気がよかったことを覚えています。

八木　本当にみんな仲がよかったですよね。でも甘い雰囲気ということでもなく、現場には『ウルトラ』を好きな人も多くて結構燃えていました。それで議論になったりもしたわけですが。

長野　なあなあではない感じがありましたよね。そういえば脚本家の長谷川（圭一）さんに、ご本人の脚本を読んでいて「これ、子どもたちは分かるんですか？」という話をしたことがありました。書いてある言葉が難しかったりしたので疑問に思ったんです。でも「子どもたちはちゃんと理解しているので大丈夫です」ということだったので、「そういうものなのかぁ」と思ってそれ以降そういう疑問はあまり持たないようにしました。

八木　確かに『ティガ』にはちょっと大人っぽいところもありましたよね。

長野　そうですね、少し大人向けすぎるかと思う部分もあったので。

八木　もちろん子どもに分かるようには作っていましたけど、何度でも見てもらえるようにしようという気持ちもあったんですよね。だから25年経ってもまた違う見え方ができたらうれしいです。

長野　大人も子どもも楽しめる作品になっていたら一番うれしいですよね。２世代で見られるということですから。

八木　では25年経ってみて、長野さんにとって『ティガ』はどういう作品なのかを教えていただけますか？

長野　１年間続いたということで、すごく四季を感じる作品だったなと思います。そういった意味ではよい経験をさせていただきましたね。あとはライブでも子どもたちがＧＵＴＳスーツを着て来てくれたりしていたので、そういう子どもたちの前ではダイゴっぽくいてあげたいなとは思っていました。今では当時『ティガ』を見てくれていた人たちと一緒に仕事をする機会も増えてきたんですが、「ダイゴに会えた」という感じで喜んでくれるんです（笑）。そういうことって普通のドラマとはまた違った感覚だと思うので。やはり『ウルトラ』のキャラクターは永遠なんだなと思います。しかもウルトラマンに変身できる人は本当に限られた人しかいないわけですから、これはすごく貴重なことですよね。

八木 世界的に見ても本当に少ない人数です。

長野 それに25年経ってもフィギュアが出たり本が出たりして、求めていただけるのもすごいことだなと思っています。ずっと心に残っていける作品として皆さんの中で『ティガ』を育てていただいて、また次の世代にもつながっていったらうれしいですね。

吉本多香美

Takami Yoshimoto | Actor

カメラの前もオフシーンも全部同じでいられるような特別な現場

『ウルトラマンティガ』のヒロイン、ヤナセ・レナ役を演じたのは吉本多香美氏。この美貌のエースパイロットとダイゴとの関係が、『ティガ』の重要な縦軸として描かれていくことになる。初代『ウルトラマン』のハヤタ役である黒部進氏を父に持つ彼女の出演は、ある意味では必然だったのかもしれない。作中の「イルカが恋人」という設定さながら、現在は石垣島で自然に囲まれた生活を送る吉本氏にオンラインでお話を伺った。

聞き手＝八木毅

『ウルトラ』のオーディション

八木　『ティガ』のとき僕はサード助監督で現場を走り回っていて、役者の方がいかに芝居に臨まれていたのかは分からない立場でした。ですから今日はそういったことを伺っていきたいのですが、まずは『ティガ』の話がきたときにどう思われたかをお聞きしたいと思います。

吉本　当時は25歳くらいで、女きょうだいということもあって父の『ウルトラマン』もちゃんと見たことがなかったんです（笑）。だから事務所の社長から「こういう話があるよ」って教えていただいたときには、「えー！」っていうのが最初の反応でしたね。

八木　『ウルトラマン』に対するイメージをあまりお持ちではなかったということですね。

吉本　女の子だったのでヒーロー像みたいなものはあまり分からなくて、それよりは『キャンディキャンディ』なんかを大好きで見ていた感じでした。もちろん父が演じていたことは知っていましたし、小さいころからどこかに家族で出かけるたびに父だけ囲まれてサインをしていたり写真を撮られたりしていて、それを離れて見ていたときの「へー」という不思議な感覚は覚えています。「なんでこんなことになっているんだろう」みたいな（笑）。そのまま大きくなったので、父＝ウルトラマンという感覚は私の中では薄かったんです。その後にいろいろな役をやっていますし、なにより「お父さん」ですからね。だから平成の『ウルトラマン』の話がきてオーディションを受けに行こうってなったときには、「えー、なんでー?」っていう感じだったんです（笑）。

八木　狙ったキャスティングではなくオーディションだったんですね。

吉本　東宝ビルトでオーディションがありました。そのときは「ヨーイ、ドン！　でダッシュしてください」とかだったので面白かったですね。「ダッシュするんだ」って思って（笑）。

八木　『ウルトラ』のオーディションはちょっと特殊なんですよね。

吉本　これが銃なのでちょっと構えてみてください、とかね。あとはすごく長い目線棒の上に怪獣のイラストを描いた紙が貼ってあって、「あれを見て驚いてください」と言われたのも覚えています。まさかそういうオーディションだとは思っていなかったので、こんなことをするんだって驚きでした。しかもそれがどんな怪獣かよく分からないから、どう驚いていいかも分からない。でも「いつも驚くよりちょっとオーバーにやらないと」なんて思ったりして、面白いオーディションだったので自分の中では目からウロコでした。そんな感じで、暑い日でしたけど走って汗をかきましたね。

八木　クランクインが7月なので6月くらいだったのかもしれません。

吉本　暑い日でしかも外でのオーディションでしたから、「どうなっちゃうんだろう？」なんて思いながらやっていましたね。

八木　今日は6月30日ですけど、実は25年前の明日がクランクインなんですよ。

吉本　そうなんですか！　おめでとうございます（笑）。初日ですごくよく覚えているのは、GUTSスーツがピッチピチだったことですね。採寸はしたけど動くようには作っていなかったみたいで革が硬くて、銃を構えるときにひざまずけなかった。あとヘルメットがすごく重くて、振り返るときにヘルメットがずるってなっちゃって（笑）。そのヘルメットは途中で付いているものが変わったりしましたよね？

八木　そうですね。平和の組織だから最初の装備は軽い方がいいだろうという松原信吾監督の判断でした。ヘルメットはそこからだんだん変わっていきましたね。

みんなで一緒に作っているんだっていう感覚が強かった

八木　ではレナの役づくりに関してお伺いしたいと思います。松原監督とはどのようなお話をされました？

吉本　松原さんからは「ダイゴとどうしたい？」みたいなお話があって、「ダイゴとハッピーエンドになりたいです」と言ったのはすごく覚えています。「ダイゴをすごく大好きだっていう気持ちをずっと持ってお芝居をしていこうかなって思うんですけど」って。そうしたら「多香美ちゃんが思うままにやっていいよ」と言っていただけて。最初はストーリーの中でも私がダイゴを好きだというのはそれほど描かれていないんですけど、途中からそんな風になっていきましたよね？

八木　最初にモンゴル平原に2人で向かうところなんかは、そういう感じでは描かれていませんでした。でも『ティガ』の縦軸はダイゴとレナの話ですよね。吉本さんの「ダイゴとハッピーエンドになりたい」という気持ちが反映されていく面もあったんでしょうね。

吉本　私の記憶だとそれはあったなって思う。話が進むにつれて「ああ、2人がこうなったらいいんじゃないかな」っていうみんなの気持ちができてきて、それが投影されつつああいう関係性になったのかなって。

八木　確かにいろいろな人の気持が投影されていますよね。川崎郷太監督も16話「よみがえる鬼神」で2人の関係を不思議な感じで描いていて、ラストでの吉本さんの目のお芝居はとても面白かったです。そして25話「悪魔の審判」ではレナがダイゴに「終わったらデートしよう」って言いますよね。この段階ではもうレナはダイゴがティガだという前提で話していますし、それを聞いている隊長もたぶん分かっているという芝居になっています。複雑だけど洒落たシーンですよね。

吉本　女心ですよね。『ティガ』で演じているときは私の中では長野（博）くん＝ダイゴでしたし、私もレナだったかもしれない。

八木　確かにそういう感じはありました。

吉本　『ティガ』ではロケでの移動の間のたわいもない話も楽しかったですね。特になにを話したというわけじゃないんですけど、スタッフとキャスト同士がふざけあったり、ちょっかいをだしあったりして。そういう普通の会話がすごく楽しかった。いつもケラケラ笑っていて現場に行くのがすごく楽しかったですね。常に素の自分でいられる現場だったのでなにも飾らなくていいし、それがイコールでレナでいるということでもあった。だから私なのかレナな

操縦席のレナ隊員。TPCの精鋭チームGUTSのエースパイロットでガッツウイングを自在に操る

のか、自分でも分かっていないような感じだったんです。でも、きっとみんなそうだったんだと思います。みんなが素の自分とともに生きている、それでカチンコが鳴ったら自分の芝居をするだけ。カメラの前もオフシーンも全部同じでいられるような、そういう特別な現場でした。まさに大きな家族のようなものでしたね。

八木　ビルトの1スタとか2スタに入って行くと全体が『ティガ』を作る空間になっていて、スタッフもキャストも入り乱れて毎日朝から晩までお祭りをやっているような楽しい感じでしたよね。

吉本　「みんなで1個」みたいな感じだったのですごく居心地もよかったですね。あの空間はすごく鮮明に覚えていますよ。みんなの動きとかも含めて。コックピットなんかだと倉持（武弘／撮影）さんを始めスタッフの方々とお話をする機会もいっぱいあったし、出演者と制作者の境目もなかった。すごく密だったし一緒に作っているんだっていう感覚が強かったので、終わって皆さんと離れたのはすごく寂しかったですね。

ブルーバックの前での記念写真

八木　スタッフとも一体感があったということでしたが、『ティガ』はキャストのチームワークもすごくよかったですよね。

吉本　みんなとよくご飯を食べに行ったりしたし、結構コミュニケーションをとっていたと思います。

八木　食事に行くと、皆さんキャラクターを離れるんですか？

吉本　私もそうですけど、みんなあのキャラクターのまんま（笑）。だからお芝居とかではなかったかもしれないし、少なくとも私にはその境界線はなかったかも。そんな器用なことはできていなかったと思います。

八木　皆さん純粋というか、本当にそのまんまな感じだったんですね。

吉本　長い撮影の日なんかはマネージャーさんが付き添っていないときもあって、そんなときの帰りは家まで送ってもらったりということもありました（笑）。

八木　危ないからということですね。それは影丸（茂樹）さんとか増田（由紀夫）さん、大滝（明利）さんが？

吉本　そうそう、だから本当にキャラクターのまんまというか。当時、私はたまたまビルトの近くに住んでいたんですよ。だから事務所の社長に「自転車で行っていいですか？」って聞いたら、「止めた方がいい」って。それで帰りはみんなに送ってもらったりして楽しかったです。なんか学校に行っているみたいでしたね、部活帰りっていうか。

八木　1年間毎日のように撮影でしたから、部活みたいに仲良くなっちゃいますよね。

吉本　長野くんも含めてみんな優しかったですね。

八木　1年間ということでいうと最初はふわーっとした優しい感じで始まるわけですが、シビアな話やおかしな話を織り交ぜてラストに向かっていく中でレナもどんどん成長していった感じがするんです。これはキャストの皆さんもそうだったと思いますが。

吉本　本当におっしゃる通りでみんなで成長したと思います。私なんか、恥ずかしくて最初のころは見れないくらいですけど（笑）。

八木　吉本さんは髪型から雰囲気、顔つきまで全部変わっていきましたよね。

吉本　最初は幼すぎて恥ずかしくて見れないみたいな感じだったんですけど、それが徐々に変わっていくんですね。『ティガ』では恋して変わっていく女の子の像みたいなものがすごく描かれていて、あの中で女性になっていったみたいなところがあると思います。それで最後はブルーバックの前でみんなで肩を組んだりして記念写真を撮るじゃない？　1年の集大成みたいな感じであの写真は大好きです。あの撮影の後、みんなでディズニーランドに行ったんですよね（笑）。長野くんは仕事が入っていて行けなかったけど。『ティガ』では本当に楽しい時間を過ごしました。

東宝ビルトの中での打ち上げ

吉本　『ティガ』の撮影は今でも鮮明に覚えていますね。私は結構、オフシーンのこともよく覚えています。でも八木さんはサードだしすごく動いていましたよね。監督にもいつも「カチンコの音が鳴らない」と怒られていて（笑）。

八木　指を挟んじゃったりしてカチンコが鳴らないんですよね。でも当時は監督だけではなくスタッフ全員に怒られていたと思います（笑）。

吉本　でもちょうどそういうポジションだったんですよね。朝早いときなんか、よくスタッフルームのベンチで疲れはてて寝ていたりして。「ああ、疲れているんだろうな」って。

八木　疲れているところはお見せしないようにしていたつもりですが、バレていたんですね。

吉本　バレてますよ。でも現場に入ると気が張っているから、ビュンって動いたりしていて。

八木　確かに『ティガ』は大変だったんですけど、そういうのって結構忘れてしまうんですよね。だから本当に楽しい思い出しかなくて、こうやってお話できるのがうれしいです。ビルトなんて毎日撮影したり寝泊まりしていたので故郷みたいな気がします。やっぱり濃密な時間でしたよね。

吉本　ビルトの中では最後にみんなで打ち上げもしましたよね？　七輪で焼き鳥をしたりして、お祭りで屋台が出ているみたいな楽しい打ち上げでした。

八木　あの大切な司令室がああいう状況になってしまって、アートデッセイ号のブリッジでみんなが出ていくシーンを撮った後に打ち上げをやりましたね。スタジオにお酒なんかも持ち寄って。その後は川地（民夫）さんに連れられて二子玉川のバーに行きましたよね。ピアノなんかが置いてある高級バーで三次会をやって。

吉本　行った！　川地さんにもすごくお世話になって、いつも私を気遣ってくださったんですよ。朝ご挨拶して握手すると、なかなか手を離してくださらないんですよ（笑）。いつも「この手、どうしよう？」って思っていました。でも川地さんは本当にジェントルマンでした。

八木　いい役者さん、いいスタッフが集まっていたんですよね。だからこそみんなが家族にもなれたというか。それで、みんなでいいものを作りたいと思ってやっていたじゃないですか。役者さんがいい芝居をするし、いい脚本が上がってくるし、出来上がったものを見たらいい。もっとがんばろう、「もっと高く！」という相乗効果ですよね。

吉本　あの主題歌もよかったですよね。すごいメッセージがあって名曲だと思います。それにしても、25年後にもこういうお話ができる作品はなかなかないですよね？

八木　本当にそうですね。『ティガ』はいま見ても全然古びてないですから、そういうことも理由の1つなんだと思います。

『ティガ』のメッセージは今こそ必要

八木　吉本さんには僕が監督した映画『大決戦！超ウルトラ8兄弟』にも出ていただきましたがいかがでしたか？

吉本　ストーリーも好きだし、いろいろなシーンを鮮明に覚えています。八景島シーパラダイスでデートシーンがありましたよね？

八木　ダイゴと別れるところを撮りましたね。あとは多摩センターでも「いつまでもそんな夢みたいなこと言って」っていうシーンを撮影して。

吉本　あとはほぼ横浜でしたよね。あの『超8兄弟』のときはレナっていうキャラクターが出来上がっている感じだったし、ダイゴとの関係性もはっきりしていたからやりやすかったです。テレビの撮影からはだいぶ時間が経っていましたけど。

八木　『ティガ』撮影の11年後ですからね。

吉本　それだけ時間が経っているのにダイゴはダイゴでレナはレナで、関係性がまるでずっと続いていたかのような感じですごいなって思うんですよ。なにも変わっていないというか。

八木　あの映画で僕が一番気をつけたのはそこなんです。『ティガ』『ダイナ』『ガイア』という素晴らしいテレビシリーズに蛇足を加えてはいけない。レナはレナ、ダイゴはダイゴで別なものにならないということですね。

吉本　それは大成功していると思います。でも私はレナになれて本当によかったですね。今でもフィリピンとかマレーシア、中国とかタイ、いろいろなところからメッセージが届くんですよ。それが「私の幼少期の初恋の人でした」とか「夢を見させてくれてありがとう」みたいな好意的なものばっかりで。

八木　本当に心に残る作品を作ったということですよね。

吉本　そんな作品に出させていただいたのは神様からのギフトだと思っています。父がウルトラマンになれたのもギフトだし、私もそこに入れさせていただいた。今でも感謝しています。あのときがあったから今があるっていう感じですよね。私の人生史の中ではなくてはならない青春で、めちゃめちゃいい思い出しかないです。

八木　あのビルトという特殊な空間でみんながんばって、本当に青春でやり遂げた感じがしますね。では最後に、25年経ってあらためて『ティガ』はどういう作品だったかを伺わせてください。

吉本　子育てしながら自分の人生を歩んでいると、当時の『ティガ』のメッセージが腑に落ちることがあるんですね。

それは「みんな光になれるんだよ」っていうこと。こんな強烈ですごくいいメッセージはないなって思うんですよ。全人類がそうなったら世界は平和になるはずなので、これは普遍的なすごいメッセージですよね。あれは今も私の心の中にありますし、今こそ必要とされる時代になっていると思うんです。そんな作品に出られて本当に感謝していますし、『ティガ』に携わったすべての方、『ティガ』を見てくださったすべての方には本当にありがとうと言いたいです。『ティガ』を愛してくれて、レナを愛してくれてありがとう。私の一生の誇りです。

撮影の合間にイルカと戯れるレナ隊員。ご本人も海が大好き。本当に楽しそうです。イルカたちも楽しそう。そしてムナカタリーダーも楽しそう。仲のよいGUTSメンバーたちです。12話「深海からのSOS」の伊豆ロケより

Akitoshi Otaki | Actor

大滝明利

作品は終わっても役づくりは終わらない

リーダーとしてGUTS隊員からの信頼も厚い副隊長ムナカタ・セイイチを演じたのは大滝明利氏。二家本辰巳氏の元で殺陣師として活躍し、その後は多くの円谷作品に俳優としても出演している。今回は『ウルトラマンティガ』出演に至るまでの不思議な縁や撮影秘話など、楽しいエピソードをたくさん披露していただいた。『ウルトラ』愛にあふれたインタビューをお届けしよう。

聞き手＝八木毅

「人生が変わるぞ。それでもいいか？」

八木　僕が大滝さんと初めてお会いしたのは『平成ウルトラセブン』「太陽エネルギー作戦」（94）のときで、殺陣師・アクションの方としてでした。でもその前に『ウルトラマンになりたかった男』（93）ではウルトラマンに入られているんですよね。

大滝　円谷プロさんとはそこからのお付き合いになります。この出会いがよかったなって思っていて。特撮が久々という感じで、皆さんが楽しそうでしたね（笑）。空き時間なんか、みんな怪獣やウルトラマンと一緒に写真を撮ったりしていました。このときのスタッフがすごくて、特撮の画コンテは樋口真嗣さんが描いていて、立ち回りが二家本辰巳さん、特撮監督が大木淳吉さん、脚本は佐々木守さん、それで光線を入れるのは中野稔さんですから特撮オールスター。（円谷）昌弘さんがプロデューサー補で、丸山浩さんがウルトラマンの僕に現場では付きっきりでした。

八木　そして大滝さんはここで昌弘さんと出会って、それが『平成ウルトラセブン』の「太陽エネルギー作戦」につながっていくわけです。

大滝　そうですね。他にも助監督さんとは仲良くなれたので円谷プロには遊びに行きやすくなって。『平成ウルトラセブン』の後に『ムーンスパイラル』（96）があるんですけど、実はその情報は八木さんからだったりするんです。最初は誰か他の方がやられる予定だったみたいですが、八木さんから「いま来たらもしかしたら役があるかもしれない」っていう電話があって。そんな感じでポイントには八木さんがいたりするんですよ。

八木　確か日本テレビの前田（伸一郎）さん、塩谷（憲昭）さんがいらしてそういう話をしていたんでした。

大滝　そのとき僕は日光の江戸村で『姫将軍大あばれ』（95-96）というドラマを撮っていたんです。ちょうど昼で終わったから「今から行きます！」ってカツラを取って（笑）、慌てて円谷プロに行きました。

八木　それでみんなが「いいね！」ってなったんでしたね。『ムーンスパイラル』では金子というお坊ちゃんキャラを演じていただきました。

大滝　そうこうするうちに安藤（実／キャスティング）さんから突然電話がかかってきて、「新しいウルトラマンの中に入る人を探しているんだけどさ」って（笑）。でも『ウルトラマンになりたかった男』のときは1週間ずっと着ぐるみに入っていて、結構しんどかったんです。もう体力的に厳しかった。あれが1年続いたら、俺は生きてられるのかなっていうくらいでした（笑）。生命の危機を感じたんですね。

冷静沈着なムナカタリーダー。イルマ隊長が最も信頼する右腕でGUTSの大番頭。お酒は飲めないけれどBARは好き。トランペットを嗜む。アートデッセイのコックピットにて

八木　まさかそんな話があったとは驚きです。

大滝　それで「役があったらお願いします」という感じで、円谷プロに通って安藤さんの机の上に山積みされているプロフィールの一番上に自分のを置くということを繰り返していたんです（笑）。まあ安藤さんは絶対に見ないわけですけど。それで「この作品で円谷プロに売り込みに来るのも最後かな」って思った日にたまたま安藤さんがいなくて、満田稭《かずほ》さんのいる部屋に顔を出したんですよね。

八木　製作部ですから僕もいた部屋ですね。

大滝　そう考えると八木さんに挨拶に行ったのかもしれない。奥に満田さんがいて睨まれた気がしたけど、ご挨拶をしてそそくさと帰って。

八木　話していたら思い出しましたけど、それで満田さんが「彼がいるじゃない」って言ったんですよ。満田さんが安藤さんに「彼を」って言って、僕が大滝さんを急いで追いかけたんじゃないですかね。

大滝　僕はバイクでバーって帰ってしまったのでそんなことは全然知らなかった。そうしたら次の日、二家本さんの事務所に安藤さんから電話がかかってきて「滝ちゃんにするからさ。今すぐ脚本を取りに来て」って。でもどの役かは言わないんです（笑）。それでどんな役かなと思いながら円谷プロに行ったら、製作部に安藤さん、八木さん、満留（浩昌）さん、きくち（雄一）さん、みんながいて拍手で迎えてくれたんです。しかも脚本にはムナカタの上に〇が付いていた。もう、人生の中でも忘れられない日でしたね。

八木　『平成ウルトラセブン』『ムーンスパイラル』に出ていただいていたので、失礼な言い方になるかもしれませんがわれわれとしても一緒にやってきた大滝さんっていう感覚があったんです。だからうれしいし、めでたいし、よろしくお願いしますということでした。大滝さんがキャスティングされることにほんの少しでも貢献できていたならうれしいですね。当時はなんの権限もありませんでしたけど。

大滝　その後に採寸で円谷に呼ばれたんですけど、満田さんは「人生が変わるぞ。それでもいいか？」っておっしゃっていました。僕は「人生が変わるものだったら変わりたい」って言ったんですけど、たくさんの作品を見てこられた満田さんのあの言葉はすごく響きましたね。

『ティガ』では円谷プロが社員総出でした

八木　キャスティングが決まって採寸してからは、あっという間に撮影に入ったと思います。

大滝　でも採寸したらプツっと円谷プロから連絡がこなくなったんです。安藤さんからは「滝ちゃんにキャスティングするけど安心しないでね」って言われていて（笑）、どういう意味だろうと思っていましたが……。そうしたら1週間後くらいに長野（博）くん、増田（由紀夫）さん、（吉本）多香美ちゃんでテスト撮影をしているんですよね。

八木　6月20日がカメラテストですね。おっしゃる通りでダイゴ、レナ、ホリイが13時からビルトの1スタでやっています。

大滝　ビルトに行った人から「今日『ウルトラマン』を撮っていたよ」なんて話を聞いたので、「やっぱり安心できなかったか……」とかなり不安になりましたね。それで八木さんに電話したら「そんなことないですから大丈夫ですよ」って。

八木　安藤さんも準備で大変だったんでしょうね。でも役づくりのための大事な時間なのに、そんな不安を抱えて過ごされていたとは今さらですが申し訳ないです。

大滝　『ティガ』では円谷プロが社員総出でしたから、皆さん大変だったのは分かります。撮影のときも、いつも見ている社員の方たちがスタッフでいるというのは不思議な光景でした。

八木　監督補で（円谷）昌弘さんもいましたし。

大滝　昌弘さんのクルマはＴＰＣ車両としても使っていましたよね。『平成ウルトラセブン』にも出てきますけど、結構重宝していた記憶があります。

八木　移動はもちろん、ものも運ぶし、横にＴＰＣのマークを貼って劇用車でも使う。本当に重宝でした。クルマでいうと大滝さんはシャーロックを運転されていますよね？

大滝　シャーロックもデ・ラ・ムも運転しています。シャーロックは車体が低かったのでほとんど寝る体勢での運転でしたね。降りるときも転がって降りるような感じで。

八木　スポーツカーですからかっこよかったですよね。特殊車両はやっぱりああいうのじゃないといけないなって思います。

大滝　当時、影（影山茂樹）ちゃんも増田さんもクルマは実際に本人たちが運転していましたよね。みんな運転は好きだしうまかった。バイクなんかも最初は吹き替えの方を呼んでいましたけど、後半くらいから僕も実際に乗っていたりしますし。

八木　今ではちょっと考えられないですけどそういう時代でした。

大滝　『ムーンスパイラル』でもクルマの撮影があって、そのままカメラを積んで撮っているんですよね。撮影したのは第三京浜だったから走っているクルマも多いし、前に先導車はいたけど結構怖かった（笑）。今だったら牽引ですよね？

八木　なにかあったら大変ですから、運転していただくことはあり得ないですよね。牽引じゃないのはちょうどこのころが最後かもしれないです。

ムナカタの生きる道はガテン系しかなかったんじゃないかな

八木　ムナカタのキャラクター設定は演出部でも作ったりはしていましたけど、トランペットというのは大滝さんのアイデアだったのですか？

大滝　最初の企画書を見せてもらったときは、ムナカタはジャズが好きでトランペットを吹く、そして離婚して子どもがいるという設定だったんです。その中の「離婚して子どもがいる」というのは、そのままイルマ隊長に移行したものですよね。「トランペットを吹く」というのは、川崎郷太監督も「うん、確かに書いてあった」とおっしゃっていました。僕はその企画書自体をいただいたわけではないので、ちらっと読ませてもらった記憶があったということですけど。ただ設定表が出たときにそこは変わっていて、トランペットがなくなってジャズだけになっていたんです。それもあって、じゃあトランペットを吹こうかなと。でもムナカタの設定って「もっとなにかあるんじゃないか」っていまだに考えますね。小中千昭さんの本（『ウルトラマンティガ輝けるものたちへ』）でも、新たなムナカタ像が描かれていたりするじゃないですか？　それで「ああ、この役づくりは延々と続くんだな」「自分がこの役を演じた責任として延々と続くんだな」と思っています。

八木　確かに延々と続くんですよね。では役づくりに関して最初はどのように臨まれました？

大滝　キャストが決まって自分のポジションというのを考えたんです。たぶん影ちゃんはああいう凛としたかっこいいお兄さんでいくだろう、増田さんはあのまんまかな……って思ったときに、じゃあ自分はどういう方向性なのか。子どもたちが見て分かりやすいキャラクターがよいだろうというのもありましたし、結果としてムナカタの生きる道はああいうガテン系しかなかったんじゃないかな。ガッチリ責任感のある役っていうのは、なじむまでに結構大変でしたけどね。
八木　大滝さんのお芝居が今まで知っているものではなかったので、びっくりしながら見ていました。
大滝　これでいいんだろうかっていう悩みはありました。でも、後から影ちゃんに聞いたことですけど、1~2話の試写のときに松原信吾監督が「彼はこういう役が合っているよね」とおっしゃったらしいんです。僕が直接聞いたわけではないですが、それで「あ、よかったんだ」って初めて思えましたね。松原さんのあの言葉には救われました。
八木　皆さんがそれぞれに役づくりをされていたので作品がどんどん豊かになっていった気がします。
大滝　でも僕の撮影初日は1話の「運のいいやつだ」というラストシーンのセリフからだったんです。あそこは1話では僕の見せ場でもあるんですけど、キャラクターが一番分かりやすいところが初日だったという。
八木　普通に司令室に入ってくるシーンではなく、一番いいところが最初だったんですね（笑）。
大滝　それで2回目が「石の神話」で（吉本）多香美ちゃんとガクマに踏まれそうになるシーンでした（笑）。よく覚えているんですけど、松原監督は映画の方なのでちょっと動きが変わるとテストという感じでなかなか本番にはいかなかったんですよね。じっくり芝居を作る、そこは妥協しないという感じでした。だから時間もかけていたし、その後も含めて『ティガ』は全体的に贅沢でしたね。僕なんかはVシネから始めているので毎日何十シーンも撮るのに慣れていましたが、『ティガ』は1日3シーンなんていうこともありましたから。
八木　そういえば大滝さんはクランクインの7月1日の撮影には参加していないんでしたね。
大滝　そうなんです。その日、僕は東宝ビルトにトランポリンを搬入していました（笑）。
八木　それは不思議というかおかしい話ですよね。

大滝　二家本さんに「今日は撮影がないんだからビルトにマットを持って行って」って言われて。トランポリンの脇に置く厚いマットがどうしても必要だっていうことでしたけど。

「自分がかっこいいと思うことをやればいいんだ」

八木　続く3話「悪魔の預言」、4話「サ・ヨ・ナ・ラ地球」が村石宏實監督になります。

大滝　1～2話は本当に初代『ウルトラマン』という感じで、ティガの動きもまさにそんな感覚でした。そして3～4話では村石さんがテンポよく撮ってらっしゃったし、二家本さんも入ってきたのでようやく『ティガ』になったという気がしましたね。3～4話の出来を見たのが12話「深海のSOS」撮影のときだったのかな。伊豆の水族館に笈田（雅人／プロデューサー）さんがモニターを持って来てそこで見たんですけど、これはすごいなって思いました。3話なんて25分が5分くらいにしか感じられなかったですから。後にイベントで村石さんがおっしゃっていましたけど、「3話で澪さんを撮ったときにこれはいけるぞと思った」って。特撮もテレビ局前の爆破なんかかっこいいじゃないですか。さすが『ウルトラマン80』の神澤（信一）さんですよね。

八木　神澤監督の特撮はキレキレでしたよね。

大滝　立ち回りもかっこよかったですし。ちなみにキリエル人の回の立ち回りの後半は僕が付けているんですよ。神澤さんは知っている仲だったので、二家本さんが「ちょっと抜けるから留守番を頼む。その間は付けて」って（笑）

八木　ムナカタ副隊長はマットも運ぶし殺陣も付けるし大活躍だったんですね。

大滝　殺陣については神澤さんだったからできたようなところはありますね。他の監督だったらちょっとできない。まあ、二家本さんが抜けた少しの間だけでしたけどね。

八木　村石監督の演出はいかがでしたか？

大滝　村石さんはテンポとか芝居の勢いを重視する感じで、「自分がかっこいいと思うことをやればいいんだ」というようなことを言われました。これは逆に言えば、悩んでいるのを見透かされていたっていうことですが（笑）。各監督にいろいろなことを言われ、それによってムナカタのキャラクターもどんどん出来上がっていきましたし、僕も役者として成長したんだと思います。2クール目以降は落ち着いたリーダーとして役が定着してくるんですけど、僕は意外と途中までのどことなく荒削りだけどイケイケのムナカタも好きですね。

八木　その辺も気にして見直すと楽しそうですね。

大滝　岡田（寧）監督が2回目にいらしたときには、「大滝さん、ずいぶんムナカタが垢抜けたね」って言われました。間が空いている分、分かりやすかったんでしょうね。

八木　最初が7話「地球に降りてきた男」、8話「ハロウィンの夜に」でその後が23話「恐竜たちの星」、24話「行け！怪獣探険隊」で、間が空いているからはっきり分かったんですね。

大滝　それで役が成長しているということを感じましたし、3～4話の勢いがある感じに戻そうと思ってももう戻らない。「ああ、戻らないな」というのを実感しましたね。

八木　荒削りなムナカタの時代には川崎郷太監督が来られるじゃないですか？

大滝　川崎さんが1～2話、3～4話を見て、「もうちょっとこうして」という感じで修正をかけてきた部分はありましたね。あの方はすごく見ていましたから。しかも5話「怪獣が出てきた日」は僕がメインということもあって、かなり気負っちゃってドキドキでした。タイトルもそそるものでしたし、うれしかったですね。ジャズバーのシーンなんかは、小野田役をやられた大谷朗さんもよかったですし。

八木　あの六本木のバーのシーンは名シーンですよね。
大滝　でも33話「吸血都市」では新宿のバーに変わっているんですよね。
八木　理由は覚えてませんが六本木が使えなくなったんですよ。新宿の方は村石監督の行きつけで僕もあの撮影の後によく飲みに行ったりしました。「怪獣が出てきた日」のラストシーンの撮影は覚えてらっしゃいますか？
大滝　あのときは六本木に朝の4時ごろ集合でしたよね。どうやって行くんだって思いましたけど（笑）。
八木　スケジュールを見ると、大滝さんは4時半にロアビル前集合ですね。
大滝　人が少ないのを狙って行ったはずですけど、あの時間でも六本木は人が多かったです（笑）。スタッフは必要最低限で、八木さんと各部署1人くらいでしたね。で、あの「コケッ」っていうのは実は脚本にはなかったんですよ。だからちゃんと歩いているのを1回撮っているんですけど、川崎さん的にはこのままかっこよく歩いていって終わるのはどうも腑に落ちないということでした。それで「うーん、ちょっとコケてみようか」って。
八木　僕も見ていましたが現場で提案されていましたよね。「なにを言い出すんだろう？」って思いましたけど（笑）。でも結果的には名シーンになりました。
大滝　5～6話はとにかく暑かったことも覚えています。「怪獣が出てきた日」では向こうからシーリザーが向かって来て、それをムナカタが双眼鏡で見ているシーンがあるじゃないですか？　盆地みたいなところで撮ったんですけど、目の前には風を遮るかのようにグリーンバックがあって暑くてフラフラで気絶しそうでした。
八木　撮影日は8月2日でしたから、それは暑いですよね。
大滝　GUTSスーツは革だから暑いし、ヘルメットをかぶると滝のように汗が出る（笑）。あれは辛かったですね。

談笑中のGUTS隊員とサワイ総監。珍しいムナカタリーダーの笑顔。素顔の大滝明利さんはムナカタとは違って笑顔の素敵な優しい方です。49話「ウルトラの星」より

スタッフ、キャストを含めてあんなに仲のいいチームは珍しい

八木　別班だったので僕は全然撮影に参加していないのですが、実相寺（昭雄）組はいかがでした？

大滝　いつもの『ティガ』に来ているのではなくて、もう別の作品に来ているような感じでしたね（笑）。雰囲気も全然違いましたしすごく緊張しました。でも演出に関しては、実相寺さんは特になにもおっしゃらないんですよ。それなのに実相寺さんが思っているベクトルにみんなが向かっていく。だからすごいですよね。「あのときのムナカタがナチュラルですごくいい」とよく皆さんに褒められるんですけど、自分でも「僕はこんな大人の芝居ができるんだ」と思いましたから。

八木　実相寺監督は表立って演出されないのに、大滝さんの中ではなにかが起きていたということですね。

大滝　なんでああなったのかは今でも分からないし、いまだにあのナチュラルさは出てこないんですよね。自由にやらせてくれてたりはするんだけど、なにが違うのか。「好きにやりなさい」くらいは言われたかもしれませんが、かといって好きにやったわけではありませんし。要は実相寺さんやそのチームの雰囲気なのかもしれないですけど、あれがマジックなのかもしれない。川地（民夫）さんも実相寺組では緊張されていて、それで飲みに連れて行ってくれたじゃないですか？

八木　助監督も含めて連れて行っていただいた地下にある秘密のバーですね。

大滝　そうそう。みんなでその店に行くくらい緊張されていたんですよね。

八木　そういう経緯があったというのは知りませんでした。ところでGUTSのメンバーは仲がよかったですけど、みんなで飲みに行ったりはされていましたか？　「ムナカタは酒が飲めた」ということではありますが。

大滝　安藤さんとはよく飲んでいましたし、毎日一緒でしたからキャストとも飲んでいましたね。しかも「今日は撮

影がないから会うのは止めようね」って言っているのに、電話がかかってきて結局は集まっちゃう（笑）。影ちゃん、増田さんと僕が中心で、そこにまたゲストだったり誰かが入ったりという感じでした。あのとき増田さんが言っていたのは、ゲストは緊張して来る方が多いからこっちで気を遣っていろいろしてあげようっていうことなんです。われわれはどんどん仲良くなってチームが出来上がっていくけど、ゲストで来られる方たちはそうじゃないですから。そこは心がけようって話した覚えがありますね。そうすれば自ずとやりやすくなるから、お互いにとっていいですよね。

八木　GUTSがあまりに仲がよいとゲストが入りづらいから、逆にGUTS側から招待してということで。素晴らしい心遣いですね。

大滝　実際GUTS隊員は仲がよくて、地方ロケでも誰かの部屋に集まっちゃうんですよね。（高樹）澪さんもそこに来たりして。だからあの1年間って、みんな血はつながっていないけどすごく家族っぽかったですね。それもかなり最初のうちからそんな感じでしたよ。それはキャストだけっていうわけでもなくて、スタッフとも仲がめちゃめちゃよかったじゃないですか。

八木　キャストと一緒に1年間、朝から晩まででしたからね。家族といるより一緒にいる時間が長くて、ご飯も一緒。

大滝　スタッフ、キャストを含めてあんなに仲のいいチームは珍しいと思いますね。言ってみれば大家族でしたね。

今でも半分くらいはムナカタが体にいる

八木　そうこうするうちにあっという間に1年が経ち、『ティガ』は最終2話へと向かっていきます。

大滝　ああ、ついにここまできたんだなっていう感慨はありましたよね。僕の中で『ウルトラマンシリーズ』の最終回で衝撃的なのは『ウルトラセブン』(67-68)なんです。だからそこは超えられないだろうなと考えつつも、この後どういう結末になっていくのかなって。でも、完成した作品は『セブン』を越えることができるかもと思える『ティガ』の最終2話でした。

八木　本当に素晴らしいものができましたよね。

大滝　世界が断末魔に向かっているみたいな終末感漂う状況から、大規模な話になっていったじゃないですか。ああ、こういうラストを迎えられてよかったなって思いましたね。キャスト陣、レギュラー陣、それぞれが自分の役の到達点に行ったんじゃないでしょうか。僕の撮影のラストカットはアートデッセイ号の日だったんです。最後にイルマ隊長が「出動!」って言って、アートデッセイ号のコックピットからみんなが出て行くところですね。ムナカタが先頭を切って走りだすんですけど、あれがラストカット。だから「ここがラストカットか」という思いを込めて走りました。いろいろな思いがあってのアートデッセイ号の中だったと思います。

八木　あの時点で司令室は壊しちゃっていますから、まさに逃げ場もない状態で。

大滝　そういえば司令室でいっぱい爆発していましたね。多香美ちゃんの頭の上でも弾着いっぱい飛んでいたような気がします(笑)。

八木　最後だからということでドカンドカンやっているんですよね。

大滝　でも撮影が終わっても、僕は全然終わりじゃなかったんです。円谷プロにご挨拶に行ったら、「まだ終わってないからね」って。円谷プロの営業部に「GUTSトリオ」と呼ばれた影ちゃん、増田さん、僕はイベントなんかを回ることになったし、映画(『ウルトラマンティガ&ウルトラマンダイナ』/98)の話もすでに上がっていたりしたので、撮影終了=終わりっていう感じでは全くなかったですね。

八木　まだまだ続いていたわけですね。

大滝　その延長で今でも半分くらいはムナカタが体にいる感じです。

八木　まさに最初に満田さんに言われた通りになりましたね。

大滝　本当にそうですね。『ティガ』が終わって『ダイナ』にも出たわけですけど、それが終わったらもう終わりかなと思っていたんです。でも僕の中ではまだムナカタ像が途中なような気がしていて……。これは別にムナカタ像を作り上げたから『ウルトラマンティガ2』でどうこうとかいう話ではなくて、自分の中にムナカタという人物が存在していて自分の知らないムナカタ像を知識として吸収していくんですね。もしかしたらレギュラーをやった人はみんなそうなのかもしれないし、僕だけなのかもしれないですけど。いまだにムナカタという役がどんどん作られていて、例えば小中さんの本を読んだりすればまたムナカタ像がアップデートされる。そういうことがいまだにあるんです。

八木　まだまだムナカタと一緒に成長し続けているということですね。

大滝　そういう感じはありますね。小中さんのあの小説については、「ムナカタの話はもっとあったけど、それを書くと長くなりすぎちゃうから切った」って小中さんはおっしゃっていて（笑）。「ああ、じゃあ他にもいろいろエピソードがあるんだな」と思うと、作品は終わっても役づくりは終わらない。僕の中ではムナカタは半分生きている、自分の中にまだいるっていう感じなんです。だからムナカタと一緒に、いい感じに年を取っていきたいですね。あとは『ティガ』を見ていた人を裏切らないようにしたいです。いつ「またスーツを着て」って言われても大丈夫なようには努力しようかなって（笑）。

高樹澪

Mio Takaki | Actor

みんなが持っているプラスの部分を持ち寄った作品

『ウルトラマンシリーズ』初の女性隊長イルマ・メグミ、この記念すべき役を演じたのは高樹澪氏だ。GUTSメンバーを率いながらティガへの共感を早くから表明していたイルマは、作品中では隊長という存在を超えた大きな意味を担っていくことになる。すなわち彼女は『ウルトラマンティガ』の世界観の根底にかかわるキーパーソンだと言えるだろう。高樹氏はこのイルマをいかに演じ、今なにを思うのか。25年目の思いを伺った。

聞き手＝八木毅

イルマというのは私の中の核

八木　高樹さんはイルマ役ということで『ウルトラマンシリーズ』初の女性隊長でした。GUTSのチームワークのよさはやはり高樹さんという隊長がいたからこそだと思います。

高樹　たぶんムナカタ……というか大滝（明利）さんがいなかったらああはならなかったと思うんです。副隊長ってめちゃくちゃいい番頭さんですよね。大店であればあるほど、ちゃんとした番頭さんがいないと成立しないじゃないですか？

八木　最後は高樹さんが仕切るけど、GUTSという大店には確かにスーパー番頭がいましたね。

高樹　それが本当は増田（由紀夫）さんでもあり影丸（茂樹）さんでもあったんですけど、大滝さんの存在感はすごかった。現場で「どうしました～？」ってサクッと来てくれるあの人の雰囲気は捨てがたいものがありましたし、私は支えられていたんですよ。大滝さんは表には出していませんでしたがすごく努力してらっしゃって、「この場をうまく回さないと」っていう使命感にあふれていたと思うんです。だけどでしゃばることはせずっていう、絶妙なポジションにいらっしゃって。それで『ティガ』が終わってからお会いしたりすると、とても人間っぽい方なんだなって感じたんです。なにも言わないんだけど内側に秘めているものがあって、そこがまさにムナカタなんですよ。飲みながら横顔でなにかを物語る。そういう感じを出す（笑）。それでやっぱり、あれは大滝さんじゃないとできなかった役なんだなって思いました。

八木　ムナカタは本当にはまり役だったと思います。

高樹　大滝さんの中でムナカタのDNAみたいなものをきちんと育てているんでしょうね。私の場合はイルマに甘えているのかもしれませんが、イルマがちゃんとしたDNAを持っているからこそなにをしても許されるというところがあるんですね。イルマというのは私の中の核だから絶対に崩れない。その核があるから、いろいろな役を演じたり実生活でいろいろあったとしても全然問題はないんです。イルマには自分の生き方をそれくらいピシッと変えさせられた気がします。私はよくUFOを見るんですけど、それまではUFOを見ても「なんだろう？」ってあやふやだった感覚が、イルマを演じたことで整ったという感じがありました。

八木　イルマというキャラクターと同じように高樹さんも生きてこられたわけですね。

高樹　もしかしたらそういう感じなのかもしれない。しかも最終的にはユザレにさせていただいているので、宇宙人なんだと思うと面白いなって。
八木　最初の設定ではイルマ＝ユザレではなかったんですけど、あれは高樹さんが演じる中でイルマという存在が豊かになっていった結果なのかなと思います。
高樹　もともとは長内美那子さんが演じられていましたし、そんな設定ではなかったですよね。だからユザレっていうのは1人ではなくていっぱいいるのかもしれない。星全体の人がユザレなのかもしれないと考えると、どなたが演じられてもいいんです。だけどイルマの中にユザレがいたんだというのが面白いと思いますね。

いろいろなものの変わり目の時期だった

八木　イルマの役づくりに関しては、松原信吾監督とはどんな話をされました？
高樹　あんまり「おんなおんな」しないでほしいということでしたね。それで結構男っぽい感じでもいいよっていうところでやっていたら、ちょっと男っぽすぎたのかな（笑）。だから「もうちょっと柔らかめに」と言われたことがありました。でも、一番手探りの状態なのにそれ以外はあまりおっしゃらなかったですね。だから多分ゴーサインが出た段階でOKだったのかなって。1～2話を撮った後に監督が「うん、うん」ってうなずいていて、それに高野宏一さんや満田稔さんもこっそり同意していたんですね。「これでいこう」という大人のテレパシーみたいなものがあって（笑）。それをチラッと目にしたときに、「あ、自信を持っていいんだな」と思えましたね。
八木　松原監督は穏やかですからね。そういう演出の仕方も分かる気がします。
高樹　たぶんイルマの核を作ってくださったのが松原監督なんです。イルマの佇まいなんかもあそこからですし。でも「NO」って言われなかったことでどれだけ救われたことか。女性の隊長としてどう見られるかはみんなも戦々

個性派ぞろいのGUTSを率いる稀代の名隊長、イルマ・メグミ。女性隊長の活躍は『ティガ』の先進性を象徴しています。熊本編のロケより。GUTSハイパーを構える姿も絵になります

恐々としている部分があって、オンエアしてからの実際の反響は松原さんの肩にすごく乗っていたんだと思います。私はその中で任せてもらって好きなようにやらせていただきましたが、松原さんは真摯に「いいんじゃない」とおっしゃりながらも冷静にいろいろなことを考えてくれていたんでしょうね。すごく頭の切れる方ですから。

八木　『ウルトラマンシリーズ』初の女性隊長だから本当に手探りだったんですね。

高樹　今のところその後の女性隊長もいないですし。撮影が終わってしばらくしてから高野さんとざっくばらんにお話をしたことがあるんですけど、「よかったよ。ピッタリ合ったよね」とおっしゃっていただけました。それで「今後も女性隊長が出る可能性はありますよね?」とお聞きしたら、十分あるよということだったんですけどね。

八木　多様性が重要な今こそ、女性隊長には出てほしい気もしますね。

高樹　そういえばイルマに関しては最初に、満田稭さんが「ヘルメットを取ったときに長い髪がバサってなるのを見たい」ということをおっしゃっていたんです。でも私は偉そうに「髪の毛って顔を隠すからかっこいいんです」と意見を述べてしまって。男の俳優さんでも、髪の毛の間から目が出るのがかっこよかったりするじゃないですか? あいうのを女性でもやりたいんですっていう話をしたら、「じゃあバサっていうのはなしか」って。それであいう髪型にさせていただいたんですけど、昔の女優さんって髪の毛が顔にかかってはいけないんですよね。そんなことをしたら照明さんとかカメラマンさんが女優さんから怒られてしまう。でもこれはおかしな話で、動いていたら髪がかかるし顔が影になるのも当たり前じゃないですか。それで不細工に映ろうがいいと思うんです。ちょうど『ティガ』のころから「乱れているのが逆によくない?」という風潮が出てきたので、いろいろなものの変わり目の時期だったという気がしていますね。

八木　髪が顔にかかるのは躍動感があっていいですよね。

高樹　まあつながりという問題もあったりするんでしょうけど、アメリカの映画なんて見ていると、右手に持っていたものが急になくなって次のカットでまたあったりするくらいですから（笑）。それほど気にしなくてもいいんじゃないかなって思いますね。

八木　それが気になるくらいだとその映画は失敗しているということで、勢いがあれば気がつかないと思うんです。

高樹　そうそう。集中して見ていたら気にならないですよね。

みんながエゴで動いていないからこそ前に進めた作品

八木　イルマのキャラクターは高樹さんの中では1年間変わらない感じでしたか？

高樹　4話（「サ・ヨ・ナ・ラ地球」）を撮った辺りからは弾けて違う形になっていきますね。それはみんなも同じだと思うんですけど、徐々に変わっていったということです。今だとやりたいことがあったとしてもそこまで自由にできるわけではありませんから、そういう現場に携わっていけたのはすごくうれしいですね。俳優さんって変なストレスを抱えていると手が震えるんですよ。だけど誰1人として手が震えている人はいなかったんです。だからみんな緊張感を持ちつつも自由にやっている感じはすごくありました。そういう不思議な温かい現場だったなって思います。本当にとても素敵な時間を過ごさせてもらいました。

八木　僕も司令室に入るのが楽しかったですね。一方で『ティガ』の現場は本当に暑苦しいくらい熱かったじゃないですか？　適当に終わらせようっていう雰囲気は全くなかったですし。

高樹　でもハチャメチャにはならなかった。とことんやって絶対にいいものを作るぞ、本当によくしよう、そう思っている人しかあそこにはいませんでしたから。『ティガ』って、みんながエゴで動いていないからこそ前に進めた作品だと思うんです。これが「俺はこうしたい」「俺はああしたい」ということだったら、現場は全然回らないですから。

八木　よくもめていましたけど（笑）、みんなでいいものを作りたいということでは一緒だったからおかしな軋轢はなかったですね。その結果として作品が素晴らしいものになったんだと思います。ところでイルマとしては、ダイゴがティガだというのはいつくらいから分かっていたんでしょうか？

高樹　結構早い段階なんですけど、あえて分かってないようにはしていますよね。

八木　25話「悪魔の審判」でレナがダイゴに「終わったらデートしよう」というシーンがありますけど、あそこでイルマがノーリアクションなのが怪しいんですよね。

高樹　その辺りで知っている体にしていたのかもしれないですね。どの回かは覚えていませんけど、村石（宏實）監督は「澪ちゃん、なんかやってみる？」みたいな感じでそういう雰囲気を出してみようということはおっしゃっていました。私が覚えている限りでは実相寺（昭雄）監督はそういうことはおっしゃらないし、村石監督は言いそうでしょう？

八木　確かにそうですね。

高樹　3話「悪魔の預言」も村石監督ですし、イルマに関しては割と密接な回が多いですよね。そういう意味ではイルマを育ててくださったのは村石監督だったという感じがあります。ありがたいですよね。でもなにかのイベントで監督が「司令室のドアを開けたときに毎回澪ちゃんがどういうポーズで立っているか興味があったんだよね」とおっしゃっていて、「えー、私そんなかっこつけていました？」って（笑）。無意識でいろいろな立ち方をしていたみたいですが、そんなこと撮影現場では一言もおっしゃっていないんですよ。それで恥ずかしいなと思ったんですけど、あのスーツを着るとみんなそうなると思うんです。シュッとしていますからね。

八木　デザインも斬新ですし独特な雰囲気を持っていますよね。魔力がありました。

ヤギッチと言ったらハシゴ

八木　しかしこうしてお話をさせていただいていると『ティガ』の現場に戻ったような気がしますね。

高樹　当時は「ヤギッチ」と呼んでいましたけど（笑）、八木さんに関しては面白い話が多すぎて。とにかくヤギッチと言ったらハシゴですね（笑）。ハシゴから落ちて骨にヒビが入ったんでしたっけ？　寝ていないし、骨がもろくなっていたんでしょうね。

八木　神澤（信一）組の山小屋のシーンでした（18話「ゴルザの逆襲」）。あのときは、成城の住宅展示場を遮蔽して撮影する準備をしていて2階の屋根から落ちたっていう（笑）。

高樹　ヤギッチがハシゴを持っていったところは見ているんです。それで私たちが撮影をやっていたら、足を引きずりながら戻ってきたの。でもニコニコしているから大丈夫なのかと思ったけど顔が真っ白だった。だけど「僕のことは気にせず」ってパキパキしていましたね。たぶん寝ていないっていうのもあったんでしょうね。

八木　いつも会社に泊まっていましたけど、よく覚えてらっしゃいますね（笑）。高樹さんには『ダイナ』でも来ていただきましたが、そのときに「今度、実相寺監督がいらっしゃるんですよ」という話をしたんですね。高樹さんにゲストで出ていただいた回の次の次くらいが実相寺監督の回だったので。そうしたら「ヤギッチ、監督と飲むときは焼酎のお湯割りの梅だけはつぶしちゃダメよ」って言われたんです。

高樹　そうそう、つぶしちゃダメなんですよ。

八木　不思議なのはその前日に僕は実相寺監督とお会いしていて、赤坂のコダイで打ち合わせをした後に8人くらいで楽しくお酒を飲みに行っていたんです。それで監督が焼酎の梅干し割を注文して、みんな同じものを飲んでいたんです。で、僕だけ梅を思いっきりつぶして飲んでいて（笑）、そうしたら監督がニコニコして「ああ、八木さんは梅干しをつぶすんですね」って。実相寺監督は梅干しをつぶすのは下品だと考えていらっしゃったということなのですが、でもなぜこのタイミングで高樹さんに指摘されたのだろうと。高樹さんってすごいなと思いました。

高樹　なにも考えずに言っているんですけど、そういうことがよくあるんですよね。私はいまだにUFOを見ていますし。

「私はUFOを見るんです」

八木　高樹さんはよくUFOをご覧になるんですよね。僕も見たいんですけど見たことはないんです。

高樹　たぶん八木さんも見ているんですけど、「あれだよ」って言われないと分からないんだと思います。円盤型とか棒状になっていると人間に注目されて本当の任務を遂行できないから、UFOは普通の飛行機とかヘリコプターの形でいるんですよ。でも全く音がしないし、ずーっと同じ場所にいる。私にもよく分からないんですけど、彼らがやろうとしているのは人間が進化するためのなにかだと思うんです。私たち人間が知らず知らずの内に進化するように促進しているというか。

八木　『2001年宇宙の旅』（68）もそういう話ですよね。

高樹　私のUFO体験は小学校2年生から始まっていて、彼らがいろいろなことを考えているのが分かり始めたんです。それは、戦争はよくないよねとか、平和が大事だよねということだったりするんですけど。そこからは3〜4日おきにUFOを見るようになって、高校生のときには1日5種類のUFOを見たこともあります。それで本屋さんに

サワイ総監とイルマ隊長は地球平和連合TPCの中心で、撮影現場では川地民夫さんと高樹澪さんが演技のクオリティにおいて中心になって引っ張り、俳優としての姿勢を後進たちに自ら示していました

行ったら次の試験はこの本とこの本から出るっていうのが分かるくらいでした。でも『ウルトラマン』を見ている人はそれなりにＵＦＯの存在を信じていますよね。それなのに実相寺監督はあんまり信じていなくて（笑）。『ウルトラＱザ・ムービー 星の伝説』（90）のときは星野真弓という異星人役だったので、監督がどんな方かは分からなかったけどとりあえず「私はＵＦＯを見るんです」って言ったら目が点になっていました。「でも監督、宇宙の人は平和を大事にしていて戦争をしないんです」という話をしたら、「ほ〜」「ＵＦＯっているの〜？」という感じのお返事でしたね。あんなにいろいろ宇宙のものを作っている方なのにそういうスタンスなのかって思いましたけど、実際には監督は全部ご存じだったんだと思います。それからＵＦＯの話は監督からは全く出てきませんでしたが、私を否定はしないみたいな感じのお付き合いをさせていただきました。逆に信頼していただけたのか、ものすごくざっくばらんにお話をできるようになったんですよね。

八木　インテリだしすごい作品を作りますけど、実相寺監督は一緒にいるとそれを感じさせないような方でした。

高樹　一緒に楽しんで「わー」っていう感じで、そんなに砕けていいんですかっていうような関係でした（笑）。

八木　普段は面白い話ばかりされるので一緒にいて楽しいんですよね。

みんな仲はいいんだけどなあなあではなかった

八木　思い返しても『ティガ』の1年間は本当に充実した毎日でした。これは運かもしれませんが、あの場にいられて本当によかったと思っています。

高樹　まさに出会いですよね。あそこはチームワークがすごくて、いまだに1人として嫌な人がいなかったなと思っています。

八木　みんな熱くて真剣でしたからね。

高樹　長野（博）さんもすごい紳士で、柔らかくしながらも自分が全部責任を持つという感じだったんですよ。そこがさすがだなと思いました。「僕がちゃんと最後は持ちますよ」という感じを持っていらして、そういう懐の大きさみたいなものは当初から感じていましたね。『ティガ』がこれだけ語り継がれているのは、やはり彼の魅力のゆえだとも思います。彼が真摯に1本1本丁寧にかかわって、そういう映像が残っている。だから私たちもそこに照準を合わせていかないといけない。そういうところは彼が全部核として持っていたんだろうなって思います。でも長野さんは楚々としていてあまりでしゃばらない。そこが素敵な人だなって思います。結局、ダイゴ自体もそういう人じゃないですか？

八木　そうですね。長野さんも本当に真剣に演じられていました。

高樹　そういう意味では、みんな仲はいいんだけどなあではなかったですよね。

八木　では25年経って高樹さんにとって『ティガ』はどういう作品でしょうか？

高樹　答えるのは難しいですけど本当に私の核になっている作品で、生き方としての核をイルマからもらっています。だからみんなが自分の核を持つきっかけに『ティガ』がなったらうれしいですし、実際にそういう人は多いと思うんです。なんでそう言い切れるかというと、『ティガ』が見せてくれたような生き方をすると実は楽に生きられるから。和をもって生きるというのは難しいわけではなく、自分の気持ち次第でいかようにでもできる。逆に自分のエゴを盛り上げてしまうと周りと衝突が起こったりするので生きにくくなるということです。

八木　『ティガ』の最終回では子どもたちの気持ちが光になってティガに力を与えるわけですからね。

高樹　スタッフさんや監督さん、キャストの人たち、営業の方、広報の方……とにかくかかわったすべての人たちが自分の持っている核をちゃんと出して作った作品だから、『ティガ』にはちゃんとした哲学があるんでしょうね。みんなが持っているプラスの部分を持ち寄った、そんな気がします。だから地球人のいいところがいっぱい詰まっていてほっとするんでしょうね。この星はよい星で、未来はいかようにでもできるんだということを『ティガ』は教えてくれている気がします。だから『ティガ』を心に留めてくれる方が1人でも多くなってくれるといいですね。それが地球にとってもよい影響を及ぼすはずですから。

PART 2 スタッフ編

SHINGO MATSUBARA
松原信吾

HIROCHIKA MURAISHI
村石宏實

SHINICHI KAMIZAWA
神澤信一

YASUSHI OKADA
岡田寧

SHIGENORI SHOGASE + YOSHITAKA IMAIZUMI + KOSUKE KUROKI + TAKESHI YAGI
勝賀瀬重憲＋今泉吉孝＋
黒木浩介＋八木毅

TAKEHIRO KURAMOCHI + SAISUKE SATO
倉持武弘＋佐藤才輔

MASAKAZU MIGITA
右田昌万

CHIAKI KONAKA
小中千昭

AI OTA
太田愛

KEIICHI HASEGAWA
長谷川圭一

松原信吾

Shingo Matshubara | Director

『ウルトラマン』をビデオで撮るのは止そうよ

『壬生義士伝〜新選組でいちばん強かった男〜』（02）などのテレビドラマでATP賞を3年連続で受賞している松原信吾監督は、人生初の特撮作品として『ウルトラマンティガ』のメイン監督を務めることとなる。いわば〝特撮界〟外部からの参加となったわけだが、そのことが『ティガ』という作品にもたらした恵みは想像以上のものだったようだ。「なぜ『ティガ』が傑作になったのか」という問いへの1つの答えがここにはある。

聞き手：八木毅

『ダイナ』とか『ガイア』という名前も最初から出ていた

八木　監督もご存じのように僕は『ウルトラマンティガ』ではサード助監督として現場で走り回っていました。でも当時は闇雲に動いていただけで、作品全体のことは本当になにも分かっていなかった（笑）。だからどういう風に『ティガ』が始まって作られていたのかを、この機会にじっくりお聞きできたらと思っています。そこでまずは松原監督がこの作品に参加されるようになった経緯から伺えますか？

松原　俺はその当時は木下プロにいて、飯島（敏宏）さんは常務だったかな、専務だったかな。もちろん監督もやっていたんだけど。それで「『ウルトラマン』って興味ある？」って言うわけ。俺は初代の『ウルトラマン』から好きだったから、「もちろんあります！」って真っ先に手を挙げた。それが最初だったかな。だからそもそもの話は飯島さんからだったけど、飯島さんは自分では『ティガ』は撮らなかったんだよね。

八木　企画のかなり早い段階で飯島監督もかかわっていらっしゃったんですね。

松原　あの人は『ウルトラマン』の立ち上げメンバーだし、『ティガ』の企画はやはり飯島さんがいなかったら成立しなかっただろうね。

八木　しかし、松原監督がもともと『ウルトラマン』好きというのは初めて伺ったと思います。

松原　でも『ウルトラマン』好きの人間はかなりの割合でそう言うと思うんだけど、俺は『ウルトラセブン』が一番好きだったんだよね。

八木　自分も同じです。

松原　なんか悲しいじゃない。それでドラマがあるしさ。あれはシリーズの中でもピカイチじゃないかな。それと菱見百合子（現・ひし美ゆり子）さんが演じているアンヌ隊員が出てくるでしょう。実は助監督時代に『同棲時代』（73）っていう映画に付いているんだけど、それにひし美さんが出ていてさ。俺は彼女のファンだったから結構仲良くなって楽しかったな。

八木　もともと『セブン』をお好きで、ひし美さんともご縁があった。それは素晴らしいですね。

松原　あと飯島さんには『ウルトラマン』での金城哲夫さんや実相寺昭雄さんの話もいろいろ聞いていたというのもあって、「ああ、俺もやりたいな」と思っていて。「バルタン星人の由来はシルヴィ・バルタンだ」とか、飯島さんにはいろいろ話を聞いていたんだよね。

八木　『ティガ』に入られる前から、飯島監督とはそういうお話をされていたんですね。ちなみにバルタン星人の由来にはバルカン半島など諸説ありますが、シルヴィ・バルタンというのも全くの嘘ではなかったんですね（笑）。

松原　形は決まっていたんだけど、名前が決まらない。さあどうするっていうときに、当時流行っていた「アイドルを探せ」を歌っていたシルヴィ・バルタンでいいじゃんってなったって。いい加減な話だよね。まあそんなわけで円谷プロの会議に参加するようになるわけだけど、まだタイトルも決まっていなくて、そこからして結構もめたんだよね。

八木　監督が入られた段階では『ウルトラマンティガ』という名前も決まっていなかったわけですね。ちなみにその会議の参加メンバーはどのような方々でした？

松原　飯島さん、高野宏一さん、笈田（雅人）くん、俺だったかな。

八木　満田稔さんはいらっしゃらなかった？

松原　いなかったと思う。とにかく「平成ウルトラマン」をやるのは決まっていたんだけど、そもそもタイトルをどうするかっていうのを決めるのに相当時間がかかったね。結果的には『ティガ』が一発目になったけど、その後に続く『ダイナ』とか『ガイア』という名前もそのときには全部出ていた。じゃあその中のどれにするかというので話し合って、語呂の良さで『ティガ』になったんだよね。八木は「ティガ」ってどういう意味だか知っている？

八木　後から聞いたことですけど、インドネシア語で「3」だと言われていますよね。

松原　そうそう。まさしくインドネシア語の「3」なんだよね。まあ、3タイプだから「3」っていうことではあるんだけどさ。

八木　なぜインドネシア語になったのかはとても不思議ですけどね。

松原　全く語呂の問題で、一番収まりがいいということで『ティガ』になった。あと、意味があんまりよく分からないじゃない？　その方がいいっていうので決まったんだよね（笑）。だから結構いい加減ないきさつだったというか。
八木　名前が決まるまでは、どのくらい時間がかかったのですか？
松原　延べ1ヶ月半くらいはかかったかな。その度に議論百出で結構大変だったね。
八木　でも結果的には素晴らしい名前になりましたよね。ヒーローの名前って、強さとかスピードみたいなことでだいたい出尽くしているじゃないですか。でも「ティガ」って音はいいけどよく分からない。そこがすごいですね。
松原　それこそサードとかトリプルとか、「3」を表す言葉はいろいろあるけど意味が分かるからつまらない。そこで誰かが「ティガっていう言葉がありますけど、知っていますか？」って言ったんだよね。誰も知らなかったけど、でも分からなくていいんじゃないって。
八木　面白いですね。多数決とかではなく、皆さん「ティガはいいね」っていう感じだったんですか？
松原　そうだね。「ティガってなんだ？」っていう方がいいんじゃないかって。だからいい加減といえばいい加減だよね（笑）。
八木　そんなことはないですよ（笑）。それに空前絶後のタイトルだと思います。

デオ209の話は残したかった

八木　企画段階の話をもう少し伺いたいと思います。
松原　「そもそもウルトラマンってなんだ？」っていう話があって、これも相当もめたね。笈田くんが「ウルトラマンは地球の生態系の守護神だ」って言ったのかな。でもそれはおかしくないかって。つまり生態系を壊しているのは人間なわけだから、その人間をウルトラマンが助けるというのはおかしいだろうっていうことでさ。むしろ人間は敵になっちゃうわけだから、そういう設定は止めておこうとかね。これもいろいろもめました（笑）。

八木　「ウルトラマンとはなにか？」というのは繰り返し論じられることではありますが、やはりそこから話し合われたんですね。

松原　そもそも超古代文明の人類は1回滅びている。そこから地殻変動や気候変動なんかが契機となって、光の子どもとしてのウルトラマンが甦る。そういうところから話していたから、人間とウルトラマンの関係は問題になったよね。あらかじめ人間を助けるために出てくるっていうのはなんか変だよねっていうのが結構あったし。

八木　TPCとかGUTSとはなにか、みたいなことも当然話されて。

松原　そういう話も結構したね。ただ、そういう細かい設定を決め込んでも劇中ではなかなか説明する場所がなくて、あんまり反映されなかったのが残念だったな。設定だけは考えたけど劇中では活かされなかったっていうことはまああるね。

八木　衣装合わせのときでしたっけ、監督が「平和連合として始まっているんだから、隊員の銃なんかの戦闘用の装備は最初は一回外そう」っておっしゃったのをよく覚えています。

松原　あれは1話目を撮っている最中だったかな。

八木　そうでした、司令室のシーンですよね。われわれはうかつにもそこまで考えていなかったんですけど……。平和の組織なんだからって。

松原　なんとなく、そんなもの要らないんじゃないのっていうのがあってね。あらかじめ武装しているとか、武器を携行しているとかっていうのはなんだか嫌だなって。まあ「形」の問題かな。

八木　「形」っていうのはデザインということではなく？

松原　そう、「様《さま》」だよね。

八木　それでヘルメットからもいろいろ外したりしたのを覚えています。1〜2話を作っていく過程でもう1つ印象的だったのは、人間を光に変換する装置「デオ209」の扱いです。

松原　1話「光を継ぐもの」はとにかく盛りだくさんで、3タイプへの変身があるし、怪獣も2匹出てきてとても収まらない。1話分の時間で全部やるのは無理だよっていうことで（笑）、笈田くんには2話に分けさせてくれって言っていたんだよ。そうしたら、どうしてもダメだっていうことで。じゃあどうやって1話に収めるのか。少なくとも子どもたちは怪獣とウルトラマンが戦うところを見たいわけで、設定の問題とか人間関係はどうでもいいわけじゃない？　だから分量の問題というか、バランスの問題っていうのが結構大変だったね。作り手の側としては、ある程度説明しないと納得できないというところがあるわけだよ。だから、なんで超古代文明が滅びたのかとか、そういう説明に時間を割きたかったんだけどね。でも「とにかくゴルザとメルバを出すんだ」っていうことで、そんな余裕は全然なかった。だから脚本を作るのは大変だったね。

八木　怪獣が2体で、3タイプの変身で、ダイゴが光になるところまでを1話でやるわけですからね。説明の部分ではデオ209が重要な意味を持っていて、人間を光にする機械をホリイ隊員が作ったわけです。脚本上はこのデオ209はダイゴが光になるきっかけとして描かれていたのですが、撮影した後の編集でそこを切って、監督が作られたのは超自然的に光になるというものでした。あの辺の判断というのはどのようなものだったのでしょうか。

松原　デオ209の話は残したかったんだけど、尺の関係でどうしても切らないとダメっていうことになった。でも、どうしても残したかったのでこれももめたね。結果的に脚本上は残せることになったんだけどさ。設定とか言葉の説明は、子どもが見たって面白くないから要らないよっていう意見が結構多かったんだよね。ただ、やっぱり作り手と

© 円谷プロ

ウルトラマンティガ。ウルトラマンは美しい存在ですが、このティガはどこから見ても美しい究極のウルトラマンですしては自分の中で納得できていないと収まりがつかないからさ。そういった設定なんかが具体的に出来上がった作品にどう反映されているかというのはまた別問題だけど、作り手としては「こういう設定だ」というのを頭の中に入れておかないと気持ち悪いからね。

八木　確かにそういうロジカルな部分は必要ですよね。

松原　だからその辺は結構がんばって残したんだけど……。

八木　最終的に切る判断をしたのは編集の流れをご覧になってですか。

松原　そういうことだね。

八木　でも結果的にはデオ209を切ったことが後に大きな意味を持つことになるし、王道の素晴らしい1話だったと思います。そういうところも『ティガ』は面白いんですよね。

ダイゴとティガの曖昧な関係

八木　なかなか撮影の話にたどり着かないですが（笑）、もう少し準備段階の話を教えてください。監督が「未来のものはシルバーなんだ」っておっしゃって、小道具なんかをシルバーに塗った記憶があります。あれはSF的なイメージからきたものだったのですか？

松原　特に具体的なイメージがあったわけじゃないんだけど、漠然と「そういう風にならんかね」っていうことを言っただけだよね。

八木　でもいろいろな色があるよりは、シルバーで統一されたのはよかったと思います。

松原　そうだね。あとは初発の段階でウルトラマンの色ってシルバーと赤っていう感じで決まっているわけじゃない。

それを抜かすわけにはいかないんだけど、ティガに関しては斬新な形ってないのかなっていうことで結構みんなで考えたね。ウルトラセブンはアイスラッガーもあるし、すごく特徴があるじゃない？　じゃあティガはどうするかっていうので、形についてもずいぶん話したね。

八木　監督が入られたときには、まだティガのデザインは検討していたっていうことですね。

松原　デザイン画がいっぱいあって、その中からどれにしようかっていうことでね。

八木　でも結果的にとても美しいデザインになりましたよね。しかし『ウルトラマンティガ』は『ウルトラマン』から始まって30年目ですから節目の作品です。一方で『ウルトラマン80』からは15年経って撮影が開始しているので、特撮のノウハウが継承されているとは言い難い状況で、現場はなかなかバタバタしていた。でもいま見ても新しい感じがするし、ＳＦとしても素晴らしい作品です。これはなにが理由だと思われます？

松原　それは分からないけど、大人が見ても鑑賞に耐えるものというのは結構意識していたかな。子ども向けということだけではなくて、大人が見ても楽しめる。これは最初の段階で話をした覚えがある。子ども向けでただ戦いがあればいいっていうのではなくて、バックボーンがないとつまらないだろうって。そういう話は結構しましたね。

八木　それは全体の総意だったのですか？　それとも監督のお考えが大きかったのでしょうか？

松原　この手（特撮）は初めてだったから、作り手側の構えとして裏付けがない。人間的な支えみたいなものがないと、演出できないっていうことは結構話したね。話が戻るけど、やっぱり「ウルトラマンってなんなのか？」って分からないじゃない？　なんで人間の味方をするんだよって。あとはダイゴとティガの関係っていうのもこれまた問題でさ。つまりティガになっている状態のときに、ダイゴの意識があるのかないのか。だからダイゴとして戦っているのか、ティガになっているときダイゴは飛んじゃっているのか。その辺のことも結構話したんだよね。意識が残っているのはおかしいだろう、なぜならそれだと人間的な善悪の価値観でダイゴが戦っていることになるからって。ティガはティガで、ダイゴはそれを客観的に見ている人間としないと始末が悪い。まあ今までの『ウルトラ』でもそういう問題はあったんだろうけど、『ウルトラセブン』は結構はっきりしていたよね。セブンとモロボシ・ダンの関係はシンプルじゃない？

八木　同一人格というか、化けているわけですからね。しかしティガやウルトラマンは、別人格かどうかがはっきり分からない。

松原　ただ、その辺もあんまりはっきりさせてしまうとまたややこしいことになるんだよね。じゃあ全然別ものなのかっていうのも変だしね。だからあまり深く突っ込むよりは、ちょっと曖昧にしておいた方がいいんじゃないかっていうところで手を打ったけどね。

八木　『ウルトラ』はこれまでたくさんの作品が作られてきましたけど、今お話を伺っていて、いつもはそこまで深く議論してこなかったんじゃないのかなって思いました。『セブン』の設定はシンプルですけど、他の作品は「ウルトラマンにハヤタの意識があるのか」みたいなことが繰り返し議論になっていますから。

目線が合わない

八木　ではそろそろ撮影のお話も伺えたらと思います。

松原　とにかく大きかったのは長野（博）くんの存在だね。彼は非常にがんばってくれたから。V6のメンバーで、当時全国ツアーがあったのかな。だからこっちの撮影が終わってから、夜はダンススタジオに行っていた。そこで残ってくれていた振付師と振付を覚えて、翌朝はまた早くこっちの現場に来てっていうことで、とにかくすごかったんだよね。

八木　朝7時くらいから撮影している日もありましたから、それは大変ですね。

松原　それくらいがんばってくれたんだよね。彼のおかげであの作品は成立したみたいなところがあって、本当に助かった。ものすごく感じがいい人物だったしね。

八木　僕も現場で見ていて、長野さんの存在は本当に大きいなと思っていました。

松原　あと大きかったのは高樹澪さんだよね。彼女とは前に仕事をしたことがあったのでその辺も楽だったんだけど、あのメンバーの中軸で押さえてくれていたからバランス的にはとてもいい形になったよね。

八木　ちなみにキャスティングに関してはどんな感じだったのですか？

松原　飯島さんはかかわっていないはずだから、キャスティングを決めたのは円谷プロじゃないのかな。話が来たときにはある程度固まっていたから、俺はほとんど口出しをしていない。増田（由紀夫）は仕事をしたことがあったから、使いたいっていう話をした記憶はあるけどね。

八木　増田さんは丸谷（嘉彦／企画）さんの推薦もあったみたいなので、そこは一致していたんですね。

松原　そうだね。あとはほとんど決まっていたかな。

八木　実際の撮影に関しては1～2話のクランクインが道志村でのロケで、これは本当にドタバタでした。円谷プロも（『ウルトラマン』のテレビシリーズとして）15年ぶりの撮影だったし、（円谷）昌弘さん（監督補）のパジェロが川にハマってしまったりと、いろいろなことがありました（笑）。

松原　結構大変だったよね。とにかくこの手のはやったことがなかったから、俺もどうしたらいいかが分からなかった。特にアタマの2本はよく分からなかったな。後の方は結構余裕があったからいろいろできたんだけどね。

八木　1~2話はわれわれもなにも分からなかったですし、みんな全然慣れていなかったのでご迷惑をおかけしたと思います。ちなみに2話「石の神話」の撮影で覚えているのは、7月の採石場がすごく暑かったことです。日陰も全然なくて、あまりに暑くてお昼ごはんを食べられませんでした。そうしたら当時は装飾の親方だった長谷川（圭一）さんが美術チームのトラックに連れて行ってくれて、「食べないともたないから食べろ」って言ってくださったりして。

松原　確かにあの撮影は暑かった。

八木　でも次に監督がいらした9話「怪獣を待つ少女」、10話「閉ざされた遊園地」くらいからは慣れてきて、楽しかった記憶があります。9話のロケ地がお台場で、10話のロケ地がよみうりランドでしたね。よみうりランドは初めて行ったので、個人的にはとても楽しかったですね（笑）。

松原　「閉ざされた遊園地」は、最初は確か「閉ざされた都市」というタイトルだったんだよね。だけどそんな大規模なことはできないっていうことで遊園地になってしまった。そんなところを閉ざしてもしょうがないだろうって思うんだけどさ（笑）。予算の関係でデカい話はできなかったんだよね。

八木　その話は初めて聞きましたが衝撃ですね。「閉ざされた都市」だったら緊迫感がありますけど、遊園地には遊びに来ている人しかいないわけですから。

松原　やっぱり予算の問題は大きかったよね。大事なのは特撮の方で、芝居なんてセットも決まっているしメンバーも少ないしっていうことで、そんなにお金はかからない。そんなこともあって、「なるべくこっちは切り詰めるから、特撮の方で使って」なんて話も随分したよ。アタマの予算会議みたいなこととかスケジューリングの段階で、「こっちは3日で大丈夫だよ。その分、特撮にお金をかけて」なんていうことで。その代わり、こっちは特撮の撮影現場にまで行って目線の話なんかのかなり具体的なことを言ったりした。「俺が撮ったセットの最後はこっち側を向いているんだから、逆に入っちゃダメだよ、そっち側を向いちゃダメだよ」なんていうことでね。まあ、最初のうちはチグハグでうまいことといかなかったので大変でした。

八木　普通は画コンテで合わせるはずなので、特撮と本編で監督が違っても目線が合わないということは起こり得ない。でも『ティガ』の最初はドタバタしていたので、それが原因でしょうね。

松原　それから「高さ」ね。つまり怪獣はだいたい40メートルという設定にしてあるわけだけど、これは地上で見ている人間たちとの距離によって角度が変わってくるわけじゃない。それを「このくらいでいいかな」っていうのでやると、全然目線が合わないんだよね。あれには参っちゃった。それで怪獣を少し縮小して遠ざける形にして目線を合わせたりしていたな。最初はなかなかうまいこといかなかったよ。

八木　特に最初の方は特撮と本編がほぼ同時にクランクインしていたので、そういうことが起きてしまったんでしょうね。その後は本編の映像を見て特撮が合わせるようになったので、遠くの40メートルなのか、近くの40メートルなのかが合うようになってきた。最初だから混乱していたんだと思います。

怪獣にも写真映りの良し悪しがある

八木　初めての特撮作品でいろいろ大変だったというお話でしたが、目線や高さ以外ではどんなことがありましたか？

松原　北浦（嗣巳）くんが特撮監督を引き受けてくれたので、彼と相談して特撮現場に行っているんだよね。それこそ目線の問題もそうだけど、戦い方の問題なんかも話したかな。俺は特撮ものは好きだったけど、ウルトラマンと怪獣が戦うときの戦い方は好きじゃなかった。なんていうか、プロレスの真似事みたいな感じがしてさ。だからなるべくそれはやめたいなんていう話もして。あとは大きさの問題だね。例えば怪獣の手が人間をつかんで持っていくという場合、1／1（原寸）の怪獣の手を作ってもらったりした。全然ムダだから特撮班には嫌がられたけど、その大きさの手だけを作ってもらって、そこに人間を乗せて移動車でガーって引いていくっていうのをやりたかった。それで3つか4つは1／1のモデルを作ってもらったんだよね。

八木　1〜2話の洞窟でもありましたよね。今はお金がないからあまり作らなくなりましたけど、東宝の映画ではやっぱり1／1を作っていました。論理的には合成しちゃえばいいんですけど、そこに大きいものがあるっていう感覚は確かに必要ですよね。当時は助監督でしたが、特撮の監督もやるようになってからは、大きさを理解できるかどうかが実は重要なんだなって思っています。

松原　合成すればなんでもできるのは、もちろん分かっているんだけどね。でも肉体感というか、人間がバタバタ暴れる感じというか、そういうのをやりたくてさ。だから1／1のモデルを作ってもらったんだけど、円谷プロに行くといつまでもその残骸が残っている（笑）。「誰も使わないんだよ」っていうことで放置されていて、すごく悲しい思いをした覚えがあるな。

八木　セットはそうなりますよね。でも、『ウルトラマンガイア』25話「明日なき対決」ではヒロインがアグルの手に乗るところがあって、そこは1／1を作りましたね。芝居を考えると、1／1はあった方がいいんですよ。

松原　あと、覚えてないかもしれないけどGUTSの司令部に両開きの扉があったじゃない？　あれは両方から2人で引っ張るんだけど、タイミングが合わないという問題があった（笑）。そりゃ合わないよ、人間がやっているんだから。

八木　覚えています。全部手動でやっていたんですよね。操演じゃないから演出部のタイミングで、基本的には美術の人が動かしていたはずです。

松原　美術はすごくがんばってくれたよね。

八木　そうですね。扉のタイミングは確かに合わなかったですけど、司令室の真ん中が電動で回転するのは『ティガ』だけですから。すごくよかったです。ちなみに司令室の扉に関しては『ティガ』の反省から、『ダイナ』では美術部がモーターを仕込んでくれたんです。だからスイッチを入れるとウイーンって動くんですけど、すぐに使わなくなってしまいました。というのは、スライダックとかをかませればよかったのかもしれないんですけど、スピードが一定だったんですよ。だから例えば「スーパーGUTS出動!」って飛び出していくシーンだと、扉の動きが遅くて隊員がバンってぶつかってしまう（笑）。手動だと「役者の気持ちで」というわけではないですけれど、速く出ていく場合はスッと開けられる。それで結局、すぐにモーターを外して手動に戻ってしまいました。

松原　そうか、やっぱり手動が一番なのか（笑）。そういうのはいろいろ試行錯誤で、うまくいかないなぁってイライラしたことも多かったな。

八木　繰り返しになりますが、みんな全然慣れていなかったですから。合成のグリーンバックなんかも初めてだったからよく分からなかったですし。今と違ってグリーンバックのときはとにかくものを動かしていけない、「同ポジで」ってピリピリして撮影していましたよね。今だったらマーカーを打っておけば大丈夫なんですけど。

松原　あとは編集のときにグリーンが一定してなくて、抜けきれなかったのも結構大変だった。だから後で部分的にパッチして対応したりしてね。

八木　当時のグリーンバックはあんまり抜けなかったですよね。

松原　抜けにくかったね。だから「ダメじゃん、抜けないじゃん」っていうことも結構多かった。そういうのも試行錯誤だったから、編集段階で後始末が大変だったよね。

八木　その辺は大里（俊博／ビジュアルエフェクト）さんがやられたのですか？

松原　そうだね。なかなかうまくいかなくて徹夜したりして、よくやってくれたな。本当に時間がかかったよ。とにかくできてみないと分からない、つないでみないと分からないというのが不安だったね。合成してみないと分からないわけだから「こんなはずじゃなかった」っていうのも多かったね。逆に「予想に反してよかった」なんていうのはないわけ。みんな予想に反してダメなんだよね（笑）。最初の方はうまくいかないことばっかりだったという印象だな。

八木　今だと合成されると「あ、こんなによくなるんだ！」って盛り上がるんですけどね。グリーンバックの素材で作業していると、「これ大丈夫かな？」なんて思っているので。

松原　あと、自分では「こういう風に画ができるだろう」ってイメージしていても、全然その通りにならないことも多かったね。最初のうちはそのギャップが辛かった。でも、考えてみればそんなの当たり前なんだけどね。普通にドラマを撮っていたって、現場で芝居を見ていて「これでいいや」って思うじゃない？　でもラッシュを見ると、自分が考えていた芝居とは全然違うんだよ。例えば女の子を撮って「あ、この子可愛いな」と思ったとしても、ラッシュを見ると全然可愛くなかったりする。人間でもそうだけど、写真映りってあるじゃない？　それが良い子と悪い子がいて、怪獣でも同じなんだよね。「これは絶対に面白いぞ」って思って撮っても、映っているのを見ると結構面白くない。そういうのは計算できないから難しいよね。

八木　とにかくシリーズの立ち上げですから、合成してどういうテイストで画を仕上げるか、そういうことも含めて全部決めないといけないわけですから大変だったと思います。

松原　そういう意味では『ティガ』をやったから、その後の『平成ウルトラマン』は結構楽だったんじゃないかな？

ノウハウが積み上がっていたからやりやすかったと思うよ。

八木　バタバタで思い出すのは、第1話で最初にコックピットを撮影したときのことです。下にでかいお釜みたいなものが付いていましたよね？

松原　あったね。

八木　周りの枠を外すとコックピットがグルグル動くようになっているんですけど、そのときにカメラをコックピットに固定して撮っちゃったんですよね。だからコックピットは揺れているんだけど、カメラも一緒に揺れているので画はピタッと静止していて揺れていない（笑）。そんなこともありましたね。外に固定していれば揺れている画が撮れたのに、カメラも一緒に動いてしまったという。

松原　そうそう。揺れないんだよね。そういうのも試行錯誤の1つの例だね。

八木　撮り終わった後に揺れてないっていう話になって。今だったらそれはそうだろうって思うんですけど、あのときはバタバタで本当に余裕がありませんでした。

松原組の撮影風景

八木　9～10話の後に監督が撮影されたのが45話「永遠の命」、46話「いざ鎌倉！」ですね。

松原　ギジェラの話はすごくノッていたんだけど、思っていたようにはいかなかったな。もっと人間が踊らされて、みんなが酔っ払っちゃう感じ、それこそ宗教を思わせるような雰囲気で人間がみんなギジェラに吸い寄せられてボーッとなっちゃう。そんな中でダイゴはどうやって救い出すのかっていうのをやりたかったんだけど。

八木　助監督としては、ギジェラの木をいっぱい用意したことを覚えています。あと、あのときに僕は1カットだけ

レナ隊員を演出中の松原信吾監督。撮影が続いている間は椅子に座らないという松原監督は、静かな方ですがいつもアクティブです。45話「永遠の命」のロケにて

出演しているんですよ。松原監督に「ヤギラ（八木氏の愛称）、そこでくるくる回って」って言われて（笑）。

松原 ああ、そうだったね。

八木 「ギジェラ、ギジェラ」って言いながらくるくる回っています（笑）。

松原 酔っ払ったときにどうなるかっていうのをキャストのみんなに考えてもらって、あれは面白かったな（笑）。でも宗教みたいにみんなが漂って、流されて、引っ張られて……っていうような魔術的なことがなかなか表現できなかった気がしているんだよね。

八木 植物モチーフは昔から多いですけど、撮るのは大変なんですよね。なにしろ動かないですから。あと撮影後半は時間的に余裕がなかったという事情もあります。

松原 特撮のいいところの1つは、ああいうモチーフをうまく表現できることだと思っているんだよね。『ウルトラマン』でジャミラっていたじゃない？　取り残されちゃった人間の話。

八木 はい、宇宙飛行士の話（23話「故郷は地球」）ですね

松原 実は『ティガ』でもああいうのをものすごくやりたかった。宇宙に取り残されちゃったらどうなるっていう孤独な話、悲しい話。変な言い方だけどすごく暗くていい話なんだよね（笑）。でも企画の段階で、「そういうのは今ちょっと向かないです」って言われてできなかったんだけど。ジャミラってすごく悲しい話だよね。

八木 そうですね。松原監督のそういった「悲しい」作品もぜひ拝見したいです。では「いざ鎌倉！」はいかがでした？　真逆のちょっと軽いタッチのお話でしたが。

松原 46話だから、縦のストーリーとしてはもう追い込みになっているときにこういう話をやっている場合じゃないのにって思ってのらなかったね（笑）。かたつむりみたいな格好をした怪獣はデザインコンテストの公募。ストーリ

ーは確か円谷（一夫）社長のアイデアで、「やらないか？」って言われたんだよね。へんてこりんでファンタジックな話だったな（笑）。

八木　ガッツ石松さんが出演されているのも印象的ですよね。現場ではすごく真面目で、アイスキャンディをたくさん差し入れてくださったことをよく覚えています。

松原　ガッツさんは楽しかったよね。カメラなんか持ったことないのにカメラマン役でさ。「縦に構えるときは脇を締めないとダメですよ」って言ったら、「俺、そんなの分かんないもん」って（笑）。それでいろいろなものに化けた怪獣を探すために標識なんかをたたくんだけど、調子に乗ってあっちゃこっちゃたたくもんだから喜劇みたいになっちゃった。

八木　撮影自体はいつも楽しい松原組でしたね。

松原　しかし八木はよく働いたね。すごくよく働いたよ。そんなのは自慢にならないけど俺はものすごく働く助監督で、とにかく撮影所中を走り回っていたんだよね。でもそういうのを後になって反省して、走るやつはダメだなって（笑）。そういう意味では八木はあんまり走らなかったけど、ものを考えているタイプで。相談するととても頼りになったね。

八木　ありがとうございます。でも、カチンコが入らなかったですよね。

松原　下手だったな、お前（笑）。チョークの粉は飛ばすしさ。

八木　それで松原監督が初めてカチンコを打ったときの話をしてくださって。美空ひばりさんの前でカチンコをたたいたら、チョークの粉が飛んでしまったということでした（笑）。

松原　そう。助監督の1本目が美空ひばりだったんだよね。彼女のアップのカットで、こっちは緊張して余裕がないから顔の前でカチンコをパンってやるだろ。そうするとチョークの粉がパッと飛ぶんだよ。それを美空ひばりが「ふぅ〜」って吹いて、NG。それで「お前はなんでチョークの粉を落としておかない」って怒られるし、美空ひばりのお母さんも飛んできて「あんたバカじゃないの！」って。神経質になって次からスタジオの端でカチンコをパンパンたたいてチョークを落としていると、録音部が「うるさいぞ、いい加減にしろよ！」って文句を言いに来てさ。俺はどうしたらいいんだろうと思って嫌になった。もう帰りたかったね（笑）。

八木　撮影現場は不条理ですから（笑）。

闇とか黒はフィルムじゃないと出ない

八木　『ティガ』は本編も特撮もフィルムで撮影されていて、これも大きな特徴となっていますね。

松原　俺はフィルムの質感が欲しいからこだわったんだよね。『ウルトラマン』をビデオで撮るのは止そうよ、フィルムだろうって。でもそれは撮っただけで、ビデオに起こしたらフィルムは要らなくなる。それは後で経費のムダっていうことで文句を言われたけどね。でも、フィルムじゃないと嫌だっていうのはあった。

八木　高野さんもフィルムにこだわっていたと聞いていますが、松原監督もフィルムを推されていたんですね。

松原　そう。やっぱりフィルムじゃないと嫌だっていうこだわりはあったんだよね。

八木　ビデオとは全然質感が違いますから、フィルムにしてよかったと思います。

松原　ビデオって走査線、つまりは横線でしょう。だけどフィルムはドット、点だからキメの細かさがまるで違うんだよね。これはどうやっても追いつかない。ハイビジョンでも全然追いつかないでしょう。だからフィルムでやってよかったけどね。

八木　ああいう作品の世界にはフィルムの質感が合いますよね。

松原　俺も何本か撮っているけど、時代劇をビデオでやるのはよくないんだよ。ビデオの致命的にダメなところは黒が出ないこと。ビデオの黒って黒じゃないんだよ。つまりグレーというか、ダークというかね。フィルムの黒は黒が出るんだけど、ビデオはグレー。それが致命的にダメで、闇とか黒はフィルムじゃないと出ない。その辺が嫌だよね。ビデオはどうしても明るいから落ちきらない。それがつまらないところだね。

八木　闇とか黒というと、SFもそうだということですよね。

松原　それこそ宇宙空間の黒がビデオでは出ないから、SFも合わない。明るいんだよ。暗いからこそ明かりが映えるわけじゃない？　『ウルトラマン』をビデオで撮るのは止そうよっていうのは、そういうこともあったよね。『2001年宇宙の旅』なんかを見ても、あの光ってすごいじゃない。あとすごいのが『未知との遭遇』（77）。初めて宇宙船が出てくるところのシーンってすごかったもん。

八木　衝撃でしたよね。「本物か？」と思いましたから（笑）。

松原　俺もポカーンとしちゃった。暗いから明かりが効果的なんであって、ああいうのはビデオではなかなかできないよね。

八木　そうなんですよね。

松原　やっぱりフィルムは偉大だよね。俺は映画育ちだからフィルムには慣れているんだけど、ただ困ったのはとにかくNGがすごく多かったんだよね。こんなに使っちゃマズイだろう、すごくもったいないなってドキドキしたのを覚えているよ。だから遠慮した部分も結構あったんだけどさ。しかしフィルムでの撮影にはなんとも言えない緊張感があったよね。今は自分で監督していても、ビデオの現場は緊張感がなくてダラダラいっちゃうから。「NG出したって大したことない」って感じだから、ビデオって安直な感じがするんだよね。でもフィルムは「うわー3分回っちゃった」って思うし、その分のフィルムがアウトじゃない？　そういうこともあって緊張感があったよね。

八木　その緊張感は役者も共有していましたから、その違いは大きいですよね。

松原　そう、演技にもその緊張感は反映する。だからフィルムの現場の方が全体的に緊張感はあったんだよね。

八木　『ティガ』にはフィルムならではの緊張感がみなぎっているし、フィルムならではの質感が感じられるというわけですね。これは素晴らしいことだと思います。

今だったら3倍いいものを撮れる

八木　では25年が経ってみて、あらためて『ティガ』を総括されるとどうなりますか？

松原　こういう言い方は随分おこがましいけど、『平成ウルトラマン』の中では『ティガ』がダントツじゃないかな。丁寧に作られているし、ストーリーも設定もちゃんとしているし。思い出すと、高野さんが「『ウルトラマン』ができる！」っていうことですごくうれしがっていたよね。飯島さんもそうだったけど、そういううれしさみたいなものが溢れていたと思う。円谷の人たちがみんな楽しそうだったし、それは大きかったんじゃないかな？　俺自身はそういう臨場感はあんまりなかったから、とにかく「ひたすら一生懸命やらないと」っていうことだったけどさ。

八木　僕はずっと円谷プロにいましたけれど、確かに高野さんがあそこまで作品に入れ込んで作っているのを初めて見ました。それくらい『ティガ』には気合いが入っていたんです。例えばスーツアクターを選ぶときでも、昔の古谷敏さんは身長が高くてマスクをかぶっても8等身。だからやっぱり180センチ以上ある大きい人間を選ばないといけないっておっしゃって、それであの2人（権藤俊輔、中村浩二）を選んだんですよね。そういうところから口を出していて、GUTSの衣装もほとんど決まっていたものをクランクインの10日くらい前に革に換えましたから。

松原 そうだね。なんであんなにバタバタしたのか分からないけど、とにかく最後まで決まらなかったなあ。

八木 「これじゃダメだ」って。だから『ウルトラ』をできるっていうことで、みんな喜びがあふれていたんですよ(笑)。プロデューサーサイドですから、そんなギリギリで完成している衣装を換えるというのは予算管理のことを考えると本来いけないはずなのに。そういう当たり前な普通の考え方は、いい作品を作るために無視したんですよね。

松原 看板である『ウルトラマン』を久しぶりに作れるっていうので、円谷の人はみんなすごくうれしかったんだと思う。

八木 しかも出来上がってみたら成功していたので盛り上がりましたよね。本当に素晴らしい作品になったと思います。

松原 ずいぶんいろいろな作品を撮ってきたけど、ああいう特撮ものって初めてだったし、俺にとっては唯一の作品なんだよね。そういう意味ではすごく印象に残っているし、いい思い出だね。とても楽しかったし、やってよかったと思っている。でも、慣れていればもう少しいろいろなことができただろうなって思うけどね。もし今もう1回やらせてもらえたら、3倍いいものを撮れるよ。

八木 松原監督の『ウルトラ』新作はぜひ拝見したいですね。

松原 『ウルトラマン』は一種の寓話だから、いろいろなことが広がってできるじゃない。それこそ宗教の話とか……今の世の中もそうだけど、みんなが1つの方向を向いてしまうというのを揶揄したり皮肉ったり、そういうことができる素材だからさ。あのころはとにかく一生懸命やらねばっていう思いだけだったからなかなか余裕がなかったけど、今やればもっといいものができると思うな。

村石宏實

Hirochika Muraishi | Director

多分に無茶した部分はあると思うけどやり通した

村石宏實監督は3〜4話で『ウルトラマンティガ』に合流以後、計14話を担当し最終回までの流れを作った。初代『ウルトラマン』のスタッフとしてキャリアをスタートしたという特撮愛に裏打ちされた経歴に加え、時代劇や一般ドラマからドキュメンタリー番組までの多彩な作品に携わった経験が『ティガ』にも思う存分注入されて、作品を豊かなものにしている。『ティガ』はなぜ傑作になったのか。その秘密を村石監督に伺っていく。

聞き手：八木毅

長野くんに相談したダイゴの変身ポーズ

八木　村石監督は3〜4話の監督から入られていますが、当時の状況はどんな感じでした？

村石　円谷からは「15年ぶりに再び『ウルトラマン』をやりたい。ついては本編監督を」ということで話があったんですけど、特撮が先行して準備はもう結構進んでいましたね。僕はこの世界へのスタートが『ウルトラマン』にかかわりたくて円谷英二さん宅の門をたたいたところから始まっているので、長年の夢だった『ウルトラマン』を撮れるとそれはもう大喜びですよ。それで参加したときには主だったキャスティングなんかはもう決まっていました。満田稀さんが仕切っていたような印象が強かったですね。

八木　すでに1~2話の脚本はあったのでしょうか？

村石　決定稿があがっていたかは定かではないです。印象に残っているのは隊員服ですね。衣装が完成して衣装合わせがあったんですけど、僕としては「え？」っていう感じで。悪い言い方をするとちょっとパジャマみたいな隊員服で（笑）。もうクランクインが迫っていたと思いますけど、皆さんも「え？」と思われたみたいですぐにライダーズスーツに手を加えて隊員服に仕上げられたのを覚えています。

八木　演出部だったのでよく覚えていますが、高野（宏一）さんが「これじゃやらせない」と言って大騒ぎになって、新しく段取り直して1週間弱で作ったんだと思います。

村石　あのシリーズはそれからライダーズスーツになったから、怪我の功名みたいな部分はあったんでしょうね。あと覚えているのは、松原（信吾）監督が「自分は人間ドラマを撮るんだ」と盛んに強調されていたことです。それから後日のことですが、スタッフルームで松原監督と2人だけになったときに、「後は頼む」的なことを突然言われたんです。スケジュールが立て込んでこの後は撮れなくなったということで、「メイン監督を譲る」というようなことを言われて。「これから先は責任が重いぞ」と、身が引き締まる思いで聞いた覚えがあります。

八木　そういう流れで3~4話から始まりトータルで最多の14本を担当されたわけですね。ダイゴの変身ポーズも村石監督と長野博さんで考えられたもので、村石組の4話「サ・ヨ・ナ・ラ地球」でお披露目されています。

村石　「ヒーローものの定番を撮ろう」「ポーズを決めよう」って言い出したのは僕ですけど、相談したら長野くんもノッてくれて。やっぱりダンスをやっているだけあって、キレキレに決めてくれてかっこよかったですね。でも、他の監督たちがあんまり気に入ってくれなかったのか、あるいはそんな余裕がなかったのか、その後はあんまり見ることはありませんでした（笑）。バンクショットではないので、それを使うということではなかったんですけど。

八木　川崎組ではやっていましたね。

村石　そうそう。川崎郷太が「監督、撮りましたよ〜」って言っていたね。あれはちょっと洒落的なニュアンスがあったんだろうけど。

八木　僕が撮った『大決戦！超ウルトラ8兄弟』という映画では、変身ポーズを撮る予定はなかったんです。テレビシリーズではほとんどやっていませんでしたから長野さんもそのつもりでいたんですけど、映画版のスタッフにはテレビからきた人がほとんどいなかったので、みんな変身ポーズは当然やるものだと思いこんでいた。あった方がいいのじゃないかと。それで多数決を取ったら変身ポーズはやるということになったんです。でもとても重要なポーズですよね。あれは撮影当日に監督が長野さんに「考えてみて」っておっしゃっていましたよね。

村石　台本上はなかったんですけど、「変身ポーズを撮りたいんだけど」って。そうしたらすごくよいポーズを考えてくれてさすがでしたね。

『ティガ』の世界観を作る上での核

八木　2話の最後に3話「悪魔の預言」の予告が付いていて、これは飛び出してくるイルマにトラックアップから入るものでした。あの予告を見たときに、すごくかっこいいなと思ったのを覚えています。実相寺組ではないですけど、今までの『ウルトラ』ではあまり見ない画で独特なものが始まるなと。あれでだいぶタッチが変わりましたよね。

村石　「悪魔の預言」は脚本の小中千昭さんとの初めての回で、最初に渡されたのは全く別の話でした。もっとファンタジックで少女が絡んだような話だったんですけど、「3話目にしてこれじゃないよな」っていう直感が働いて。

それでもっと勇ましいウルトラマン、かっこいいウルトラマンが見たいという提案をしたら、小中さんがちょっとムッとした（笑）。まあ僕としては（『ウルトラマン80』から）15年のブランクもあることだし、子どもたちの中にはウルトラマンを知らない子もいるだろう。だったら最初の『ウルトラマン』が始まったときのようなものを見せたいっていう思いもあったんです。そういう話をしたら彼はちょっと立腹しつつも、「分かった」と言って一晩で書きあげてくれた。実際には2日くらいかかったみたいですけど、自分の感覚では一晩という感じでした（笑）。

八木　伝説では1日で書き上げたということになっています。「悪魔の預言」にはいろいろ素晴らしいところがあるのですが、ラストカットは合成カットですよね。お台場かどこかの街の全景の上にビル街を足していて、すごく未来的な感じになっていました。

村石　モノレールと大塚家具の展示場を入れて、さらに上に合成しているんですね。1～2話が山の中、荒れ地だったのでその対比というのもあります。格闘も夜の都会でしたし。夜の都会の風景って綺麗じゃないですか？　その中での格闘をうまく神澤（信一／特技監督）さんが撮ってくれて、新しい世界が始まるぞという作品になったと思います。あとは脚本を変えてもらったことで、早い時点でイルマ隊長にスポットを当てることもできた。自分の中では小中千昭氏の脚本から感じるものと、イルマ隊長＝高樹澪さんとの出会いが『ティガ』という新しい世界を構築していく上で大きな要因になったと思います。『ティガ』の世界観を作る上での核、原点だったなと。それと円谷プロの映像づくりというか、その姿勢にビックリしたのは大夜間ロケです。横浜の市場に向かう道を夜中に遮断して撮影したわけですが。交差点の撮影の俯瞰の画を撮りたいと言ったら、当然のごとく照明はハイライダーが並ぶんです。

八木　テレビではありえない贅沢ですよね。

村石　当時の劇場映画でもそんなスケールが大きいものはなかったです。円谷プロが本腰を入れているなっていう気

© 円谷プロ

熊本ロケで撮影の意図を説明する村石宏實監督。村石監督はいつでも誰よりも撮影を把握して先頭に立って引っ張ります。熊本編ロケにて

概みたいなものを感じましたね。

八木　照明は高野和男さんですよね？

村石　もちろんそうです。後で彼に聞いたら「いやー、監督はせっかちだから」って言うんですよ（笑）。カメラ位置を変えるたびにライトも変えていたら待たせることになるから、思いついたところどこに行っても、全部撮れるようにしてあるからって。これは驚きましたね。そこまで監督としての意向を汲み取ってくれているのかっていうのもうれしかったですし。

八木　高野和男さんは早くに亡くなられてしまいましたが、アーティスティックな照明技師でした。イルマが幽閉される部屋もそうですが、高野さんのダークな照明が「悪魔の預言」ではぴったりで、いいムードを出していました。

村石　僕としてはとっかかりであれをやれたのは幸先が良かった。もう1つの「サ・ヨ・ナ・ラ地球」はSF色の強い作品で、『ティガ』の前に撮っていた『七星闘神ガイファード』（96）でもそれっぽいタッチのものをやっていたので自信はあったんです。でも「悪魔の預言」は自分としても初めて出会う世界だったのでどう構築していくかを考えて、結果的にはそれが最終話まで続いていったんでしょう。

特技監督としてのお墨付き

八木　その後は8話「ハロウィンの夜に」の特技監督としてクレジットされています。

村石　7話「地球に降りてきた男」、8話「ハロウィンの夜に」の特撮は高野宏一さんのお手伝い、監督補佐的な立場で付いたんですね。一緒にやりながら円谷特撮のポイントなどもいろいろ教えていただきました。円谷特撮ではこう撮るんだという仕掛けも含めていろいろ学べたし、怪獣とティガの格闘に関しては任されたんですよね。この2話に携わったことで、特撮スタッフには「ああ、あの監督は特撮もやれるんだ」的なお墨付きをもらえたんだと思います。その後すぐ本編と特撮を両方撮る13話「人間採集」と14話「放たれた標的」に移っていくんですけど、そういう意味ではすっと現場にも入れたし、スタッフともなじめましたね。

八木　高野宏一さんとはいろいろお話をされたということですね。

村石　そうですね。高野さんに特撮監督としてもいけると認めてもらえたことが大きかったです。そういう意味で1本を高野宏一さん、1本を僕のクレジットにしてくれたんです。このときに自分が得た経験は、特撮のチーフ助監督だった満留（浩昌）くんに伝えたり、ということもしていましたね。『ダイナ』に入ってからは、怪獣との格闘の一部を満留くんに撮らせたりとか。自分で撮ってみることが一番の勉強ですから。

八木　では13話「人間採集」、14話「放たれた標的」のお話を。

村石　この2本はなかなか脚本が決まらなくて。ちょうど代々木上原のスタジオで「ハロウィンの夜に」の仕上げをしていたときに直ってきた脚本を見せられたんですけど、僕としては違うなっていう感じで。スケジュールもギリギリだっていうことだったので引き取って、小中さんじゃないけどそれこそ一晩で2本とも書き直したんです。それを笈田（雅人）プロデューサーに提出したら、たぶん脚本家さんをうまく説得してくれたんでしょう、それで行きましょうということになったんです。印象的だったのは、レイビーク星人……カラス星人って言っていたんだけど（笑）、そのアジトだったらごみ焼却場の廃墟だよなっていうイメージがあって。それでロケの廃倉庫にセットを組んで撮影していいます。

八木　山手貿易でしたっけ？

村石　そう。このとき、ＧＵＴＳ隊員たちに特殊部隊よろしく統制の取れた作戦行動をやらせたら受けたんですね。

だから33話「吸血都市」でもそれを活かした記憶があります。

八木 「人間採集」では等身大のティガが出てくるのも印象的です。

村石 あの巣窟の中ですから、でっかくなったらカラス星人と戦えない（笑）。それで等身大ということになったんですけど、『セブン』でも縮尺が変わるというのはやっていますからね。ただこれは特撮班からは苦言が出たんです（笑）。なんでかというと、着ぐるみのメンテナンス担当の人をこっちの撮影でお借りしないといけないから。そうすると特撮の撮影に影響をきたしてしまうわけですね。

八木 メンテのスタッフを本編に取られてしまうと、特撮でメンテできないということですね。

村石 まあ「こんなことは毎回やるわけではないし」ということで説得したんですけど。これが結構評判だったらしくて、その後に『ガイア』ではプロデューサーサイドから「等身大を出してくれ」というリクエストが来るようになりました。自分としては『電脳警察サイバーコップ』（88-89）や『ガイファード』を通じて等身大アクションには自信があったので、これはうまくいったなという思いがありましたね。

八木 続いて前後編の19～20話「ＧＵＴＳよ宙《そら》へ・前後編」ですね。

村石 前後編でスケールもすごく大きな話で、光栄ではあるけどプレッシャーもすいぶん感じましたね。もう「なにがなんでもやってやる」っていう精神的なパワーだけで乗り切ったようなところも半分あって。

八木 アートデッセイ号のセットも初お目見えでした。

村石 アートデッセイの操舵室、コントロールルームのセットは東宝ビルトの第2ステージいっぱいに作られていて大きかったですね。こんなものを撮れるのかって、すごくワクワクした記憶があります。だから有頂天になって撮っていた（笑）。アートデッセイの発進や飛行に関しては特撮班で撮っている時間がなかったので、別班がモーションコントロールのカメラを使って撮影しています。これはいってみればコンピュータ制御でのコマ撮りですよね。

八木　『スター・ウォーズ』(77)で開発された技術ですね。カメラの動きをコンピュータで制御して、何度も同じ動きを繰り返しながら撮影していくというものです。

村石　ものにライトを当てないで、後ろの壁にライトを当てればマスクができる。だから合成が綺麗に出来上がるという利点がありました。それを使ってすごい時間をかけてコマ撮りしていたはずです。こっちが本編を撮り終わるくらい、だから2週間くらいかかっても終わらなかったんじゃないかなというくらい撮っていた気がしますね。

八木　19~20話でよく覚えているのは、ビジネス街の通りで車を止めて撮影したことです。

村石　ゴブニュが徘徊するシーンを丸の内のどこかで夜間ロケで撮影しましたね。脚本を書いてくれた小中氏いわく、このイメージは少年探偵団の『青銅の魔人』だということでした。僕としても子どものころに江戸川乱歩は好きで読んでいたので、「ああ、あのイメージか」っていうのでぜひ撮りたい、描いてみたいと思ったのを覚えています。そしてここで世界観が合致したことが、後々いろいろな意味でうまくいくようになったきっかけになったと思うんです。

八木　ヤオ博士が登場するのもこの前後編からですね。

村石　キャスティングを考えていたら、高野さんが小倉一郎さんのマネージャーを連れて編集室に入ってきたんです。それで「小倉くんなんかどうだろう?」って(笑)。こっちもピュアな感じが小倉さんに合うと思っていたから、「ちょうどそう考えていたところなんですよ」って。

八木　小倉さんは村石監督のデビュー作『OH!カオ』(73)の主演ですから、監督の推薦だとばかり思っていました。

村石　推薦しようと思っていたら、向こうからも声をかけてきた。たまたまマネージャーが訪ねて来たらしいんですけどね。

八木　本社の裏の日本家屋にあった編集室ですよね。

村石　そうそう。そんなことがあって、「オー！」って思いましたね。でも『ティガ』を撮るに当たっては、そういう偶然やいろいろな縁が次々と良い方向に転がっていったような気がします。だから笈田プロデューサーにもよく「結果オーライだよね」って言っていたんです（笑）。ちょっと壁ができたりすると、それがいい方向にうまく打破できたっていうことでね。

小中氏との仕事には無言の対決みたいなところがあった

村石　それで次の2話が25話「悪魔の審判」、26話「虹の怪獣魔境」ですけど、「虹の怪獣魔境」の撮影は青木ヶ原の樹海でやることになったんだよね。でもいざ現場に行ってみたら一面の雪景色。これはまいったな、クルマも走れなくなるしということで、スタッフ総出でスコップを持って雪かき（笑）。人海戦術に頼るしかなかったという思い出があります。

八木　あの日はずっと雪かきでしたね（笑）。当時のスケジュールを見ると1997年1月12日からの3日間が樹海でのロケとなっています。

村石　ほとんど雪かきで費やしちゃって、撮る時間が本当に少なかった。ましてや夜間ロケもあり寒いこと寒いこと。とてもじゃないけどずっといたら死んでしまう（笑）。だから今でいう「撮れ高」がすごく低くて尺が出なかった。というわけで劇用のクルマがポツンと停まっている広い画、そこでしか撮れない画だけ撮って帰京してしまった。このときに、本編と特撮の両方を担当していて本当によかったと実感しましたね。この低い「撮れ高」で成立させるにはどうするかを考えたときに、次は特撮ですから、ティガと怪獣のシーンをふくらませるだけふくらませることにしたわけです。本編が半分も撮れていなかったので、特撮をあの手この手でふくらませてちゃんとした尺を作りあげました。でも子どもの視聴者にしたら、かえって大喜びな話になったんじゃないかなって思います。

八木　格闘がいっぱい見られるわけですからね。

村石　あれは1人で両方やっていたからこそですね。ウチはこれだけしか撮れなかったから、後は頼むよなんて他の監督だったら言えないですから。そして「悪魔の審判」はキリエロイドが再登場する話ですけど、もちろん脚本は小中氏です。大都会の空中に出現する地獄の門は扉の部分だけを作ってもらって。あとは全部CG処理で描いたものですね。特撮としては大きなセットでした。あの話で気に入っているシーンは、倒れているティガの周りに人々が集まってきて、それぞれが持ち寄った光をティガに当ててティガを蘇生させようとするところです。エキストラを集めての夜間ロケで、クルマのヘッドライトを点けたりして撮ったんですけど。いまひとつイメージ通りにいかなかった。でも特撮の方で「人々が明かりを持っている」というのを考えてくれて、麦球をぐちゃぐちゃって丸めたやつを暗がりに置いて点灯するわけですね。それを手で動かして、あたかも人々が明かりを振っているみたいに見せた。これを遠景で撮ったときに、「この話、成立する。描こうとしている世界を描けるな」って思ったんです。

八木　今だったらCGでできますけど、全部仕込んでっていうのは味わいがありました。

村石　目に見えるものをそのまま撮ってというものでしたね。もちろん合成なんかもできなかったわけではないけど、あの当時はできるだけそういう手法でという時代でした。そういうシステムに携われたのはよかったなと思います。まあそれで、人々が集まって生き返らせようと頑張っているところと明かりを持って集まるのを編集でカットバックしたりしていかにも盛り上がった画を作ったんですけど、このときに思ったことがあるんです。それは光というものの存在についてです。今までは光を物理的な現象としてとらえていたけど、光というのは人々の中にあるものなんじゃないか。そしてそれが結局はティガを蘇生させることにもなった。そう思ったことが結局は最終回にまでつながっていくわけですね。だから最後は子どもたちも光を発して、「君も光になれるんだ」「僕も光になったんだ」ということになる。その辺を小中氏も気づいてくれたんですね。

八木　光については小中さんと話し合われたんですか？

村石　小中氏との仕事には無言の対決みたいなところがあって。「監督は行間を読むのがうまい」と言われるんですけど、彼が書いてきた脚本に書かれていない部分をふくらませるといいますか。「今度はこういう手でいこう」「どうだ、これは面白いだろう」っていう思いで撮っていました。一方で小中氏は僕の撮ったものと脚本を頭の中で対比させながら、その先の世界を「じゃあこれはどうだ」とぶつけてくる。彼とのコンビはそういう形で成立していったんです。

撮影に入る前に全編の字コンテを割ってしまうのが村石流

八木　続く33話「吸血都市」、34話「南の涯てまで」はそれぞれ、長谷川（圭一）さん、小中さんの脚本ですね。

村石　「人間採集」でのGUTSの統一のとれた動きがかっこいいという評判になったので、「吸血都市」ではそれを再びやってみたということですね。吸血鬼のアジトは横浜のディスコで、営業時間外にお借りしました。小野田（大谷朗）の再登場で大人の匂いが作品に加わったかな。この話では好きな特撮シーンがあって、キュラノスが広場で羽ばたいてコンテナを舞い上がらせるところです。電線がスパークしたり、細かいところにもこだわって撮ってうまくいったなと思っています。自分の中のイメージでは『空の大怪獣 ラドン』（56）の福岡でしたっけ？　ラドンが駅のビルに舞い降りてきてっていうシーンですね。

八木　まさか『ラドン』がベースにあったとは！

村石　「南の涯てまで」は小中氏が「おじさんのかっこよさを見せたい」ということだったので、そういう思いで撮った1本ですね。サワイ総監役の川地民夫さんは日活出身だしアクションは得意、ヨシオカ長官役の岡部健さんは若いころにはプロボクサーだったしジムにもときどき通っていた。このときも撮影のためにジムに行って、鍛え直して本腰を入れて臨んでくれました。2人の渋い演技とあいまって、男同士の友情がうまく描けたなと思っています。

八木　とてもよいタッチだったと思います。

村石　ヨシオカ長官はそれまで、どっちかといえば悪役という感じがあったけど（笑）。

八木　確かにタカ派の悪役的な感じで登場しましたけど、あの話でサワイとの友情が明らかになりました。言うことは言うけど、ちゃんとした志のある人っていうことですよね。

村石　岡部さんは自分が連れてきたこともあったし、その辺をうまく描けてよかったなって。それまで高野さんには「お前は悪役を連れてきて……」みたいなことをさんざん言われていたんです（笑）。でもこの話を撮ってからは高野さんも納得したというか。自分としては厳しさが出る役者でいきたかったんですよね。ただヨシオカ長官は最初の脚本や設定にはなかった役で、どこかで小中氏が作ったキャラクターだったと思います。

八木　そうですね。

村石　大変だったのが外国人エキストラを大勢集めての国際会議場でのシーン。報道陣なんかもいて、うまく指示が通じるかな、思い通り動いてくれるかなっていう心配があったんだけど、当時サード助監督だった八木くん、君が彼らに説明してくれて。おお、なんとか通じているなって。

八木　動きが変だったから英語で指示したらうまくいったんですよね。

村石　後で聞いたらエキストラの演出はこれが初めてだったということですけど、これは大いに助かりました。これの特撮も結構弱ったんですけど、生体兵器のデシモニアですね。着ぐるみと違って造形物が全く動かないので、移動車に乗せたり吊ったりしながら、なんとか生体兵器らしさを出すようにしました。あとは真ん中に臓器みたいなものを作って、それをふくらませたりすぼめたりしながら脈動感を出して。それで生体兵器というような演出をしたわけです。撮影は大変だったけど、結果はうまくいったと思っています。

八木　そして次が43話「地の鮫」、44話「影を継ぐもの」ですね。

村石　三井グリーンランドとのタイアップで実現したんですけど、レギュラーセット以外は全編オール熊本ロケだったと思います。小中氏があらかじめシナハン（シナリオハンティング）で飛んで向こうの名所なりいろいろなところを見てイメージを作り上げて、われわれは撮影前のロケハンで行って実際に細かいところの現場を確定していきました。あとロケでは特撮班から助監督と撮影部を出してもらっていて、イーヴィルティガが動き回る熊本の街の合成用の下絵やガッツウイングの飛行用の背景を撮ったり、空撮で峡谷を飛び回ってもらったりして。そのおかげで熊本の特撮セットなんかもすごくリアルなものが出来上がった。やっぱり生で見ていると違いますよね。ですから鮫の背びれが襲うところなんかも非常にリアルに描けたなと思います。あとこのときは前もってコンテを全部切って、それも含めて台本を印刷してもらったんですね。全員がコンテを分かって撮影をしていたという、初の試みをしています。

八木　それは字コンテ（テキストで撮影の仕方を指示したもの）ですよね？

村石　そうそう、もちろん画コンテではなくて字コンテですね。まあ印刷まではしなくても、撮影に入る前に本編・特撮を含めて全編の字コンテを割ってしまうというのが私の流儀なんです。あらかじめ奥多摩の宿にこもって字コンテを割って、ちょうど仕上がるころに画コンテマンに来てもらって打ち合わせをして、画コンテを描きあげて東京に戻る。そんなことをやっていたんですけど、結果的にそれがスムーズにいく合理的な方法だったと思うんです。

八木　そしていよいよラストの51話「暗黒の支配者」、52話「輝けるものたちへ」ですね。

村石　このときは再び神澤監督が特撮を監督しています。最終回だし、完成度の高い作品を目指してとりかかったつもりです。本編としては外に出ても暗黒の世界だし、撮影期間中はインドアの暗いところのロケばっかりだったような気がしています。特撮の方では大プールをフルに使って、ガタノゾーアと水との格闘で大変な撮影だったと思います。おかげで迫力のある作品に仕上がりました。僕としては大満足で、本当にご苦労さまでしたと言いたいですね。
それからラストの方では外国の様子の点描があって、これは一部セットと合成を使って海外ロケよろしく撮ったんですよね。これを小中氏が見ていて、「村石監督は日本での外国ロケがうまい」と。それもあって『ガイア』ではカナダとかドイツが舞台になって、そこからふくらんで話が展開していったということですね。

八木　ラストシーンは監督が記念写真を足されていますよね？　脚本だとその前で終わっているんですけど、あれは趣があってよかったなって思います。

村石　終わったらなにをするかって言ったら、やっぱりみんなで記念写真だよねっていうことで（笑）。そんな思いでそのシーンを撮った覚えがあります。ちなみにこのときには『ティガ』の後に続く企画も決まっていて、もう準備が進んでいたんですね。『ティガ』だけで終わらないで次につなげることができたので、メイン監督としては責任を果たせたなという思いでした。

円谷プロから三船プロへ

八木　駆け足で『ティガ』を振り返っていただきましたが、冒頭で「『ウルトラマン』にかかわりたくて円谷英二さん宅の門をたたいたところから始まっている」とおっしゃられているように、村石監督のキャリアの最初期に円谷プ

ウルトラマン同士の闘いは特別なものがあります。怪獣や普通の宇宙人と対峙するのとはまた違った魅力。そして、大迫力です。熊本編は特撮もすごい気合いの入り方でした

ロがあります。その辺の話もこの機会に伺っておきたいと思います。まずは映像を志すきっかけみたいなところからお願いできますか。

村石　始まりは7歳のときに父に連れられて見た映画『ゴジラ』（54）との出会いですね。すごい衝撃を受けて、7歳ながら「あ、こういうものは映画でしか描けないぞ」と思ったのを覚えています。それから特撮ものに興味を持って、東宝は毎年新しいものを円谷英二さんが撮ってくれていたのでそれを楽しみに見るようになった。でもこのころはまだ映画といえば雲の上の存在で、この世界に入ってやっていこうとは到底思えなかった。それを変えたのがテレビ放送で、『月光仮面』（58 - 59）なんかを見るようになって身近だったので「もしかしたら」的なことを感じられた。それと同時に『月光仮面』を見たことによって、ヒーローものに興味を持ったんですね。ジャンプしたら途中で消えるという忍者映画みたいな撮り方もしていて、そこにも興味を持ちましたね。

八木　笈田プロデューサーも川内康範にはとても影響を受けているとおっしゃっていました。世代的には『月光仮面』ではなく『愛の戦士　レインボーマン』（72 - 73）だということでしたが。

村石　『レインボーマン』はもっと後ですからね。そうこうするうちに『ウルトラQ』（66）、『ウルトラマン』（66 - 67）のテレビ放送が始まって、『ウルトラマン』で実はヒーローものが好きだったところと合致したんです。それでぜひ『ウルトラマン』に携わりたい、と。そうしたら親戚がたまたま祖師谷にいて、ちょうど近所に円谷英二さんがお住まいだったのでこれはぜひともと紹介してもらって。それでご自宅をお訪ねしたら「じゃあ、円谷プロに来ないか」っていう話になったんです。

八木　円谷英二さんを直接訪ねられたんですね。

村石　英二さんはご不在だったので、実際には奥様に取り次いでいただいたんです。そうしたら2～3日後に円谷プロから連絡があって面接を受けたということです。ただ希望した撮影部には志望者が多くて欠員がないということで、現場ではないけど同じ撮影部の光学撮影部に入ることになりました。オプチカルの仕事ですね。

八木 光学撮影部は中野稔さんや飯塚定雄さんがいらっしゃった部署ですよね。

村石 そうですね。僕のボスは中野稔さんで、飯塚さんはまだ東宝の所属でしたがお手伝いにはいらしてましたね。そういうわけで円谷に入って、当時は「円谷学校」と呼ばれていたくらい基礎からみっちり教えていただきました。

八木 ということはマスクを作るとか光線を描くということをされていたわけですか？

村石 スペシウム光線やスーパーガンなんかですよね。ただ下絵は現場で撮った絵があるのでこっちは光線だけ。背景がない白い紙に黒で光線を描いて、それをコマ撮りしていったのをよく覚えています。そうやって素材を撮るところから始めて、それに怪獣と人物を合成するようなマスク取りの撮影に入ったり。それを卒業すると今度は、そういった素材を実際に使って現場で撮ってきた映像とかマスクを使っての合成作業。僕が入ったのは『ウルトラマン』の後期でしたが、最初に作業したのはビルの上でシーボーズが吠えているのを街の実景と合成するという、その合成マスクを作る作業でしたね。

八木 35話「怪獣墓場」のあの有名な画は村石監督が合成されていたのですか。びっくりです。

村石 いや、ちょっとかかわったというのが正しいですね。そのときに実相寺組の映像を見て、その斬新さにすっかり惚れ込んでしまいました。実相寺組との出会いが未来に希望を灯した。「この世界でこういうものを作れるんだったらやり続けていきたい」と。ある日、実相寺組の撮影が本社であって、生で見れたんです。『ウルトラセブン』の8話「狙われた街」で、会社の試写室を取調室に見立てて撮影したシーン。出来上がったラッシュを見たらびっくりしましたね。シルエットをうまく使った画で、これは他局ではまずやれなかったものです。そんな画を見せられてますます実相寺さんの作品に惹かれていったというところがあります。ただ円谷の光学撮影部の助手として勤めたのは『怪奇大作戦』(68-69)までで、そこでスタッフは解散という形になり、フリーの助監督になることを決心したんですね。光学のキャリアを生かせるのはラボ(現像所)なんですけど、もっと作品全体にかかわりたいという思いが強くて。

八木　円谷プロ時代に円谷英二さんとはお話しされたりしましたか?

村石　光学撮影部で作業をしていると中野稔さんを訪ねて来られていましたね。映像を見ながら2人で打ち合わせをしていたんですけど、まだ新人のこっちとしては離れたところで固くなって見守っていた。ただ円谷英二さんのかっこよさはよく覚えています。35ミリのフィルムで作業をしていたんですけど、ムビオラっていう編集機でフィルムをバーって手繰って、目の前でぱっとつかんだところが編集点なんです。あれはかっこよかった。本当はレンズでカバーしてフィルムは手で持たない。でもいちいちレンズを開けたり閉めたりするのが面倒だから、ベテランはみんな素手でフィルムを押さえて編集点を決めていました。

八木　今はもうほとんどフィルムではやりませんからそんなものはないですけど、かっこいいですね。では続いて、助監督時代のお話をお聞かせください。

村石　その前になぜ撮影部から助監督に転職したかと言うと、現場を知っていくと監督の存在の大きさに気付かされたんですね。もちろん円谷さんの影響、実相寺さんの影響もあります。自分のやりたいものを目指すには監督になること。そのためには、当時は助監督から修行して知識や技を磨き認めてもらうことが必要だったんです。一からの出発です。

八木　やはり監督を志望されるようになったんですね。

村石　それで最初にかかわったのは大映テレビの『ザ・ガードマン』(65-71)で、1話を10日くらいで撮る大変な現場でした。撮影期間中は睡眠時間が2〜3時間。若さと意地で乗り切りましたね。その後、歌舞伎座テレビ室の「日本怪談劇場」（70）で初の時代劇に携わって、そのときの助監督仲間の紹介で三船プロの演出部に2年契約で入りました。三船（敏郎）さんが大石内蔵助役の『大忠臣蔵』（71）のセカンド助監督に付いたのですが、途中、東宝映画『二人だけの朝』（71）という映画にチーフ代行助監督で付いて、予告も含めてなにもかもやりました。それが認められたのか（笑）、『レッド・サン』（71）の撮影が入って中断していた三船さんの『大忠臣蔵』の撮影が再開したときにはチーフに抜擢してくれたんです。三船プロが僕をチーフ助監督にしてくれたということです。

八木　年齢的にはかなり早いですよね。

村石　24歳でしたね。僕のトレードマークの1つである口ひげは、このとき始まったんです。なめられちゃいけないと思ってね（笑）。その後『荒野の素浪人』（72-73）に付いて番宣を作ることになって、峠九十郎の扮装をした三船さんに「立ち回りがあって最後に決めポーズを撮りたいんです」って。三船さんは海外から帰ってきたばかりで万全のコンディションではなかったんですけど、オンエアに間に合わないということをお伝えしたら「うん、分かった」ってものの見事に演じてくれましたね。考えてみたら、そのときに三船さんを監督して撮ったわけです。

八木　それは素晴らしいエピソードですね。番宣ですから一番大事ですし。

村石　『荒野の素浪人』には『ティガ』の演出で参考にした部分もあって。工藤栄一監督に付いたときに、一揆で押し寄せる農民を三船さんが同田貫《どうたぬき》（刀）を振り回して鎮圧するっていうシーンがあったんです。でも工藤監督はそういう芝居を付けて撮らない。テストでは、50〜60人いる農民の動きを何回もやらせるだけなんです。そうすると人間ってエキサイトしていくんですね。それで高まったところで三船さんを呼んで「農民が来るので刀を振り回して制圧してくれ」っていう指示だけして、「よーい、スタート！」でぶっつけ本番です。エキストラはそんなことを聞かされていないので、熱くなった勢いそのままで三船さんにぶつかる。そうすると三船さんとしては芝居で止められるものじゃないと思うから、必死になる。これですごい迫力の画が撮れたんです。それを思い出して、「悪魔の預言」でも長野くんが群衆を止めるっていうのはテストではやらなかったんです。エキストラの方だけテストしておいて、長野くんが来たところで入ってもらってぶっつけ本番。芝居以前の芝居じゃない部分を取り込むことでよりリアル感、迫真的なものをとらえるという手法を応用したんです。

八木　監督は『世界ウルルン滞在記』（95-07）も撮られているので、ドキュメンタリー風というか、周りから心を作るというのがうまくて勉強させていただきました。

村石　『ティガ』の前が『ガイファード』で、その前が『ウルルン』だったんです。でも確かに「周りから」っていうのはありますね。『ウルルン』は半ばドキュメンタリーでゲストをいかに導いていくか、しかも自発的に思わせなければいけないということでしたから、その辺は撮りながら学ばせてもらったところです。

特撮への帰還

村石　『荒野の素浪人』で三船プロとの契約が切れた後、三船プロの美術スタッフの縁で原宿に出向くようになって、ついには原宿に引っ越しちゃったんです。そんな中でCMや映画に関係ある人たちと集まるようになって、一緒に自主映画を作らないかっていう話を持ちかけた。それがまとまって、本当に映画を撮ったんです。それが自主制作作品『OH！カオ』で、僕の監督デビュー作です。主演は、助監督時代に意気投合していた小倉一郎くん。テレビで忙しくなるちょっと前でしたが、彼のスケジュールがないのと制作費の捻出が大変で結局公開までは足かけ3年もかかってしまいました。当時できた渋谷パルコでプロモーションをやったり、青山や新宿のホールで公開しました。そして、そのときの仲間が「今度ピープロで新番組をやるらしい」という情報を持ってきてくれたんですね。彼はそこで撮影助手かなんかをやっていた男だったので、紹介してもらってピープロに行くことになったんです。

八木　村石監督の商業作品デビューはピープロでということですが、それにしても早いですね。

村石　「監督で撮らせるから」という約束で入って、最初の『鉄人タイガーセブン』（73 - 74）では助監督、次の『電人ザボーガー』（74 - 75）でも最初はチーフ助監督でしたがラストの方で約束通り監督をやらせてもらった。これが商業作品での監督デビューですね。2話持ちで入ったんですけど、その内の1本は主人公が北海道に行く話で、そこで出会う牧師役で小倉くんに出演してもらっています。しかし商業作品の初監督というのは自主映画とはまたひとつ違いました。スタッフの仲間がみんな喜んでくれて、普通じゃそこまでやらないというようなことをやってくれたんですね。それでこっちもノリにノッてがんばって。撮影は冬場の日が短い時期でしたけど、1日で150カットくらいは撮っていました。2話持ちで1週間くらいしか日数がなかったので、アクションものだとそれくらい撮らないとっていうことでもありましたが。

八木　それはすごいカット数ですね。

村石　早撮りにかけては、あのころの方が得意だったかもしれない（笑）。それと他の監督がやらないような斬新な画作りをして、自分をアピールしたいということも随分ありました。「斬新な画を」っていう考えは、やっぱり実相寺監督の作品に出会ったときに自分が受けた衝撃、そんなものから学んだということですね。それで放映したら視聴率もよかったので、いよいよこれからというときにオイルショック。これでスポンサーがみんな引いちゃったんです。

八木　あれで特撮は1回なくなったと聞いています。

村石　特撮も影を潜めたけどドラマも激減してしまったんです。その間、カミさんとマンションの管理人の募集を見つけて、面接を受けに行ったりして決まっちゃったんですけど（笑）。まあ、作品が入ったら抜ければいいやくらいの思いでね。そうしたら街でばったり旧知のプロデューサーに会って、東海テレビの昼帯ドラマに助監督という形で付いたんです。低予算でできる帯ドラマはまだ生きていたんですね。転職していく同業者が多い中でラッキーでした。これが縁でしばらくは帯ドラマに。やがて増えてきたワイドドラマに助監督で。東映、徳間大映などの劇場映画のチーフ助監督もやりました。そんな中、ワイドドラマの縁でＴＢＳの『まんがはじめて物語』（78-84）にかかわることになって最初は脚本として入ったのですが、次の『まんがどうして物語』（84-86）で監督に。シリーズ化されてなんと10年もの長寿番組になりました。そしてあの『スター・ウォーズ』と出くわすのです。自分の中の特撮というものに対する世界観が一挙に変わったような衝撃を受けました。特撮ものが好きだった、その血が騒いだというか。それで東宝事業部に企画を持ち込んで、『スター・ウォーズ』テイスト的な短いパイロット版を作ったんです。それが回り回って『電脳警察サイバーコップ』（88-89）として実を結んで、僕も初めてメイン監督を務めることになったわけです。アニメの監督時代に学んだことを活かして、思いっきりアニメテイストの実写特撮に挑戦しました。

八木　時代劇や一般ドラマなどさまざまな作品を経験されて、再び特撮にということですね。

村石　そんなことがあって円谷の『電光超人グリッドマン』（93-94）に呼ばれたり、東宝の『七星闘神ガイファード』ではメイン監督を務めたりと、前の流れとは違うものに携わることになったんです。タイミング的にはそんな感じで、『ガイファード』を撮っている最中に『ウルトラマンティガ』のオファーが来たということですね。その前に『グリッドマン』を一応やり遂げたということとか、大映テレビ時代から付き合いのあった小山（信行）プロデューサーの口添えもあったりしたとは思うんですけど、流れとしてはそういうことになります。それで『ガイファード』を撮り終えてすぐに円谷に行ったような記憶があります。

自分でいま見ても傑作だと思いますね

八木　村石監督が『ティガ』へとつながるまでには壮大な道のりがあったということで、『ティガ』が傑作になった一端を見た思いです。

村石　最終的に『ティガ』がうまく仕上がったという一番の理由は、よい人材が集まったことだと思うんです。『ガメラ大怪獣空中決戦』（95）が終わって、特撮ものを大好きなスタッフがどっと空いて『ティガ』に流れてきたんですね。老舗の円谷プロが満を持して撮る、しかも『ウルトラマン』だっていうのはあったんでしょうけど集まってくれて、その人材がものすごく戦力になった。あと僕としては、小中氏とのコンビを組めたことですよね。それで全体を通してうまく世界観を作り上げることができた。また彼と切磋琢磨し合ったこともよい作品に昇華した。書き上げたら彼はいち視聴者的な立場で見てくれますから、視聴者代表である小中氏をどう喜ばせるかという意識で撮っていましたね。それが視聴者を喜ばせることにもつながる。だから自分としては撮ることは楽しみでもあったし、いろいろな意味で勉強にもなりました。この作品を通じて演出家としての成長があったんではないかなという気がするんです。

八木　僕自身も『ティガ』『ダイナ』『ガイア』では助監督として村石組に一番付いていたので、本当にたくさんいろいろと勉強をさせていただきました。村石組の現場を目の当たりにできたのはよかったです。

村石　こっちとしてもいろいろな意味で充実していたんですよね。久々に『ウルトラマン』を撮れたというのがすごいパワーになって、多分に無茶した部分はあると思うけどやり通した。絶対にシリーズ化したいという意地みたいなものもありましたし、素晴らしいスタッフ、キャストに巡り会えた結果です。やっぱりそれが自分の中のパワーの源になっていたんだと思います。傑作なんてよく言われますけど、自分でいま見てもそう思いますね。

神澤信一

Shinichi Kamizawa | Director

『ウルトラ』史上におけるアナログからデジタルへの橋渡し的な作品

テレビ、映画、コマーシャルと多岐に渡るジャンルで活躍してきた神澤信一氏。『ウルトラマンティガ』では特撮監督として、そして本編監督として計8本の作品を生み出している。特撮に関しては特に職人的なこだわりを発揮し、伝統的なミニチュア表現とCGとの融合を図ることに成功、これは『ティガ』の色褪せない魅力の源泉の1つとなっている。実際の撮影現場の様子がどのようなものだったのか、伺っていこう。

聞き手：八木毅

「本編・特撮の打ち合わせ」なしで臨んだ3～4話

八木　神澤監督は『ウルトラマンティガ』には3～4話の特技監督から入られていますね。

神澤　高野（宏一／監修）さんから連絡があって、「1～2話が大変なことになっているから3～4話から入れよ」っていうことで呼ばれてね。1～2話は高野さんが特技監督だけど専業ではできなかったし、松原（信吾）監督は特撮作品が初めてだったしで、たぶんスケジュールを消化できていなかったんじゃないのかな。3～4話の本編は旧知の村石（宏實）監督だからいわゆる「本編・特撮の打ち合わせ」なんかもほとんどなしで、「まあだいたいホン通りだよね」っていう感じでそのまま入っているんだけど（笑）。3話「悪魔の預言」の等身大キリエル人と巨大化ティガのカットバックなんかも初めての監督同士だったら本来は細かい打ち合わせが必要になるんだけど、村石さんとだから「いいよな、別に」って。それでもティガはちゃんとバストショットの煽りで、本編の村石さんの方はフルショットの俯瞰になっている。つまりは大きさの明確な対比が打ち合わせなしでできていると思う。最近久々に見返したけど、この辺のカットバックはうまくやっているじゃんって思ったね。

八木　全くその通りです。特撮は夜のキリエル人も美しいですし、『ウルトラ』とはこれ！という感じの作品になっていると思います。

神澤　基地の発進シーケンスなんかはバンクショットもあったんだけど、いまひとつ味気ないかなという感じでね。どうもお決まりで、もうちょっとカメラが動いてもいいんじゃないのかなと思って。だからフィックスではなく飛行機と一緒にカメラが下がっていく感じで撮って、バックグラウンドも少し動かして。そういうこともやったかな。

八木　かなり細かいところまで追い込まれていたんですね。

神澤　あと全体的な話をすると、それまでのオプチカルプリンターではなく完全なCGでの合成になっていたので、マッチングってどうなるのかなっていうのがありましたね。いわゆる3Dのモデリングはミニチュアとはまた違うから。その辺は大里（俊博／ビジュアルエフェクト）がいたので、使えるか使えないか分からないけどテストしてみようということでいろいろ試しました。例えばガッツウイングの羽根を閉じたり広げたりするようなのも、本来だったらスケール違いとか一部分だけとかこまめに模型を作ってやるんだろうけど、今回はCGでやってみようって。でもそうするといかにもCGっていうツルンツルンなものがあがってくるから、「汚しをかけろよ」ってダメ出しをする（笑）。やり方としてはマッピングで、ミニチュアの素材を撮影してそれをCG班に渡しているわけだけど。

八木　あの時点ですでにそういうことをやられていたんですね。

神澤　だからCG班には相当注文を出していた。でもあのとき初めて円谷プロにCG部隊ができたわけで、アニメーションは描けない。『電光超人グリッドマン』でもCGは使っているけど、あれは編集スタジオでやっていたからね。だから結局は日本エフェクトセンターに素材を作ってもらって、それをCGに落とし込んで合成するっていうやり方をしていましたね。アニメーションができていればサイズ変更とか変形はCGでできるだろうって。そういうところからやり始めた感じでしたけど、入る度に毎回なにか1つ新しいことを試してもらっていました。それはCGのペロッとした質感もそうだし、ワイヤーワークでやっているような動きの中に一緒に入れ込んでいくわけだから、いかにも機械的にコマ割りしたような感じじゃない動きも重要だよね。物体って動き出しにはグッと力が入って、動き出したら流れていって、止まるときにはブレーキがかかるわけじゃない？　でもなにも考えずにCGでやるとスーッて動いていっちゃうから、動き出し、走っているところ、止まるところを別な作り方にしてそれを1カットにしろとかさ。だからいわゆるCG屋さんがCGを作るのではなくて、ミニチュアの動きにCGを近づけろっていう注文を出していたわけです。

機械的じゃないニュアンスをCGでどこまで出せるのか

八木　「飛び人形」もCGでしたよね。

神澤　あれも最初のころはペローンって飛んで行っちゃうから、「うぅ～」って思って（笑）。CGだとカメラが勝手に追いかけてくれるわけだけど、きちんと追いかけすぎちゃうから面白みがない。でも本物の人形だと操演の動きとカメラの動きが実はうまく合わないから、そこに変な間とか空気感が出てくるんだよね。そういう機械的じゃないニュアンスをCGでどこまで出せるのかっていう挑戦みたいなことがあって。それは最初から一気にということではなく、少しずつ試していったということですね。ちなみにティガの飛び去りは第1話「光を継ぐもの」ではもうCGでやっていたかな。

八木 高野さんが「もう飛び人形じゃない」っていう話をされていたのは覚えています。

神澤 高野さんは『グリッドマン』以来かなりCGにこだわりがあって、これからはミニチュアばっかりではないって言っていたから。できる／できないじゃなくて、CGでやっていくということに対して積極的だったよね。

八木 最後に飛んでいくところは現場でも賛否両論でしたけど（笑）。でも個人的にはどんどんやるべきだと思っていましたし、あれは好きでした。監督としては質感や動きに違和感を覚えていたわけですね。

神澤 「あぁ～行っちゃった～」って感じだよね。だから「これじゃダメだよ」って。

八木 あのころはCGがまだ新しくて、ブラーをかけたり汚したりとかがあまりできませんでしたよね。

神澤 ただ面白いのは、オプチカルプリンターだと1台で1カットだから「合成は1話で◎◎カットまで」みたいな縛りがあったんだよね。でも『ティガ』ではサン・マイクロシステムズのワークステーションを何台もネットワークにつないでいたから、背景はこっちで付けて、オーバーグラウンドはこっちで……っていう分散作業ができた。しかもある程度ベースを組んじゃえば寝ている間にレンダリングをかけることもできるじゃない？　オプチカルプリンターだとカタカタ動いている間に寝てっていうわけにはいかない（笑）。助手でも誰でもいいから付いていないとダメだったけど。そういう意味ではカット数どうこうという縛りはなしでやれていたんだよね。

八木 オプチカルだと光線や作画の直しを簡単にできないから、真剣にタイミングからなにから考えていたというお話も神澤監督からは伺ったことがあります。もちろんCGでも気軽に直しを出してはいけないわけですけど、その辺

演出をホリイ隊員やスタッフに説明する神澤信一監督（中央）。伊豆今井浜のロケでリゾートホテルの前で。神澤監督は普段はお優しいですが、現場は厳しい方です。11話「闇へのレクイエム」より

の違いは大きいということでしたね。

神澤　それこそ『ウルトラマンA』のころなんて、理屈では分かっていても合成の細かいタイミングなんかはやっぱり分からないわけ。だから35ミリで撮って光学撮影部に持っていって説明すると、「神澤、これどうやって合成する気だよ」って言われちゃってね。「そんなのできるわけないだろ。来てみろ」ということでオックスベリー（オプチカルプリンター）を覗かせてくれるんだけど、見てみるとネガでの作業だからタイミングなんかは全然分からなくて「分かりません」「だろう?」っていうやり取りになる。東宝で撮影していてスタジオのすぐ脇に光学撮影の部屋があったんだよね。そういう意味では初っ端に東宝で『A』をやっていたのはいい勉強にはなったかな。

「散弾銃」を使ったビル爆発の演出

八木　3～4話の話をもう少し伺えたらと思います。

神澤　「悪魔の預言」でビルそのものが爆発するシーンがあるけど、あれは助監督で付いた映画『日本沈没』（73）での経験が活かされている。それまでの爆破なんかは怪獣が石膏のビルを殴ったり踏み倒したりして壊すことが多かったけど、『日本沈没』で専門家の先生に話を聞いたら、「ビルの中で火災が起きたりガスが爆発した場合、壁は壊れないで一番弱いところに爆風が抜けていく」ということだったのね。それでこれは面白い、窓ガラスが割れて降ってくるんだと思って（笑）。じゃあどうしようかというので当時の東宝の操演部と特殊効果の大平火薬の人間とで話したんだけど、自動車ガラスみたいなツブツブになるガラスを「散弾銃」の弾として使って、プレパラートみたいな薄いガラスに向かって撃つことにしたわけ。「散弾銃」っていうのは鉄のパイプに火薬を入れて、割れたガラスで蓋をして撃ち出すもので。ノーマル状態だとなんだか分からないんだけど、これを10倍くらいスピードを上げて撮影するとガラスがブワーンって砕けたような感じになる。そんなこともやっていますね。

八木 あれは素晴らしいビル爆破でしたね。

神澤 あとはせっかく高野さんが呼んでくれたんだからということで、4話では水ものだよね。それまで東宝ビルトにはプールがなかったんだけど、わざわざ高野さんが作ってくれたんだから使わない手はないということでね。

八木 あのときは『ティガ』のために高野さんが5スタにプールを作って、ホリゾントも少し高くしているんですよね。撮影スタジオを改装してしまうわけですから、どれだけ気合いが入っていたのかということですが。

神澤 そうそう、ホリゾントを上げて煽ったときに見切れないようにしている。4話ではあの狭いビルトの中で飾り換えするのは大変だからということで、半分だけプール、半分だけ陸地のセットで使いましたね。いま考えると美術部もよくやってくれたな。

八木 他の回ではほとんど陸上なんですけど、神澤監督は地底があったりプールがあったりと本当にいろいろやられていました。でも水を入れるというのは現場的には大変ですよね。

神澤 最終回なんかはほとんど全部水で時間ばかりかかって仕事がはかどらなかったよね。プールの中で人間が動いたり作業するわけだから、これはどうしようもない。

八木 3~4話では特撮のアクションで結構移動しているのも印象的でした。

神澤 普通の怪獣のドスンドスンじゃないからね。やっぱりトンボを切って動いて、走って回り込んで……っていうのは引きっぱなしじゃ面白くない。かといって寄っちゃってミニチュアの手前でパンするのもなぁ……じゃあ、スライドだよっていうことですね。

八木 あれはかっこよかったです。ビル街のビルに全部電飾が入っているんですけど、それで移動していくから硬質なムードがありましたね。

神澤　豪華な雰囲気が出たでしょう。でもあんまりやると美術部とか照明部に怒られるんだけど（笑）。

雲だとか雪、砂、水は見せ方が難しい

八木　3〜4話は特技監督でしたが、続く11話「闇へのレクイエム」、12話「深海からのSOS」では本編も担当されています。「本・特」を1人でやられた監督は『ウルトラ』ではなかなかいないんじゃないでしょうか。

神澤　基本的に1人で両方やった方が話としては1本筋が通るんだけれど、なんでやらせてもらえたのかが記憶にないんだよね。まあ、「俺やりたいな」っていうのは言ったかもしれないけど（笑）。1人で両方を撮影して、ミニチュアの移動なんかも結構やっていたな。それと11話では、ガッツウイングの羽根が飛行体勢から畳まれて着陸するまでというのを全部CGでやったんじゃなかったかな。で、12話がまた水なんだよね。「ああ、やっぱり水か」っていう（笑）。雲だとか雪、砂、水は見せ方が難しいんですよ。どうやってスケール感をごまかすかっていう、ごまかしのテクニックみたいなものですから。『ティガ』が終わって『ガイア』で呼び出されたときも、台本を読んだら1本（3話「その名はガイア」）は砂漠、もう1本（4話「天空の我夢」）は夜空に浮かぶ半透明の波動生命体だったから、「勘弁してよ」って言いたくなった（笑）。

八木　普通の人には撮れないので神澤監督に声がかかってしまうわけですね。

神澤　12話は可哀そうな話の割に遊びすぎたかなって思っていますけど。水の撮り方にも『日本沈没』のときの経験があって、田所博士が乗っているわだつみ号をいくつもスケールを変えて撮るというようなことをしていたんですね。だからレイロンスも小さいギニョールみたいなものを作ってデカい水槽の中で撮っていくというやり方もあるし、ギ

東宝ビルト5スタで貴重な特撮プールを使っての映像は大迫力です。特撮班の渾身の大特撮。『ティガ』の特撮は、本当にクオリティが高いです。『ティガ』最終章より

ニョールをいくつも作れないから1つで撮るというんだったら泡をダブらせるか。でもそれもうるさいだけか、とか考えて。じゃあところどころは普通に撮って、砂埃を舞い上げてみたり、途中で泡を合成してみたり。あるいは合成するのも大変だからカメラの前に水槽を置いて、その水槽の中に金魚のホースを入れてたまにコックをひねってみる、そんなことをやりながら撮っていったんじゃなかったかな。なおかつ水の中だから空気の抵抗より大きいわけで、地上でのアクションよりもハイスピードにして撮らないと水の中にいるような感じにならないよなって。

八木　続いて17話「赤と青の戦い」、18話「ゴルザの逆襲」になります。こちらも「本・特」を1人でやられていますね（本編監督は冬木椴《ふゆきとどき》名義）。

神澤　「赤と青の戦い」は最初の脚本がいわゆる人間狩りの話で、村石さんが近い話数で似たような話を撮っているじゃない？　プロデューサーからは「特撮のキャラクターがちゃんと立てばいいんだよ」なんて言われたけど、「でも直したい」って言って直しちゃった。あれは悲劇の話になっちゃったね。

八木　「赤と青の戦い」ではちゃんとしたマット画が使われていたのがうれしかったです。橋の奥がそうですよね。

神澤　実景の橋の後ろに高層ビルを合成していたね。「ゴルザの逆襲」では大ロングの火山のところもマットが入っていたかな。確かバレ（不要なものが映り込むこと）が入っちゃうくらいまで引いて撮っていた気がする。まあ野っぱらだから楽だけどビルなんかを違和感なく距離感も出してってていうのは難しいよね。

八木　ＴＤＧ以降はあまり見かけなくなりましたけどマット画って不思議な距離感があっていいですよね。

神澤　ＣＧがない時代は現場でグラスワークをやったりしていたんだよね。三船プロが成城にあって隣が成城テニスクラブだったの。それで夜間照明用の鉄塔が立っているんだけど、カメラマンが山田一夫さんだったかな。「あれ邪魔だな、神澤なんとかしろ」って。それでガラスを持ってきて消しちゃって、黒ベニヤの真ん中をくり抜いてライトを入れて月を作った。「もう1枚入れたら雲を動かせますよ」なんて言ったら、「そこまでしなくていい」って（笑）。

八木　雲が動いたらもうただのグラスワークじゃないですけどね（笑）。

神澤　そんなことをやったりして遊んでいましたね。

八木　「ゴルザの逆襲」の方はいかがですか？

神澤　ホンが右（右田昌万）ちゃんなんだけど、ゴルザの出自がどうこうって理屈っぽいから「お正月番組だから怪獣映画！　ウルトラマンはおまけ！」って言ってあんな風にしてしまった。だから話なんかほとんどないし、ダイゴとシンジョウはずっと地下の小さなピーパーにいるだけで、サワイ総監とイルマ隊長もモニターの前にずっといるだけ。ほとんどドラマがない怪獣映画にしてしまいました。

八木　特撮も充実していてまさに怪獣映画という感じでした。

神澤　特撮でいうと、ミニチュアのセットの中でプラモデルのクルマを動かしたら下が平らじゃないからうまく動かなくて。でもベニヤ板を丸出しにして道路を作ったんじゃ味気ないしな〜なんて考えていたら、大里が「クルマをフィックスで撮っておいてくれたらいいよ」って。だからそこだけ切り抜いてCGで動かしている。ミニチュアセットにミニチュアのクルマなんだけど動きはCGアニメーションっていう、そんなことも試したりしていましたね。あとあの回では強化ゴルザに対するティガの強さの表現でパンチやキックにエフェクトをかけたりもしています。これはスパーク的なものでデジタルを本格的に導入した『ティガ』ならではの手法だと思うけど、最近では一般的に使用されるようになったよね。最後に怪獣が火口に落ちていって消滅するのも、風船みたいにふくらんじゃうのもミニチュアじゃなくてCGでやった。ティガの飛び去りからだいぶ時間が経っているけど、それでも相変わらずCG部隊に新しいテーマを与えていたわけ（笑）。余談だけど円谷の国際室のブラッドリー・ワーナーさんを引っ張り出して、確かこの回から基地での発進のバックに英語のナレーションを入れたんだよね。本人の声で録ったんじゃなかったかな。

八木　いろいろ細かく手を入れられているんですね。ちなみに彼は今はアメリカに戻って禅の先生になっています。

神澤　あとは東宝ビルトのオープンで火山の爆発を撮っているね。セットだと噴煙が上がったらタッパ（高さ）が無理だしライト切っちゃうしということでオープンでやったけど、デイシーンもナイトシーンもオープンだった。ビルトのオープンは使い勝手がよかったよね。

八木　そしていよいよ最終2話「暗黒の支配者」と「輝けるものたちへ」ですね。

神澤　最終回は本編のドラマがありすぎるから特撮は要らないんじゃないかなって思った。でもないと困るわけだから、「じゃあ水の中に置きっぱなしでいいんじゃないかな」って言ったくらいで。だから自分で見ていても、ああ、自分の画じゃないなって思ったね。撮った気がしない。なんでだろう、違うんだよね。

八木　ずっと闇に覆われていて。しかも水の中ですから特殊な世界ですよね。

神澤　本当のことを言ったら闇なんてなにも見えないわけじゃない。

八木　でも実際に監督が撮られているわけですし、僕は好きな画ですよ。

神澤　黒スモークは使う、ドライアイスを白黒反転して使うなんてことは一応考えていたと思うんだけど。でも本編がすごいドラマで、村石さんよく撮ったよなって思います。

『ウルトラマン80』のころ

八木　村石監督とのお付き合いはいつごろ始まったのですか？

神澤　『人間の骨』（78）という独立プロの仕事で、地方ロケで1ヶ月くらい一緒にいたのが最初じゃないかな。僕は美術で入っていたんだけど確か村石さんがチーフで付いていたのかな。そんな関係もあって『グリッドマン』では村石さんに入ってもらったりということもあって。

八木　そういえば、神澤監督は美術担当でもあったんですよね。

神澤　映画をやろうと思ったきっかけはカメラをやりたいということだったの。西部劇大好き人間だから、映画のカメラマンになりたいって思っていたんだよね。それで真面目に勉強しようとしたら、写真の勉強は光学の軸がどうこうとか現像液の処方の化学式がどうこうということで、うーん……となっちゃった。カメラマンになるためにはこんなことをやらないといけないのかって思って（笑）。それで1年くらい東宝の撮影助手みたいなことをやりながら、母校の美大の研究室の手伝いをしていたんだよね。

八木　大学を卒業した後も学校に残られていたわけですね。

神澤　作品提出ができない学生の夏休みの暗室実習を見るとか、そういう助手みたいなことをしていた。それで東宝では『東京湾炎上』（75）までやっていたんだけど、課長が代わった瞬間に「神澤くん、お疲れさま」って（笑）。でもその後しばらくして三船プロの制作部の課長から「美術が足りないんだけどどやってもらえないかな」っていう話があったんですね。テレビの時代劇をちょっと勉強するつもりで手伝ってなんて言われて。

八木　美大ご出身なので美術は全く問題なかったんですね。

神澤　それでさっき言ったバレ消しとかをやって遊んでいたんだけど、今度は成城の駅前で宮西武史さんにばったり会って。そこからしばらくは東宝映像でバンダイとかタカラのプラモデルなんかのコマーシャルをやっていたのかな。

八木　宮西さんは『ティガ』のころだとビルトの撮影所長でしたよね。

神澤　もともとは光学合成で、それこそ『ウルトラマンA』の話の相手が宮西さん。CGみたいな大きな画面で見るわけじゃなくて、小さな編集機でしかもネガで位置合わせをしながら……っていうのをやっていた人ですね。成城駅で会ったときは東宝映像のプロデューサーだったと思います。特撮ものもできるしコマ撮りもできるんだからやれよっていうことで。

八木　神澤監督が最初にかかわられた特撮は『ウルトラマンA』ですよね。

神澤　友達から電話がかかってきて、「ちょっと人が足りないから手伝ってくれ」っていうわけ。『帰ってきたウルトラマン』（71-72）で助監督だったやつが「特撮手伝ってよ」って。それで特殊撮影だから撮影だと思ってホイホイ行ったら全然違っていた（笑）。撮影部じゃなくて演出部だったというね。『A』では佐川（和夫）さんが特撮のメイン監督で、高野さんは『ミラーマン』（71-72）なんかをやっていたから本数は多くなかった。まあ美味しいとこだけやって、あとは流れで尺を埋めればいいやって感じだったかもしれない（笑）。『ウルトラマン80』ではそれが明確に出ていて、スクリプターが「監督、準備できました」って声をかけると監督が寝ているわけ。それで「神ちゃん、撮っちゃえば？」っていうことになってやっていると、「神ちゃん、それ違うよ！」って。ああ、起きていたのかって（笑）。

八木　『80』は神澤監督が結構撮られていますよね。

神澤　「ここはキモ」みたいなところだけは高野さんが自分で撮るけど、あとは『西遊記』（78）からの流れもあるので神澤にやらせておけという感じで。アクションが100カットあれば、60カットくらいは神澤と殺陣師の車（邦秀）さんがやればいいやっていうことで遊ばせてもらいましたけどね。

八木　アクションという点では『ウルトラ』シリーズでも『80』は一番激しいんじゃないでしょうか。

神澤　『80』に関しては企画の段階から入っていて、円谷プロには「とにかくインの前の1ヶ月、できれば2ヶ月前から俺を拘束してよ」と言っていたくらいでした。それで小さいウルトラマンがデカい怪獣をなぎ倒す醍醐味を画でも見せたいという思いでキャスティングもしています。80の中に入るのも細くて小柄で動けるヤツっていうことでね。途中で赤坂（順一／スーツアクター）はめげちゃったけど。

八木　小柄ですごいスピードがありますよね。躍動感がある特撮ですし。

神澤　ミニトランポリンを自分で使えたし運動神経はよかった。現場でセットの裏にミニトラを隠しておいて、パーンって怪獣の上を飛び越えるとかは自分でできたからよかったな。

八木　あのスピード感は1つの到達点かなと思います。あとは基地からの発進シーケンスも素晴らしいですね。

神澤　ちょっと前に『スター・ウォーズ』があったから、宇宙船の下をなめるような移動とかはその影響ですね。しかもマザーシップでやろうという話があったりして、巨大なものを巨大なものとして見せるけれどスピード感も出したいっていう相反した思いがあった。

八木　コマは上げて撮っていたんですか？

神澤　途中はノーマルで撮っているところもあったかもしれないけど、基本的には24フレーム／秒で32コマにしていたかな。

八木　32コマだと結構上げていますから、アクションがすごく速いということですよね。

神澤　だからよく言っていたのは、「怪獣は分厚いんだからポコンじゃなくて本気で殴れ」っていうこと。触るんじゃなく、ウレタンがグッて凹むようなところまで殴れよってね。

八木　殺陣って基本は当てないですけど、ウレタンは分厚いから大丈夫だということですね。僕も同じことを言うんですけど、これは神澤監督の現場を見ていたからですね（笑）。

神澤　一方でキリエル人みたいな星人タイプだと同じようなウェットスーツ一枚同士みたいなものだから、本気で殴るわけにはいかない。そういう場合は型で見せていく格闘にしていた。本気の取っ組み合いではなくコマ止めを使ったりとかしてね。

フィルムの持っているパースペクティブとかトーン

八木　ではあらためて神澤監督にとって『ティガ』とはどのような作品だったのかを伺わせてください。

神澤　『ティガ』は全部ＣＧアニメというわけじゃないけど、コンピュータを道具として本格的に使った作品だと僕は思っている。『ウルトラ』史上におけるアナログからデジタルへの橋渡し的な作品で、トーンはフィルムにこだわりながらもＣＧで仕上げたということですね。

八木　確かに『ティガ』はフィルムで撮影されているのも大きな特徴ですね。

神澤　最初に「特撮は絶対にビデオなんかダメだ」って言ったのは覚えている。「悪魔の預言」のナイトシーンなんかも、明るめではあるけどフィルムのトーンになっているよね。まっとうなフィルムのナイトシーンでやっちゃうと暗部がごそっと落ちちゃうんだけど、落とさずにほどほどに撮っておいてテレシネをかけるという感じで。もっとつぶせばよかったんだろうかなとは思うけど、まあしょうがないかな。バックも手前もみんな見えちゃうナイトシーンだったけどね（笑）。

八木　そうはいいながらもフィルムの味わいはやはりありましたよね。

神澤　奥行き感みたいなものはビデオで撮ったのとはやっぱり違う。これはレンズの問題だけではないと思うね。フィルムの持っているパースペクティブとかトーンみたいなものは、やっぱり16ミリでも出ていると思うな。

八木　最初に神澤監督に助監督で付いたのは『平成ウルトラセブン』の「太陽エネルギー作戦」で、ビデオで撮影することになったら「フィルムルックというのがアメリカにあるから調べてみろ」と言われた記憶があるんです。最終的には他の処理になりましたけど、あのころからフィルムとビデオの違いは意識されていらしたのでしょうか。

神澤　当時のビデオはセルアニメを並べているような感じで、手前の立体物で1枚の絵、中間の人物で1枚の絵、バックグラウンドもホリゾントみたいなものだったんだよね。そこへいくとフィルムの映像は全体の奥行きがあって、1つ1つのものが連続している。特に実際の映像になるとフォアグラウンドとバックグラウンドはかなり距離があるように撮れるけど、ミニチュアのセットだとものの数間《けん》しかないところで数100メートル、下手したら数キロ先までの距離感とか立体感を出すのは当時のビデオでは絶対と言っていいくらい無理だった。まあ「太陽エネルギー作戦」のときはそんなことは言っていられない状態で、じゃあビデオでどこまでできるのかっていう挑戦的なことをやったんだけどね。

八木　『ティガ』にはそういうフィルムのよさもありながら、CGの新しい表現を模索されたということですね。

神澤　『グリッドマン』よりはるかに道具としてのCGを使いこなしている。他の監督でもそう思っている人はいるかもしれないけど、そういうことにはずいぶんかかわったなっていう気はするよね。あともう1つは、それまでのウルトラマンって夢を託すものだった。要するに誰もが光になれるということではなく独立したヒーローだったわけじゃない？　それがティガになって、誰でも光になれるという扱いにしたのははたしてどうだったのか。そんなことは考えながら仕事をしていましたね。

八木　みんなが光になるという設定は『ティガ』が最初だったと思いますし、すごく難しいところではあります。

神澤　別のところに手本みたいな形があるからこそ憧れる。それがヒーローなのかなっていう気が僕はしていて、そこはいまだにどうだったのかなって思うよね。

岡田寧

Yasushi Okada | Director

子どもの話を作りたいというのが僕の基本スタンスです

『ウルトラマンティガ』では4本のみの担当ながら鮮烈な印象を残した岡田寧監督作品だが、その根底には「子ども」という大きなテーマが横たわっている。『ウルトラマンシリーズ』とは切っても切り離せないこのテーマに、いわゆる特撮プロパーではない岡田監督はいかにして取り組んだのだろうか。映画×テレビ、特撮×一般ドラマなど、さまざまな文脈の織りなす交差点で出現した稀有な4作について創作の裏側を伺っていきたいと思う。

聞き手：八木毅

『スター・ウォーズ』を見なかったら映画を志さなかった

八木　岡田監督は『ティガ』では4本を撮られていますが、まずは『ティガ』に参加された経緯から教えていただけますか？

岡田　飯島（敏宏）さんが誘ってくださったんです。実は『ティガ』を作るときには僕はもう木下プロダクションにはいなかったんですけど、「松原信吾監督、川崎郷太監督も参加するからお前も何本か撮ってみないか？」ということでお話をいただきました。

八木　当時はすでに木下プロの所属ではなかったんですね。

岡田　子どもの番組を作りたいということで木下プロを離れて、フリーランスで活動をしていました。あのときはちょうどオフィスクレッシェンドで松竹のCS劇場というドラマを撮っていて1年間拘束されていたものですから、『ウルトラマン』には参加できないだろうと思っていました。でも飯島さんにお誘いいただいたので、これは二度とない機会だということで松竹と掛け持ちという形で参加しました。そういうご縁でしたね。

八木　木下プロに入られたのは飯島監督がいらっしゃったからだったのでしょうか？

岡田　飯島さんが木下プロにいらっしゃるのは知らなかったので、たまたまですね。『スター・ウォーズ』を見て映画を作りたいと思って日大芸術学部に進んだわけですけど、なかなか就職先がない状態で。映画産業は斜陽でしたし、テレビの方は映画をやりたいという人間を採らないんです。面接で「映画をやりたい、テレビ映画を作りたい」と言うと嫌な顔をされてしまう。それで1年就職浪人をして、ちょうど募集をしていた木下プロに入ったら飯島さんがいらっしゃったということですね。最初は「どこかで聞いた名前だな？」なんて思いましたが（笑）。

八木　木下プロでは飯島監督とどんなお話をされていました？

岡田　「僕はいま『金妻』をやっているけど本当にやりたいのは『ウルトラマン』なんだ」という言葉をちょうだいしまして、『怪獣大奮戦 ダイゴロウ対ゴリアス』（72）のビデオをお借りしたりして薫陶を受けましたね。飯島さんは経営者でありプロデューサーであり監督であったわけですけれど、監督としては非常に面白い演出をされる方ですから「これは技を盗まないといけないな」と思いました。それで飯島さんのもとで助監督をしたりしながら、木下プロで一本立ちさせていただいたということになります。

八木　僕も『スター・ウォーズ』は大好きですが、岡田監督の根っこに『スター・ウォーズ』があったというのはうれしいです。

岡田　高校生のころに『ジョーズ』（75）なんかのブロックバスター映画を見ていたんですけど、その中でも『スター・ウォーズ』は特別に思い入れのある映画です。やっぱりあれを見なかったら映画を志さなかっただろうなというのはありますね。それで大学入試の小論文でも『スター・ウォーズ』のことを書きましたが、採点した先生には面接で「止めた方がいいよ」って言われてしまった（笑）。でもまあどういうわけか受かりまして、４年間非常に楽しく学びました。

八木　『スター・ウォーズ』はどの辺が岡田監督のポイントだったのでしょうか？

岡田　砂漠のシーンですよね。「こういうものを作りたいな」と思ってチャンスを窺っていたら飯島さんと出会うことができたのでとてもラッキーでした。

子どもの表情をとらえることを目指そうと思った

八木　では『ティガ』のことを伺っていきたいと思います。最初が7話「地球に降りてきた男」で、レナのお話ですね。

岡田　脚本の宮沢（秀則）さんが父娘の話をやりたいということで作られた話で、仕事にかまけていて娘を顧みないという典型的なパターンですね。たまさか仕事が宇宙開発だったということで、開発が仇になって自分の星を追われた異星人に地球を侵略されそうになる。そういう三すくみのトラジディというのは宮沢さんの発案だったと思います。ですから子ども向けというより割とシリアスな内容で、悲劇をやろうということで始まった話です。ただ本編と特撮でレギュラン星人にギャップがあったかな？　土下座したりしてちょっと情けなかったですね（笑）。もうちょっとプライドを持って戦えよって思いましたけど。

八木　シルバーと紫でかっこいいデザインでしたが確かにギャップはありましたね。特撮は高野宏一さんでした。

岡田　7〜8話の特撮は高野さんに撮っていただきましたけど、特撮は全くの素人でしたからすべておまかせして横で拝見している感じでした。松竹との掛け持ちでやっていたので特撮は何回かしか見に行けませんでしたが、もっとベタで付いていられたらよかったんですけどね。そこは残念でした。でも、嬉々としてスタジオを走り回られる高野さんの細身の体がとても印象的でした。

八木　高野さんは円谷のテレビ特撮を作った人ですから、その現場は僕も見てみたかったです。高野さんがウルトラマンを演出されているのは見たことがあるんですけど、ご自身で戦闘ポーズを取るんですね。それがちょっと猫背で、古谷敏さんのあの形にそっくりでした。つまり高野さんが演出したから古谷敏さんはああいうポーズになったんじゃないのかなと思いました。

岡田　高野さんはとても優しい方で、素人をバカにすることもなく偉ぶることもなく、僕がぽつんと言ったことを咀嚼してスタッフに伝えてくれたりしてとても感銘を受けましたね。

八木　本当に優しい方で特撮現場ではスタッフのためにカレーを作ったりもされていました。でも高野さんと組まれたというのは素晴らしいことですね。

岡田　現場は村石（宏實）さんが仕切られていましたけど、とても貴重な経験でした。

八木　池田秀一さんが出演されていますが、これは岡田監督のキャスティングですか？

岡田　安藤（実／キャスティング）さんのいたずらですね（笑）。シリアスなテーマだったので、「じゃあがっちり固めましょう」ということで。

八木　スタッフが「今度、シャアが来るらしい」と盛り上がっていました。余談ですが池田さんは実相寺昭雄監督のドラマデビュー作『あなたを呼ぶ声』(62)に子役で出演されている方です。そしてレナの父親役が荒木しげるさんですね。ですから『機動戦士ガンダム』(79)と『仮面ライダーストロンガー』(75)が『ティガ』で共演するというなかなかインパクトのあるキャスティングでした。

岡田　荒木さんとは現場でいろいろお話ができて楽しかったですね。ご出身が滋賀ということで、ウチの父方も滋賀なので近江商人の話をずっとしていた記憶があります(笑)。もちろん作品の中身とは全然関係はなかったんですけど。

八木　そういう話をされながらでも、レナとお父さんの話はしっとりとしたいい感じだったと思います。ラストシーンはレナが「ハリセンボン飲んでね」とお父さんに言うことで救いもありましたし。

岡田　子どもの話を作りたいというのが僕の基本スタンスなので、やっぱり怖くはしたくないなというのがあるんですよね。

八木　飯島監督も子どもにこだわりがありますよね。

岡田　飯島さんももちろんそうですし、円谷プロに参加されていた監督ではTBSの中川晴之助さんもそうですよね。このお2人は子どもを使う天才だと思います。子どもをちゃんとリスペクトしながら1つの人格として扱って、生き生きとした表情を捉えることが非常に巧みですね。僕はオタクでもマニアでもないので、『ティガ』に参加してなにをやらないといけないかを考えたときに、そういう子どもの表情をとらえることを目指そうと思ったんですね。

八木　そこが岡田監督のこだわりだったわけですね。ところで「地球に降りてきた男」ではダイゴの変身ポーズを見られるのもレアですね。

岡田　そうそう。長野(博)さんから「『考えろ』」って言われて変身ポーズを考えたんですけど、みんな使ってくれないんですよ。やってもいいですか？」というお話があったんですよね。それで使わせていただきました。

ティガがかぼちゃを持って登場する

八木　8話「ハロウィンの夜に」も子どものお話ですね。
岡田　あれは脚本の右田（昌万）さんに「ハロウィンの魔女の話をやりませんか？」ってご相談したんです。英会話のビデオを作ったときに、アメリカの子供たちがどんな風にハロウィンを楽しんでいるかを撮ったんですね。それがとても楽しかったので提案した覚えがあります。
八木　今でこそ普及していますけど、当時だとハロウィンは新しいものでしたよね。
岡田　それで右田さんにも皆さんにも「ハロウィンはそんなにメジャーじゃないですよね」って言われました。でも、「そのうちメジャーになるよ」って。それにビジュアル的に楽しいし愉快じゃないですか？「かぼちゃが宇宙船なんだよ」なんて話をした記憶があります。だからティガがかぼちゃを持って登場するというのにはこだわりましたね。別に元ネタがあるとかではないんですけど面白いんじゃないかなって（笑）。
八木　それは高野さんに提案されたということですよね。
岡田　そうだったと思います。
八木　では本編撮影時で思い出されることはありますか？
岡田　ラストシーンを撮りに八王子の山の中に行ったときに日が暮れちゃったんですよ。それで製作部には「もう間に合わないよ」って怒られてしまって。本当はもう1カットを撮りたかったんですけど、「このまま引きで押しちゃおう」ということがありましたね。最後は太陽の光を浴びて子どもたちが魔法の国から戻ってくるという設定だった

ハロウィンモードの左からシンジョウ、ムナカタ、ホリイ。やり過ぎっぽいですがハロウィンですからね。
岡田寧監督の演出は洒落ているし弾けていて楽しい撮影でした。８話「ハロウィンの夜に」より

「カボチャとウルトラマンティガ」レアな2ショットです。普通はあり得ない組み合わせですがハロウィンですからね。特撮もやります。8話「ハロウィンの夜に」より

んですけど、引き絵だから分からないけど実は白塗りのままなんです。あれは普通の顔に戻して撮りたかったですね（笑）。『ティガ』は予算的にも時間的にも今のもの作りよりも贅沢だったとは思いますが、そんなことがありました。

八木　確かに時間も予算も潤沢でしたけど、ゆっくり撮っていたという感じはありませんでした。いつも撮り切れないかもっていう不安を感じながらの撮影でしたし（笑）。

岡田　でもやっぱり、ゆっくり撮っていたんでしょうね（笑）。というのも「地球に降りてきた男」は東宝ビルトでスタジオを2つ並べて撮っていたんですけど、レギュラン星人がレナを十字架にかけているスタジオの横では実相寺監督が小さいセットを作って撮っていらしたんです。

八木　そんなタイミングだったんですね。

岡田　それでこっちの照明を仕込んでくれている間は、実相寺さんの話をずっと聞いていたという覚えがあります。実相寺さんの方は僕らが終わるのを待っていらっしゃったんですけど、お1人だったので声をかけてずっと質問をしていました。学生時代に見た『怪奇大作戦』の「京都買います」があまりに衝撃的だったので、「どうやってあんなことを思いついたんですか？」なんて失礼なことを聞いたりして。カットのつなぎ方なんかが斬新だけどTBSのスタイルじゃないし、あれは誰の影響なんですかって。実相寺さんはほほ笑みながら、「まあ、いつの間にか自分で編み出したんですよ」ということをお話しされていたと思います。

八木　それはすごい経験ですね。実相寺監督と面識はおありだったのですか？

岡田　そのときが初対面でした。だから「初めまして」ってご挨拶をしてからお話しさせていただいて。とても穏やかな方で、僕の失礼な質問にもにこやかに答えていただきました。あのときはレギュラン星人の宇宙船の内部をセットで組んだんですけど、「こんなでかいセットは要らないだろう、俺だったら1／3で作るよ」なんていうこともおっしゃっていましたね（笑）。撮影しているときもディレクターズチェアにおかけになって、ご覧になっていましたね。

八木　そうだったんですか。必死で撮影していたので実相寺監督がいらしたことは全然気がつきませんでした。まあダメな助監督ではありましたけど（笑）。

岡田　いえいえ、八木さんはとても真面目な助監督で好青年でしたよ。

八木　セカンド助監督になった『ダイナ』はまだしも、サードだった『ティガ』のときはカチンコが入らないし分からないことだらけでしたからなにも申し上げることはございません……。

「コンテを割る」のか「コンテを立てる」のか

八木　続く2本が23話「恐竜たちの星」と24話「行け！怪獣探険隊」ですね。

岡田　「恐竜たちの星」は国立博物館でロケーションできたんだけどすごかったですね。あんなことができるんだなって思いました。現場ではすごく歓迎されて、「これ、こっちへ動かしましょうか？」なんて言われて、「いやいや、そのままで」って（笑）。

八木　ぶつかって倒したりしたら一大事ですからね。

岡田　現場は楽しかったし、武上（純希）さんの脚本も面白くてよかった。しかも国立博物館なので画がリッチで、割とやりたい放題やれたかなっていう回ですね。ゲストで松田洋治さんが出てくれたのもすごくうれしかったです。僕は彼のファンだったから、それこそ安藤さんに「松田洋治をキャスティングして」って頼んで出ていただきました。続く「行け！怪獣探険隊」の方は常陸大子《ひたちだいご》で撮りましたけど、ロケーションが寒かったですね（笑）。

八木　よく覚えているのは滝が凍っていたことです。

岡田　袋田の滝ですね。ああいう『グーニーズ』（85）みたいな、まさに子ども向けの話はやりたかったんですよ。それで怪獣探険隊を主役にした冒険物語というお題を出して、それにこたえていただいたという形です。

八木　子どもたちがみんないいですよね。「子どもの表情をとらえる」というお話をされていましたが、まさにそういう回でした。

岡田　掛け持ちしていた松竹の方の子役はすごくできる子でうまかったんです。でも『ティガ』では自然体な子をオーディションで選んだんですよね。ただこれは後に現場で困ることになりましたけど（笑）。あれは円谷プロだからできたことかもしれません。忙しい、予算のない現場でそんなことをやっていたら大変だし、ちゃんと段取りの分かっている子役をキャスティングしないとプロデューサーに怒られちゃいますから。『ティガ』では割と余裕があったのであういうことができたのかなって思いますね。

八木　お話を伺っていて思ったのですが、飯島監督の流れで松原監督や岡田監督が参加されたことで『ティガ』は他の特撮とは違うものになったという面があるのではないでしょうか。ＴＢＳ系というのか木下プロ系というのかは分かりませんが。

岡田　松原さんはもともと松竹の方なんですね。大船撮影所に助監督として採用されていて、松竹を飛び出して木下プロにいらっしゃったというご経歴です。ですからテレビの監督というよりは映画の監督ということですね。飯島さんと共通しているのは、飯島さんもテレビの人のようでいてスタイルは実は映画だということです。実相寺さんもそうですが、テレビの撮り方ではないですよね。だからＴＢＳの伝統というのも実は映画スタイルなんだろうと思います。一方で僕らのようにテレビのＡＤとして学んだマルチスタイルの演出の監督は撮るのは速いけど工夫をしない。

僕らに比べると飯島さんや松原さんは、「あ、そういうアングルに入る?」という驚きがあるんです。

八木　カメラ1台で勝負する場合は映像の力が違いますよね。

岡田　僕の演出の師匠は飯島さんだと思っています。「コンテを立てる」ということの面白さを教えていただいたのが飯島さんです。テレビのマルチスタイルの演出というのは「コンテを割る」という概念じゃないですか?　つまり、もともとつながっているものを5台のカメラで割っていくのがテレビ。でも飯島さんはテレビマンであるのにそうではなく、映画の概念である「コンテを立てる」という考え方をされる。もともとつながっていないものをつながっているかのように見せるということで、これは飯島さんから盗みました。実際、『ティガ』の現場もカメラは1台でしたし。

八木　2カメで押さえたいというとき以外は基本1カメというスタイルでした。そこは映画と一緒ですね。

岡田　演出自体でいうと、飯島さんは子どもの扱いに関しても本当に上手に素人をお使いになりますよね。「行け!怪獣探険隊」ではそれをやってみたかったというのがあります。でもなかなかうまくいかないんですよね、これが(笑)。

八木　僕はとてもいいなと思って見ていました。ちなみに『ウルトラQ』を見ると中川晴之介さんも子役を使うのがうまいじゃないですか。

岡田　本当にうまいですね。

八木　中川監督はとにかくずっとカメラを回していたらしいです。だからものすごくフィルムを使っていて、ドキュメンタリー的な撮影方法だったという話を伺ったことがあります。飯島監督はまた違うと思いますが。

岡田　飯島さんはフレームで区切るタイプですよね。でも、どうやったら中川さんみたいな演出をできるんだろうなとは思います。ああいう作品を1本でも撮れればいいなと思って『ティガ』に参加させていただいたんですけどね。

『ティガ』はスタッフみんなに非常に熱があった

八木　笈田（雅人／プロデューサー）さんにお話を伺ったときに、話数は少ないけど岡田監督の印象が大きかったということでした。やりとりでなにか覚えていらっしゃることはありますか？

岡田　笈田さんと諸冨（洋史／プロデューサー）さんは現場にもよくいらっしゃっていましたが、「新しい『ウルトラマン』を作りたい」という熱気がすごかったですね。非常に熱っぽく語られていたのを覚えています。僕はそんなに特撮に詳しくないし、マニアでもない。ソフビもそんなにたくさん持っていませんよなんていう話をしたんですけど（笑）、「遠慮せずにやりたいようにやってください」と笈田さんがおっしゃっていたのはよく覚えています。でも『ティガ』はスタッフみんなに非常に熱がありましたよね。

八木　本当にそうだったと思います。それが『ティガ』が傑作になった要因の1つだと思っています。では25年経って、あらためて岡田監督にとって『ティガ』とはどういう作品だったのかを最後にお聞かせください。

岡田　『ウルトラマン80』から『ティガ』まで間が空いたわけですけど、飯島さんがとてもうれしそうな顔で誘ってくださったのは忘れられないですね。そして僕としては、円谷プロが持っていた伝統やノウハウに触れることができたのはとても幸運な経験だったと思います。高野さんとご一緒することもできましたし、満田穧専務にもお会いでき、実相寺さんとも世間話ができた。木下プロで『ウルトラマンをつくった男たち　星の林に月の舟』（89）というドラマを山田高道さんが撮られていますけど、そこに登場する伝説の人たち、レジェンドに直接触れることができたわけですから、これはとてもうれしい幸せな経験でした。

銃の名手で熱血漢の二枚目シンジョウ隊員。影丸茂樹さんは『特捜エクシードラフト』（東映）の主演も張られた経験豊富かつアクションも達者な役者さんです。シンジョウの名前は『ウルトラマン』を作った伝説の脚本家、金城哲夫さんの名前から採られました

勝賀瀬重憲＋今泉吉孝＋黒木浩介＋八木毅

Shigenori Shogase | Assistant Director
Yoshitaka Imaizumi | Assistant Director
Kosuke Kuroki | Assistant Director
Takeshi Yagi | Producer/Director

演出部メンバーが語るあまりに熱かった撮影現場

映像作品の撮影にはさまざまなセクションがかかわっているが、演出部というのは実態がなかなか外部からは見えづらい。しかし基本的には準備から撮影まですべてのプロセスにかかわるということで、現場の要ともいえるのが演出部なのだ。『ウルトラマンティガ』ではチーフ助監督だった勝賀瀬重憲氏、セカンド助監督だった今泉吉孝氏、黒木浩介氏、そしてサード助監督だった八木毅氏に当時の現場のことを語っていただいた。

演出部のメンバーはこうして集まった

八木　『ティガ』では大変お世話になった演出部の皆さんに今日はお集まりいただきました。当時の話を楽しくできたらうれしいです。よろしくお願いいたします。

勝賀瀬　今日は同窓会みたいな気分で来たんで、当時の気持ちのまま話せたらと思います。八木くんは『ティガ』撮影の途中で（円谷プロの）係長になったんだよね。

八木　そうでした。「カチンコ係長」って呼ばれていましたね（笑）。

勝賀瀬　そのころの感じに戻って話せたらと思うけど、『ティガ』は16年ぶりのテレビ放送作品ということでなかなかハードな部分はあったたし、やっぱり現場は熱かったというのが印象に残っている。あと当時、こうやっていつかみんなで『ティガ』のことを話せる日がくるだろうとは思っていたよね。

今泉　『ティガ』はそういう作品だ、絶対残る作品だってみんな思っていましたよね。それくらい、自己主張を持ったのが集まっていたし（笑）。

勝賀瀬　みんな自分のウルトラマン像があったからね。そういうスタッフのエネルギーがごった煮になって出来上がったのが『ティガ』やと思っている。

黒木　僕は13話「人間採集」からの参加なんですけど、いきなり等身大のティガと宇宙人が戦う話でびっくりしました。引き継ぎもあって伊豆のロケに1回だけ顔を出したのかな。そのときにスタッフがプロデューサーに「『ウルトラ』で等身大なんてどうなんだ!?」って詰め寄っているという話を聞いたので、なんて熱い現場に来ちゃったんだろう、とんでもないところに来ちゃったなって。

八木　本当に皆さん『ウルトラマンシリーズ』への思い入れが強くて熱かったです。では皆さんが『ティガ』に参加されるようになったきっかけから教えていただけますか？

勝賀瀬　最初は『ウルトラマンネオス』（95）のパイロット版に助監督で付かせてもらって、それが八木くんとの初めての出会いだったと思う。渋谷（浩康）くん、八木くんと3人で助監督をやったんだけど、その経験があったからか高野宏一さんから「『ウルトラマン』をやるけど助監督をやるか？」っていう電話が4月1日にあったんだよね。

撮影を冷静に見つめる勝賀瀬重憲さん（右）。チーフ助監督は撮影の先回りをしつつ後方支援もします。左は制作担当の土肥裕二さん、センターは監督補の円谷昌弘さん。この3人は『ティガ』本編班を裏から支える重鎮です

神澤信一監督と撮影の段取りを話し合う今泉吉孝（ムナカタの左隣の帽子をかぶった人物）さん。セカンド助監督は各部技師と相談して撮影を進行します。今泉さんは撮影現場の楽しいムードメーカーです

それで「やります！」って即答して5分後には円谷プロにいた（笑）。高野さんには「お前が一番乗りだ」って言われて、そのときにはどういう『ウルトラマン』を作るかという話もしたと思う。僕は『ウルトラセブン』に思い入れがあったので、『セブン』のようなＳＦファンにこたえられるような作品にできたらいいな、なんていう話をして。そんなような意気込みで4月、5月、6月と準備をして、7月1日にクランクインしているんです。

八木　それで準備をしている中で今泉さんも入ってらっしゃる。

勝賀瀬　最初は1班体制だったでしょう。きくち雄一くんと僕と八木くんの3人で助監督をやっていて、いよいよ本編と特撮で分かれるという話になって今泉さんを紹介されてお会いしたんでしたね。

今泉　僕は業界に入って10年目の記念作がなにかないかなっていう時期だったんですね。そうしたらある制作会社の女性プロデューサーから電話があって、「『ウルトラマン』好きだったよね？」って。というのは他の普通のドラマの現場でも僕は流星バッジをいつも付けていたんです（笑）。それで「円谷プロさんで助監督を探しているみたいだよ。行く気ある？」っていうお話をいただいて、「お茶くみでも奴隷でも行きます！」って即答して。そうしたらきくちんから電話がかかってきて、祖師谷のソレイユという喫茶店で面接だった。そこに勝賀瀬さんときくちんが並んで座っていたんですね。

勝賀瀬　あのときはいまいちピンとこなくて「どうしようかな？」って思っていたんだけど、「誕生日はいつ？」って聞いたら答えがよかった。

今泉　１９６６年7月19日、『ウルトラマン』初回放送の2日後に生まれましたって答えたんです。

勝賀瀬　それで「この人や」って思った。『ウルトラマン』をやるために生まれてきた人だ、逆らうことはできないでしょうって。

八木　素晴らしいですね。では黒木さんはどういう経緯で参加されたのですか？

黒木　実はペーペーでデビュー作くらいのときの上司が今泉さんだったんです。右も左も分からないめちゃくちゃできない助監督だったんですけど、なんとか3ヶ月くらいの昼帯の撮影を終えて、今泉さんにはすごくお世話になったんですね。その打ち上げで終電を逃して帰れなくなったら、今泉さんが「じゃあウチに泊まる？」って。それで下北沢のアパートにお邪魔したら本棚に『ウルトラマン』の本が置いてあって、「今泉さん、『ウルトラマン』をお好きなんですか？」という話になって、「僕も好きなんですよ！」って盛り上がったんです。現場では全然そんな感じではなかったんですけど。

今泉　そのときは流星バッジを付けていなかったからね。まあ僕も相当好きだったんですけど、話を聞いたら「そんなに好きだったの？」っていうくらい話すわけですよ。あれだけ好きなのは周りにいなかったなあ。

黒木　それから何年かして僕も修行を積んで助監督としてやっていたら、今泉さんから電話がかかってきて『ティガ』に参加することになったんです。だからあの日に今泉さんの部屋に行かなかったら、僕は『ウルトラマンシリーズ』には参加していないでしょうね。

「内トラ」という秘かな楽しみ

八木　人の縁というのは本当に面白いですね。しかし演出部も『ウルトラ』愛が濃かったということで（笑）。

勝賀瀬　とにかくみんなが自分の『ウルトラマン』像をそれぞれ持っていたし（前回のテレビシリーズ終了から）15年分の思いもあって、助監督はそれを束ねるのが大変だった。各パート、スタッフを含めると80人以上だし、プロデューサーとか代理店関係も含めたら100人以上。特に第1話は大混乱やったね。いま見ても作品的には素晴らしいんやけど。

今泉　僕は日記をつけていたんですけど、5月28日に初めて円谷プロに行って7月1日にクランクインですから準備期間は1ヶ月と4日しかなかった。

勝賀瀬　しかも放送が9月7日。こんなスケジュール、今では無理だよね。

八木　クランクインまでは本当にバタバタでした。7月1日は道志村でのロケでしたが、セットとの両天でしたね。

勝賀瀬　朝出発するときは雨の確率が50％で、でもいきなり雨でセットというのも縁起が悪いなって思っていた。行っちゃったら撮影はできたから賭けて大正解でしたけど。

今泉　7月2日も両天でした。まあ初日はとにかく衣装が動きづらいからマッサン（増田由紀夫）が転んじゃったりして、大変でしたね。

八木　雨はやんでいたけどぬかるんでいたから、道路から川岸まで機材を下ろすのもドロドロになって。

勝賀瀬　まだ梅雨が明けてへんかったから。人海戦術で大変やったな。1話「光を継ぐもの」、2話「石の神話」の監督は松原信吾さんだったけど、初代『ウルトラマン』に近い王道という印象でしたね。それが村石宏實監督の3話「悪魔の預言」、4話「サ・ヨ・ナ・ラ地球」で一気に『セブン』の世界に突入する。右田昌万さんの『ウルトラマン』、小中千昭さんの『セブン』ともいえるけど、これがブレンドされてスタートしているので16年ぶりの新しい作品だなって当時思ったのを覚えている。

八木　おっしゃる通りだと思います。

勝賀瀬　八木くんはどの話が印象的だった？

八木　やっぱりなにもできなかった1～2話ですね。サードの仕事なんて全然分からなかったですけど、やっと『ウルトラ』のテレビシリーズをできる、とにかく夢が叶うということで。個別だと49話「ウルトラの星」にウェイター役でエキストラ出演したとかありますけど、やっぱり1~2話は感慨深いです。

今泉　「ウルトラの星」は原田（昌樹／監督）さんより沖田（浩之）さんがノッていて、「今の違うな、もう1回！」ってヤギッチに演技をつけていたよね。調布のビアガーデンだったかな？

黒木　駅前のビルでしたね。

八木　円谷浩さん演じる（円谷）一さんに脚本を書き直しって言われて、金城（哲夫）さん役の沖田さん、上原（正三）さん役の河田裕史さんたちが銭湯に入った後に行くビアガーデンでした。

勝賀瀬　沖田さんは『ウルトラ』の現場を楽しんでいる感じだったよね。

八木　「お客様にちょっとでも楽しく飲んでいただきたい、そういう思い入れで演じるんだ」って、沖田さんがスタニスラフスキー理論を交えて役づくりをしてくださって。それで「枝豆一丁！」っていうテストを何回もやったんですけど、原田さんが本番直前で「ヤッコお待ち！」に変えたんですよ。原田さんとしては、あんなにテストしたのに本番で間違っちゃったっていうことへのリアルな反応を見たいということだったんでしょうけど。

黒木　生のリアクションを撮りたかったわけだね。

八木　まあでも内トラ（関係者がエキストラ出演すること）といえば今泉さんですよ。51話「暗黒の支配者」、52話「輝けるものたちへ」ではアナウンサー役で出ていました。

黒木　あれはいい芝居だった。

今泉　ビルトで打ち合わせをしているときに、照明の（佐藤）才輔さんが「これ今泉でいいんじゃないの？」って言ったんだよね。それで村石さんが、「そうだそうだ、今泉がやればいいじゃんっ」て。

勝賀瀬　でも実はそこまでには布石があって、「悪魔の預言」のＡＤから始まって内トラでめっちゃ出てるじゃないですか。そういう業績が認められて、あそこに実っているんじゃないですか？

今泉　それでいうと1話に1回出るというのが目標で（笑）。

勝賀瀬　現場をちゃんとやれ！（笑）

今泉　まあなかなか忙しくて、結局全話は無理でしたけど。

黒木　僕なんか17話「赤と青の戦い」の助監督くらいですよ。セリフもありました。「星さん3カットおやすみです」っていう。

勝賀瀬　俺もＴＰＣスタッフに詰め寄る住民役で出ていて（18話「ゴルザの逆襲」）、そのＴＰＣスタッフが笈田（雅人／プロデューサー）さんだったからほとんどドキュメンタリー（笑）。心の中では「スケジュールどうなっているんですか？」って詰め寄っていたね。

黒木　笈田さんを取り囲んでいるのは役者さんだったけど、「どこに逃げればいいんですか！」「皆さん、落ち着いてください！」っていうやり取りは本当にリアルでした。

『ウルトラ』の聖地での撮影

黒木　『ティガ』には途中から参加したけど、司令室のセットが1つのステージいっぱいに広々と作ってあって360度撮影できるっていうのには驚いた。映画並みっていうことで。

勝賀瀬　照明はカットごとに当てないマルチ照明だったしね。

黒木　あとセットで思い出すのはコックピットの撮影で使ったジンバル。巨大な半球の鉄骨の上にコックピットを載

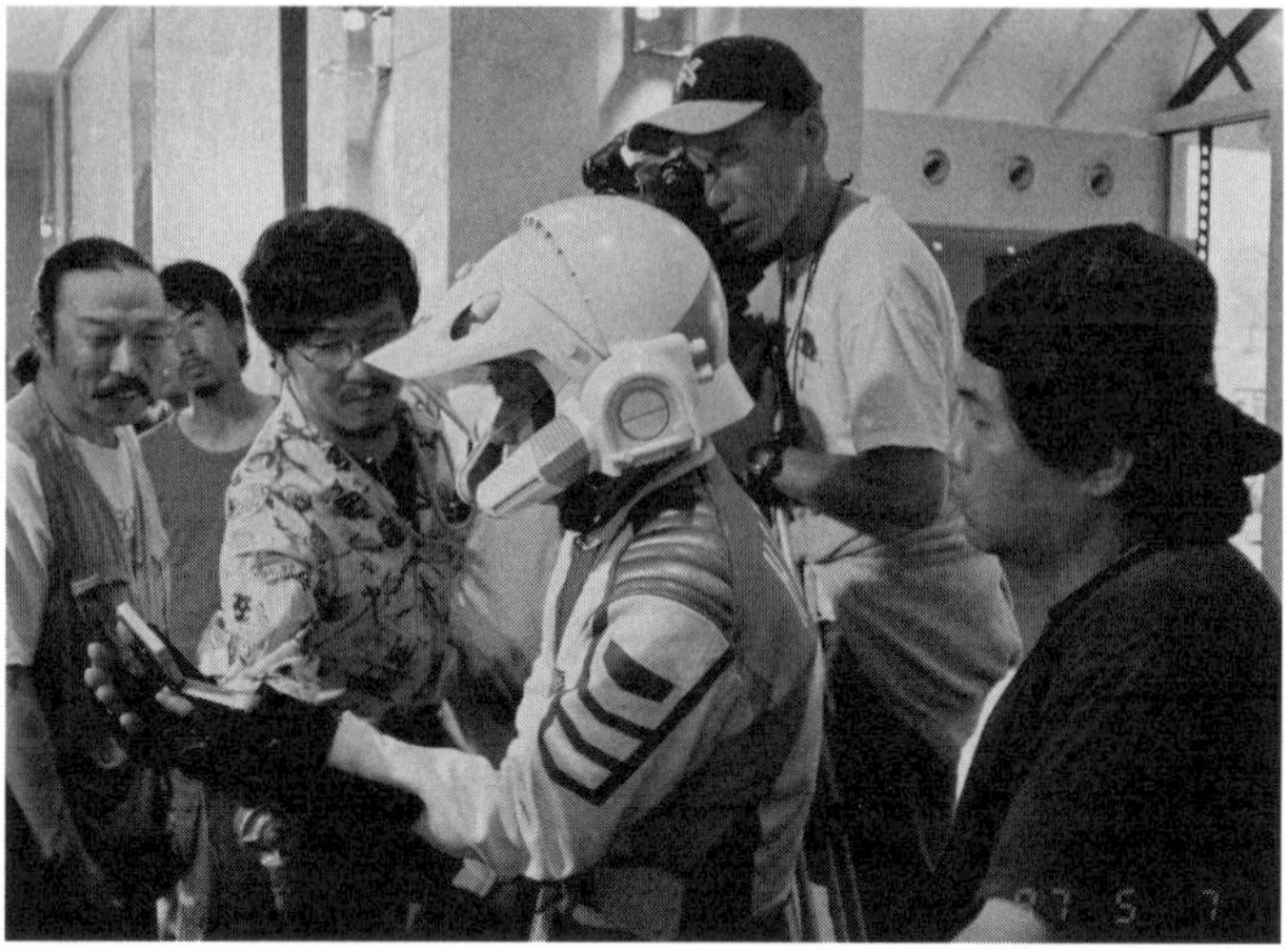

ホリイ隊員のPDIを微調整する黒木浩介さん。左から楽しそうに見つめるのは村石宏實監督。キャメラを覗くのは撮影の倉持武弘キャメラマン。右は照明助手の堤義典さん。日付は97年5月7日。熊本ロケのホテルヴェルデにて

小道具のヘルメットを抱えてムナカタ、シンジョウ、スタッフたちと現場移動する私、八木毅。晴天の美しいビーチで素晴らしいキャスト、スタッフと一緒に『ティガ』という傑作を撮影する。こんな楽しいことはありません

せて、右バンク、左バンクって急降下するときにはそれを人力で「せーの!」って傾けていた。撮影になるとジンバルが4つの巨大な台車の上に乗って運ばれてきて、まずはその台車をバラして、ジンバルを地面の上に直接置いて動かしていたじゃない? コックピットが1人乗りとか2人乗り用ならまだいいんだけど、5人乗りのもジンバルで動かしていて。あれを人力で傾けるというのはすさまじいことをやっているなと思いましたね。

今泉 そうやって「これをやったらどうなるだろう?」というのにチャレンジしていくのが『ティガ』だった。4人が四隅に付いて動かしていましたね。

八木 お芝居するにはグリグリ動くのはよかったんですよね。リアルにできますから。

黒木 しかも東宝ビルト自体が『ウルトラマン』『ウルトラセブン』を撮影していた場所ということで、まさに歴史的な場所で撮影しているんだなっていう感慨もありました。

勝賀瀬 オープンっていってもただの空き地でね。そこに平台を置いて「シュワッチ」ってやっていたところだと思うだけでもあの場に立つのはうれしかったね。

黒木 しかも「ウルトラの星」では、当時は残っていた円谷英二邸をお借りして本物の場所で撮影もしているわけですからすごいですよね。

今泉 撮影前に浩さんに呼ばれてついていったら仏間があってヤギッチと3人で拝んで、ああ、本当に円谷英二さんの家なんだって思いましたね。

勝賀瀬 ドキュメンタリーみたいな感じもあって不思議だったよね。飛行機の模型が置いてあったりして。

黒木 「ウルトラの星」では円谷プロの製作部の部屋でもロケをしていますよね。金城さんが悩んでいるシーンを、まさに金城さんがいたであろう場所で撮っているという。

八木　あれは実際に製作部で僕のデスクとかもあったんですけど、ちょっと飾るだけで昔の円谷になっちゃうからすごいですよね。

黒木　スモークをもうもうにして撮影していたのを覚えているな。

縁の下の力持ちで裏方の裏方、それが演出部

勝賀瀬　演出部がどういうセクションだったのかと考えると、象徴的なのはグリーンバック。セットでこのグリーンバックを毎回誰が吊るのかということだよね。これは撮影部、照明部、美術部が全員「ウチじゃないよ」って言うわけです。徐々にみんな手伝ってくれるようになっていったけど、最初は製作部さんか演出部が泣きながら吊ることが多かった。

黒木　1スタ、2スタのキャットウォークに何回登ったかは分からないくらいですね。

勝賀瀬　当時はポールもバトンもなかったから、シンギ（心木）をつなげてね（笑）。

黒木　演出部だから当然（撮影の）段取りもするわけじゃないですか。黒バックで4カット撮ってその後にグリーンバックだったら、最初にグリーンを吊って、次に黒を吊って、5カット目になったらバーって開けてグリーンバックにする。それでブルーはアップで使うから小さいベニヤを用意して撮影できるとか、そういうことを考えてやっていました。

勝賀瀬　当時デジタル合成技術の多用は始まったばかりで、毎回グリーンバックをステージに吊るという作業は現場スタッフの中で本当に厄介もの扱いだった。しかし、自分にはこう言い聞かせていました。これは地味だけど『平成ウルトラマン』では重要な位置づけで、各セクションの持っている円谷特撮の伝統技術を束ねる要の作業だと。実際

に率先してグリーンバックを吊ってみると、他にもいろいろとスタッフたちが避けていた事柄が分かってきて、人間関係も違った角度で見えてくる。ただ自分の意見を主張することだけが創作じゃない、という風に。そういうことが結果的に各パートを裏の裏で支え続けた底力につながっていったんじゃないかと、今では思っているけどね。

今泉　いい演出部でしたよ。それは勝賀瀬さんの存在が大きいと思う。

勝賀瀬　愚痴になるけど、みんな意見を言い合うやん。でもそれで殴り合いをするとかっていうのは僕は大嫌いなんです。特に嫌なのはサードとかフォースを怒鳴り散らして現場を締めるっていうよくあるパターン。でも実相寺組は全然違うんです。『屋根裏の散歩者』（94）の現場では、ものを創るというところに全員が向かっているのを理想としていたんですね。だから演出部のみんなには耐えることを押し付けてしまった部分はあるんやけど、それはそれで作品に残っているんだから勘弁してほしい。まあ、そうやって自分で正当化しているっていうことだけど（笑）。

今泉　他の部がヤギッチを怒っていたりすると、さすがに「ウチの八木がなにか？」ということはありましたけど。

八木　でも演出部は準備から撮影から全部やるので、本当に現場のことを一番分かっているセクションですよね。

勝賀瀬　裏方の裏方やからね。ただどこかで、俺たちが『ティガ』を作っているっていう感覚はあったんじゃない？

今泉　確かに作品に影響を与えているとは思います。あとはメンバーが奇跡的ですよね。この縁を引っ張ってきたのはやっぱり勝賀瀬さんなんですよ。僕の面接の話もそうですけど、判断の基準が優しいんですよね。

八木　この4人で作れて本当によかったですし、この演出部じゃないと『ティガ』は作れなかった。しかも『ティガ』には偶然も必然みたいなところがあって、それが傑作になった理由の1つだと思っています。

今泉　確かに演出部以外でもいい人が集まっていたよね。「『ウルトラマン』なんてさぁ」っていう人はいなかった気がするし、そういう人がいたら消えていったはず。やっぱり「ウルトラの神様」が見ていてくれたんでしょう。

勝賀瀬　そうだよね。川崎（郷太）監督ともよく「ウルトラ様がいるから大丈夫だよ」って言っていたな。

黒木　運もよかったし、みんなの思いが『ティガ』に集中していましたからね。

それぞれの『ティガ』体験

八木　今回、大滝明利さんにお話を伺ったときに「勝賀瀬さんがスタッフルームで『般若心経』を書かれていて、よっぽど辛かったんだろうなと思っていた」ということをおっしゃっていたのが印象的でした。

勝賀瀬　辛かったのは事実ですけど（笑）、あれは実相寺組の影響ですね。僕はもともと『実相寺昭雄の不思議館』（92）から実相寺監督に師事させていただいて、そこから円谷プロにきたという経緯があるんです。実相寺組では照明の牛場賢二さんもいつも『般若心経』を書かれていました。だから写経は実相寺組から学んだ習慣で、スケジュール表を筆文字で書いているのもその影響です。

八木　そういうことだったんですね。

勝賀瀬　それから『ティガ』の前に実相寺組ではサードだったから、あまり監督と話をできる立場じゃなかったんです。俗にチーフが人間で、セカンドが動物で、サードは魑魅魍魎っていうくらいですから（笑）。でも『ティガ』を終えて戻ってからは親しくしていただいて、晩年は秘書みたいな感じで週7日飲みに行くというのが7~8年は続いたんです（笑）。やっぱり『ウルトラ』のハードさを監督はご存じですから、『ティガ』をやったから認めてくださったということがあったのかもしれません。

八木　『ティガ』での経験は大きいし、実相寺監督もそれをお分かりだったんですね。

勝賀瀬　「『ティガ』タイム」みたいなものがあって、『ティガ』から何年経ったっていうのを語れる特殊な作品だと思いますね。それくらいハードやったし。25年経っても記憶が鮮明に残っているっていうのも、やっぱり「『ティガ』タイム」やと思う。だからまだ客観的には見られないし、いまだに現在形で続いているという感じです。

八木 では今泉さん、黒木さんは『ティガ』にかかわられていかがでしたか？

今泉 生まれてから『ウルトラ』が好きでずっとやってきて、僕にとっては本当に『ウルトラマン』にかかわれたんだっていう作品ですね。でも人間って弱いから「これくらいでいいかな？」ってなりがちじゃない？ そこははっきり妥協をしたくなくて、「やっぱり『ウルトラ』ですから」ということを言っていましたね。

八木 確かに今泉さんはよく「『ウルトラ』ですから」と言っていて、これは妥協はしないということでした。

今泉 高野宏一さんにも「やっぱり『ウルトラ』ですから」と言ったりして（笑）。そうしたら高野さんも「そうだよな」なんて答えてくれて「ああ、分かってくれるんだ」ってすごくうれしかったですね。とにかく夢がかなった作品であり、それがいい作品になったのもうれしいですね。

黒木 何年かぶりの『ウルトラ』に参加できて、しかもオンエアを見たら素晴らしい。だから「ああ、こんないい作品に携われて本当によかった。運がよかった」というのが正直な感想ですね。不純物がないっていうか、純粋に集中できたというのが素晴らしく運がよかったんだなって思います。なんていうか青春そのものっていうか。

勝賀瀬 2000年の公約って覚えている？

八木 「またみんなで集まる」という約束ですよね。

勝賀瀬 『ティガ』の現場があまりに辛かったから、2000年になったら旅行に行ってみんなで飲もうっていう約束ね。まあ今日の座談会でもう勘弁してほしい気もするけど、実現はしていないからまた集まりますか？ 今日はその前哨戦ということでもう1回やりましょう。

Takehiro Kuramochi | Cameraman

倉持武弘 + 佐藤才輔

Saisuke Sato | Lighting Engineer

『ティガ』の画面を作り上げた照明と撮影のコンビネーション

映像作品でわれわれが目にするのは、照明技師が光を当てたものをキャメラマンが撮影した画面である。そのどちらが欠けても画面は成立しないわけで、撮照《さっしょう》と略されるこのチームはとても重要だ。『ウルトラマンティガ』においては撮影を倉持武弘氏が、照明を佐藤才輔氏が担当し、絶妙なコンビネーションで作品世界を作り上げていった。お2人の関係性も見えてくるような撮照対談をお届けしよう。

聞き手＝八木毅

総天井だった司令室

八木　『ティガ』の現場に最初から最後までいた人って実はそんなに多くないわけですけど、倉持さんと佐藤さんはその数少ないお2人ですからお話を伺いたいと思っていました。ちなみに25年前の今日7月4日は渋谷パンテオン前出発で、テレコムセンターに行って高樹澪さんを撮影しています。初日はその少し前、7月1日ですね。

佐藤　7月1日にインということは、準備っていつからやっていましたっけ。

倉持　俺は確か5月中に話をもらったんだけど、5月いっぱいまで他の仕事があったので「ごめんなさい」って頭を下げて参加した気がします。もちろんその前に照明部さんと美術部さんが大きい打ち合わせとかはやっていたんだろうけど、準備期間は短かったよね。

佐藤 僕に話があったのは3月くらいだったと思います。ただその前の年末に「円谷さんがなんかやるらしいよ」「フィルムで撮るらしいよ」という噂は聞いていたんです。でも俺は勘が悪いから全然なんだか分からなかった（笑）。その前には『電光超人グリッドマン』をやっていたけど、終わってからは特に円谷プロとのつながりもなかったし。そうしたら特撮の和泉（正克／照明）さんから「空いてない？」って電話があったんだよね。それが最初です。

八木 会社として（企画成立に向けて）正式に動き始めたのは1月からで、東宝ビルトのスタッフルーム開設が確か5月。そういうスケジュール感だったと思います。

倉持 とにかくセットの準備が間に合わなくて、才ちゃんも鬼のような顔でクランクインまで準備していたよね（笑）。

佐藤 そうでしたね。ロケが終わったら仕込んで……っていうことの繰り返しで。

八木 実は初日は司令室と道志村のロケで両天になっていたんですけど、メイキングの映像を見るとクランクインの前日に倉持さんや才輔さんが司令室で仕込んでいるんです。時計を見るともう朝方で（笑）。

倉持 司令室は総天井だったから美術部の電飾じゃなくて、ある程度照明に使えるライトを入れるということで一緒に仕込んでいたんですよ。

佐藤 照明の高野和男さん、和泉さん、僕の3人で仕込み用の電飾を秋葉原に買いに行ったんですけど、和泉さんも心配だったんでしょうね。でもどの電飾がいいか分からないし、合わなかったらどうしようって気が重かったです。それでも3種類くらい買って帰ったら、あまりに高くて高野（宏一／監修）専務に怒られてしまった。でも「例外中

撮影の段取りをする倉持武弘キャメラマン。センターのサングラスの人物です。後ろには関係者の見学者が多く写っていますね。これは大掛かりな熊本ロケでの1コマ。初めての地方ロケ前後編で全員気合いが入っていました

撮影を見つめる佐藤才輔照明技師。センターの長身の人物です。伊豆今井浜ロケより。後ろのリゾートホテルに宿泊しました。天気もよくて楽しいロケでしたね

の例外で今回だけは認めるけど」ということで、それを総天井の司令室に仕込んだんですよね。

倉持　撮影がフィルムだったから明るければいいというわけでもなくて、色味の問題があったからね。

八木　色味に関しては現像してテストされたりしたんですか？

倉持　そんな余裕はなかったんじゃないかな？

佐藤　やった記憶がないですね。ただ俳優さんを入れたカメラテストは直前に一度だけやりました。そのときは長野（博）くん、（吉本）多香美ちゃん、マッサン（増田由紀夫）の3人がGUTSスーツを着てっていう感じで。

八木　そこでまさかのNGが出てGUTSスーツを作り直したんですよね。

佐藤　隊員服ができないから、松原（信吾）監督もロケハンしながら結構イライラしていたらしいよね（笑）。

難しかったコックピットの撮影

八木　実際に撮影に入っていく中でどのようなことを感じましたか？

佐藤　こういう特撮ものは初めての世界だったからノウハウがなかった。だから悩んだっていうわけではないけど、面倒だったな。『グリッドマン』はコンピュータ・ワールドだったからよかったけど、『ティガ』はリアルな特撮でのつながりが結構あったからね。

倉持　あとはスタッフでいうとテレビの連続ものの経験者があまりいなかったんだよね。俺なんかはテレビ育ちで2クールっていうのはずっと普通にあったから、レギュラーセットは抜き撮りでさくさく撮っていたわけよ。シーンも抜いて撮るなんてこともやっていたから（笑）。そうすると1時間もの2話持ちで10日で撮るわけ。で、この週は残業が2日あるよ、ナイトのオープンがあるよ、別の週は定時で終わるよっていう感じ。そうやって緩急をつけつつ機械的に進めないとオンエアに間に合わないというところがあるから、みんな割り切ってやっているわけ。だから『ティガ』でも7〜8話くらいまでいけばみんな慣れてきてペースができるかなと思っていたけど、そういう自分からして割り切れなかった（笑）。やっぱり毎回撮り方を変えたいんだよね。自分自身がそう意気込んでいたし、周りも一生懸命やっていたから「60点でいこう」とは言えなかった。みんなそういう部分では神経使ってやっていたよね。だから時間もかかったし、美術部は毎回の作りものだったしでお金はかかっている。「ちゃんと見せないと」「ここまではやっておかないと」っていうのがすごくありましたね。

佐藤　僕は早く帰りたかったけど（笑）。

倉持　まあ1〜2話は合成も多かったし、技術的な処理をどうしようかということばっかり考えていて。だから内容まで全然頭がいかなかった。

佐藤　それはありましたね。コックピットの撮影でも、やったことないからどうするんだろうって（笑）。どっちからライトを当てたらいいんだっていうことからして最初はよく分からなかった。

倉持　コックピットは難しかったね。もともと、表から見たらNDフィルターが入ったスモークガラスみたいに見えるわけじゃない。じゃあキャメラが中に入ったらどうなるのか。スモークみたいなものだったら必然的に表はちょっと薄暗くなるけど、それをやっちゃうとデイシーンなのにナイトシーンみたいになっちゃう。中途半端な感じがして、撮影が失敗したみたいに思われそうだなって。だから中から見たら普通に明るいということにして、表から見たらスモークなんて言っていた。だけど監督によってはコックピット越しに撮りたいとか、いろいろあって難しかった。

佐藤　飛んでいるから光も動いた方がいいかななんて思って、クレーンにライトを乗っけてみたこともあった。でも高速で飛んでいる設定だからライトが動くと逆にスローに見えちゃうんだよね（笑）。これは変だなって。

倉持　コックピットもすごい仕掛けだったじゃない。

佐藤　大掛かりなジンバルの上に乗っていて、手動でやっていましたね。

倉持　機体が揺れると芝居もやりやすいとは思うんだけど、よく考えてみるとホリゾントが動いてないからなんとなくの雰囲気なんだよね。それからコックピットの中にキャメラが入った場合は、「客観」だったら本当は動かないはず。だけど中に入って自分の手でキャメラを揺らすようなこともやっていて、あれは途中から照れたよ（笑）。まあでもどうやって変えようかというのはいつも考えていたよね。

「これはわれわれに与えられた神からの試練です」

倉持　もう後半だったと思うけど、マイクロバスに乗ってロケハンをやっているときに後ろの席が美術のうっちゃん（内田哲也）でさ。「毎回大変だな」ってぽつりとぼやいていたら、「これはわれわれに与えられた神からの試練です」って（笑）。「最後までこのまま続くんですかね？」なんていう会話をしたんだけど、要は「試練」だったんだよね。『ティガ』をやったらもう怖いものはないっていう。

佐藤　うっちゃんが言うのは分かるよね。僕なんかは衣装合わせに出てないから（笑）。ロケハンやって衣装合わせがあって下手すると美打ち（美術打ち合わせ）もあるんだけど、ロケハンやったらとっとと帰ってしまっていた。

八木　倉持さんは衣装合わせも全部出られていましたね。

倉持　やっぱり面白かったし、そういうもんだと思っていたから。でも東宝コスチュームの川崎（健二）さんには「倉持〜どうなっているんだよ？　買取の予算もないのに毎回新しい衣装を作って」っていつも言われていた。ぺーぺーのころから知られているからしょうがないんだけど。

八木　川崎さんは『ウルトラセブン』のころからやられている古参ですから。

倉持　俺も「衣装とか小道具はこういう方がいいんじゃないですか？」って監督に提案できたから楽しかったけどね。嫌がる監督もいただろうけど、少なくとも撮影前には衣装はあの色だなとかを把握できたのはいいこと。そういう意味では苦ではなかったですよ。その後の飲み会も楽しみだったしね（笑）。

八木　『ティガ』のスタッフには妥協がないというか、毎回新しいことが起きたのも楽しかったですね。

佐藤　僕は妥協をいっぱいしていましたけど（笑）。でも『ウルトラ』好きのスタッフが集まっていたじゃない？　もちろん僕も子供のときに好きで見てはいたけど、その上をいくスタッフがいっぱいいましたよね。長谷川（圭一／装飾、後に脚本も）ちゃんとかね。オタクじゃないんだけど、ちょっと怖かったな。

倉持　俺は助手が長かったから、やっぱりやりたいことがあったんだよね。そういうのが結構たまっていたというのはあるかもしれない。

八木　それもあってでしょうか、回によって、監督によって、いろいろな映像がありますよね。

倉持　当然、監督のイメージもあるんだけど。

佐藤　川崎（郷太）監督なんて、上がってきてびっくりでしたね。現場ではなにをやっているのかよく分からなかったけど、出来上がりを見たら「なにこれ？」っていう感じで面白かった。

倉持　川崎さんの場合は必ずカット割りの画コンテを描いてくるでしょう。大変だと思って「字でも大丈夫ですよ」って言ったんだけど、「僕は絵を描かないとイメージがわかないんで」って言われて。毎回撮影が終わってから描いていたわけだから独特だよね。

八木　川崎監督の画コンテに倉持さんと才輔さんのイメージが加わってああいう映像になったんですね。

佐藤　僕は川崎さんの画コンテを見ても全然イメージはわかなかった。だから合成された仕上げの画が上がってきてびっくりしたということですね。

倉持　編集もありますよね。もちろん皆さん撮影時に編集を考えて撮っているわけですけど、川崎さんの場合は「ここまでしか使わない」というのがあって、その切り替えが独特なんですよね。ちょっと岡本喜八監督に似ている感じもする。あと撮っていて「あれ、これでいいのかな？」っていうのはあるんですよ。例えば引きでもやっぱりテレビだから顔が分かるくらいの引きじゃないとダメだろうなっていうのが基本にはあるんだけど、川崎さんの場合はいっちゃって大丈夫だなっていうのがあった（笑）。だから普通のキャメラマンは絶対に撮らないだろうなっていうのを撮れる。とんでもない画になっているときでも、それをつなげると「もっといっちゃって大丈夫だな」という感じにさせてくれましたね。

佐藤　39話「拝啓ウルトラマン様」では船橋競馬場での大ロングがあったんだけど、なぜか知らないけど天気がよかったから遠くの方にミラーを2枚持って行ってハレーションを入れたんだよね。特に意味もなく。

倉持　あれはよかったですよ。大ロングで、役者が端っこにいるんだけど分からないくらいで。

八木　素晴らしい照明と撮影でしたよね。あれが『平成ウルトラマン』のタッチになったんじゃないでしょうか。

倉持　あのままの引きだったら「なにこれ?」っていう感じだよね（笑）。

八木　引きも強いんですけど、光が入ることですごく異様な画になりましたよね。

佐藤　それは八木監督の大好きな画ということじゃない？（笑）。

八木　確かに僕もよくやっていただきましたが、頼まなくても才輔さんは光を入れてくれるのでありがたかったです。

『ウルトラマンシリーズ』はあざとい照明をしてもOK

倉持　『ウルトラマンシリーズ』は通常のドラマよりもデフォルメできる作品だから、そういう楽しさもあったよね。いわゆるSFというくくりの中で、普通のドラマでは「なにこれ?」って言われるようなものでも成り立っていうか。だから全部変えて撮ってやろうと思ったけど20話くらいでネタ切れしちゃって（笑）、あとは映画の真似とかよくやっていたね。

佐藤　そうそう、真似ばっかりやっていた。あくまで真似だから本家本元は超えられないんだけど、真似して満足していた部分は結構ありましたね。

八木　例えばどんな真似をされたんですか?

倉持　いろいろやったし、一部のトーンとか撮り方、処理の仕方とかだから説明はしづらいものが多いんだけど。例えば16話「よみがえる鬼神」だったら特撮のキャメラマンの（高橋）義仁くんとも話したんですけど、鬼の話だし確か天気も悪かったのかな、それでいわゆる脱色、色を鈍らせるということをやっています。狙いとしてはフィルムでいう「銀残し」で、これは市川崑の『おとうと』（60）で使われているもの。普通の脱色じゃつまらないからフィルム上で色を鈍らせるということですね。まあ真似っていっても、いろいろな方が他の作品でもやられていることですけど。特撮の方のウルトラマンも結構鈍い色にするから怒られるかなって思ったんですけど、2人で共同してああいうトーンにしましょうって。あとは『ガイア』だったかな、『プライベート・ライアン』（98）の最初のノルマンディー上陸のところで動きがちゃかちゃかするようなところ、ああいう感じを出そうっていうのでシャッターを切ってみたり。短い暴動シーンだったと思うけど、そういうこともやっていますね。

佐藤　僕の場合はいかにも照明してますよっていう画面が大好きで。『ウルトラマンシリーズ』はそういうのが内容的にも合っているから、「あざとい照明をしてもＯＫ」みたいなところで結構やらせてもらったと思うんだけど。

倉持 技術パートだけじゃないと思うけど、実相寺（昭雄）さんの影響は大きいですよ。

佐藤 そうですね。

倉持 俺もずいぶんワイドを使ったりワセリンを塗ったりしましたし（笑）。そんな画を作っていくと当然、「才ちゃん、お願い」っていうことになるんですね。そんな感じで「なんちゃって実相寺」みたいなのはずいぶんやらせてもらったと思いますね。でも結局は真似できないから恐るべしですよ。

佐藤 ただ全部ああだと気が狂ってしまいますからね。

なるべくズームレンズを使わない撮影

倉持 川崎組では「よみがえる鬼神」はワイド、2話持ちのもう1本「幻の疾走」（15話）は望遠でいくということもやっています（笑）。同じ川崎組だけど「よみがえる鬼神」の方はワイドレンズだからキャメラが前に出るわけ。で、「幻の疾走」は望遠レンズだからキャメラが遠いところにある。だからみんな「あれ？」っていう顔をしていましたね。自分をしばって撮影したわけだけど、あれは結構刺激的だった。

八木 「幻の疾走」は豊洲の東京ガスなんかの広いところで撮影しているので望遠ということですね。

倉持 望遠でいけるところは望遠で撮る。もう1本はなるべく8ミリとかワイドで撮る。だからみんな混乱していたと思う。「入ってるよ、そこ。ワイドだから」なんて言われちゃうわけだからね。

八木 レンズは何ミリまであったんでしたっけ？

倉持 8ミリまでは常時あって、たまに5・9ミリとかを借りていたのかな。

八木　ズームレンズだけで撮っちゃうということではなく、当たり前のように単玉でレンズを換えてやっていました。

倉持　『ティガ』の場合は特機が付いていたから、だったらちゃんとレールを敷いて移動で撮るのが基本だろうと。ロケーションだとなかなかそうはいかないときもあるけど、基本はズームじゃなくて単レンズを付けて、引いたり寄ったりする。じゃあどこまでそれができるのかって試した部分はあるよね。今だったら「ズームでいいよ」って言っちゃうけど（笑）。それは楽だけどつまらないよね。だからレールやドリーにこだわったかもしれない。

八木　ワイドにしたり望遠にしたりというのは、才輔さんと事前に相談したりはあったんですか？

佐藤　それはないです。キャメラマンの好みですからね。

倉持　『ティガ』のころはもうハイスピードカメラを使うとき以外は「明かりがたくさん必要」というわけではないので、レンズの選択で照明部さんと相談するということはなかったですね。でもワイドだといろいろバレてくるから（笑）、なかなかいいところにライトが入らないという制約はあったかもしれない。

八木　それでワセリンが出てきたりするわけですね。

倉持　そうなんだけど、今はもうダメだね。デジタルだと全部バレちゃうから使えない。使いたいんだけどね。

「なんか分からないけど面白いと思って」

八木　『ティガ』を見ているとお2人は本当に挑戦というか実験をされているわけですけど、今日はいろいろ裏側をお聞きできてよかったです。

佐藤　まあそういうことをやって、自分で覚えていったということもあるね。ああ、こうやればこうなるんだって。

八木　しかし「拝啓ウルトラマン様」のミラーはなぜ入れようと思ったのですか？

佐藤　それは自分でも分からないんだよね。まあ他の現場で似たようなことをやっていて、そういう蓄積があったから「こういうのを入れたら面白いかな」と思ったんでしょうけど。

倉持　おそらく論理的な理由はないんだよ。理詰めで「こういう設定だからこういうものがいいんだ」って、そういうのはあんまり言えないんだよね。むしろ「なんか分からないけど面白いと思って」っていう感じが強いよね。自分なりに一応理屈は付けるんだけど（笑）、説明はなかなか難しいんじゃないかな。

八木　やはり感覚的なものということで。倉持さんの画は本当に独特で、映画の教科書通りではなかったりしますよね？　例えば「人物がなにかを見ているときはその人物の目線の前を空ける」というようなことがよく書いてありますけど、倉持さんの場合は前が空いていなかったりするじゃないですか。

倉持　確かに目線の前を空けるというのは普通っていうか、基本ですよ。でもその人物が悩んでいたり、危機に瀕しているときは詰めた方がいいかなっていうのがあって。まあ『コスモス』なんかを見るとそれを使いすぎていて狙いに見えてないんだけど（笑）。だから自分ではそう考えていたけどすべてが効果的かどうかは分からない。あと俺って割と正面の目線が少なくて、だいたいいつも外しているの。それで「なんで目線を正面で撮らないの？」って言われたりするんだけど、ちょっと照れるっていうか（笑）。正面はカットとして強いから本当に大事なときに残しておいて、あとはキャメラが少し客観的に見ていますよっていう画にしたいんだろうね。おそらくこれは癖なんでしょう。少なくとも個性ではないし、それがよいことかどうかも分からないけど。

八木　目線もレンズぎり（キャメラのレンズのギリギリの横）みたいな強い表現も多いですよね。当たり前の表現ではなく、新しいことをやられていると思うんです。

倉持　新しいこともあったけど、それまでフリーの助手として何十人ものキャメラマンに付いてきたわけじゃない？

そうすると「ああ、このキャメラマンだとこの辺のポジションで引きを撮るんだな」「何ミリでバストショットを撮っているな」とか、みんな癖があるわけです。そういうのをたくさん見て、「これはいいな」とか「こういう撮り方があるのか」っていうのを学ばせてもらった。だからさっきの真似じゃないけど、今回は矢田行男さんでいくかとか、今回は椎塚彰さんでいくかとかということを試して、ちゃんと再現できるかを検証していったようなところもありましたね。だから自分の個性っていうのは分からないよね。人が見たら「ああ、倉持さんらしい撮り方ですね」っていうのがあるのかもしれないけど、自分では分からない。「これが俺だ」みたいなことは意識していないよね。

「こんなことばっかりやっていたら会社がつぶれちゃうんじゃないかな?」

八木　これはムチャぶりかもしれませんが、『ティガ』でのベストシーンを挙げていただけますか?

倉持　いろいろなものが積み重なってその1シーンが出来上がるわけだから難しいけど、例えばラスト近くのモンゴル平原(50話「もっと高く~Take Me Higher!~」)なんかはうまくいったんじゃないかなって自分では思っています。お芝居もよかったし、撮影は割とうまくいったんじゃないかな。

八木　ダイゴとレナがいて、ヘルメットが落ちる。素晴らしいシーンでした。

倉持　おそらくいま見たら、引きはもっと引かないといけなかったんだろうけど。でもシーンでいうと印象的なのはあそこかな。あとはうまくいかなったことばっかり覚えているけどそれは言えない(笑)。それから好みとしては川崎組は全体的によかったと思うんですよ。もちろん他の人が悪いっていう意味じゃなくてね。そして鍛えられたのは村石(宏實)組、そういう感じでした。

八木　川崎組でいうとゆりかもめに乗っているキリノ・マキオのカットが印象的でした(「拝啓ウルトラマン様」)。

特にすごく引いているとか広角ということではないんですけど、不思議な空間という感じがしていいですよね。

倉持　ありましたね。でもあれはもうちょっとワイドで撮るべきだったかな……。見直すとそんなことばっかり思ってしまうから、あんまり見ないんだけどね。

佐藤　僕はこれぞというのはないんだけど、多香美ちゃんとお父さんの話（7話「地球に降りてきた男」）をこの間見直したんだよね。そうしたら「あれ、こんなにボーイッシュだったんだ」って思って。ライティングがどうこうじゃないんだけど、すごくいい被写体だなと思ったね。可愛いとか綺麗というのとはまた違う中性的な魅力があっていい。まあ、あとはTDGと3年続いたわけだけど、その間にノウハウが蓄積されてやりきれたのかなっていう思いはある。

八木　才輔さんも倉持さんも『ティガ』から3年間つきっきりでしたから大変だったと思います。では最後に『ティガ』とはどういう作品だったかをお聞かせいただけますか？

倉持　一本立ちした最初の作品っていう意味合いで言うとありがたいっていうことですね。いろいろやり残したことはある気もするんだけど、それはいま考えるからなんだろうな。でも、まだやれた気もする。

佐藤　たまに特撮の方にも顔を出したりしていたんだけど、面倒なことが結構多かったよね。その面倒なことを実現するにはお金がかかるわけで、「こんなことばっかりやっていたら会社がつぶれちゃうんじゃないかな？」と思っていました（笑）。話によっては本編でもデカいライトを持って行ったわけだけど、そのためにはジェネレーターも必要だとかいろいろお金がかかる。それを毎回やっていたわけだから大変だったなって。

倉持　決定稿で降りてきたホンがあって、そのシチュエーションでそれなりの画を作ろうとするとあれも必要、これも必要となる。もちろん監督のオーダーもあるし、こちらからは「クレーンを呼ばないと撮れないですよね」みたいな話をして。別に焚きつけるわけじゃないけど必要なものは言うじゃない？　それがどんどん積み重なっていくんだけど、『ティガ』では「これは絶対ダメ」っていうのはなかった。「しょうがないなぁ」という感じで認めてくれて。

八木　『ティガ』では現場が暴走したわけではなく、会社の判断で「いいものを作る」ということでやっていたんですよね。15年ぶりに『ウルトラマン』を撮るんだったら、ちゃんとやるぞというのがあったんです。

倉持　だから現場が心配になるくらい要求にこたえてくれたんですね。みんな表立っては言わないんだけど、技術パートは優遇されているよねっていう声は耳にしていて。「やっぱり円谷は技術パートの会社だから」ってね。それが本当かどうかは分からないけど、陰で美術部や衣装部はかなり苦労されていたんじゃないかなと思いますね。

八木　ゲストで毎回新しい人が来るし、作りが多いからありもので対応できない衣装。そして美術も毎回作っていました。とはいえ無尽蔵にお金があったわけではないので皆さん大変だったと思います。

倉持　そのおかげで何十年も見るに耐えるものが作れたっていうことですから感謝ですよね。

佐藤　本当にいい経験をさせてもらいました。『ガイア』のときに特撮の操演のツッチー（辻敦）が言っていましたけど、まさに「熟れた実が落ちるような瞬間」で、なにが来ても大丈夫、怖いものはないよねという状況で現場は出来上がっていました。だから3年で終わってしまったのはちょっと残念でしたけど。

八木　確かにあのままずっと続いていたらすごいシリーズになっていたでしょうね。

倉持　でもいい区切りだったと思うよ。TDG3作で150本以上なわけだから、そのままやっていたらルーティンワークになっていったはず。そういう意味では結果論だけど、ちょうど3作でいいところだったんじゃないかな。もちろん仕事として考えたら続く方がありがたいんですけど、偉そうに言うと作り手も変わっていかないと作品のカラーは変わっていかない、同じメインスタッフがやってると新しいものは生まれないんですよ。そうはいいつつ俺たちは『ウルトラマンメビウス』（06-07）までやることになるんだけど（笑）、空気が入れ替わることって大事だと思うね。

最年少でコンピュータの天才ヤズミ隊員。18歳というキャラクター設定ですが古屋暢一さんは当時15歳。現場で一番若くて明るいムードメーカーです

右田昌万

Masakazu Migita | Writer

時間がなかったのはかえってよかったかもしれない

円谷プロ企画室所属の脚本家として『ウルトラマンティガ』の立ち上げから最終回にまでかかわった右田昌万氏。その前段階の企画『世界初ウルトラマン』立案者ということも考えれば、『ティガ』の設定の多くが氏によるものであるのは容易に想像できる。平成に誕生した新しいウルトラマンはどのようなバックボーンを持っていたのか。監督やプロデューサーとのやりとりはどのようなものだったのか。『ティガ』誕生の裏側を詳細に伺った。

聞き手：八木毅

『グリッドマン』を書くコツ

八木　右田さんは円谷プロの先輩で、当時から大変お世話になっています。僕はまだ助監督になる前でしたが、右田さんの円谷での脚本家デビューは『電光超人グリッドマン』ですよね。

右田　会社に入ってから2年くらいは経っていたのかな。当時の上司で企画室長の江藤直行さんには「右ちゃんを脚本家デビューさせたい」という気持ちがあって、なんでも褒めてくれたし自由にやらせてくれる人でした。それで最初に12話「怪盗マティに御用心！」を書いたんだけど、その後はなかなか書かせてもらえなかった。だけど最後の

1クールで2~3本がどっと回ってきたんですよね。「もうライターがいないから右ちゃん入って」っていう感じで。そのころには『グリッドマン』の設定から面白い物語を構築するやり方が自分の中で分かりつつあって、そのときの実績が『平成ウルトラセブン』『ティガ』につながっていっていると思っています。

八木　それは特撮的な段取りや文脈ということですか?

右田　『グリッドマン』を書くコツっていうのは、コンピュータ・ワールドのことは考えないでいいっていうことなの。コンピュータ・ワールドで怪獣が暴れたことで人間ドラマがどうなるのかさえ考えていけばいい。そっちの方でネタを作っていけば面白いものになるというのが分かってきたんですね。そんなわけで終盤の3本は評判がよくて、(円谷)昌弘さんから声がかかって『平成ウルトラセブン』「太陽エネルギー作戦」にも呼ばれることになった。あれは自分にとって初めての『ウルトラ』だったし、『セブン』というビッグネームに携われることがうれしかったです。

八木　サイバー世界ではなく人間ドラマを重視するというのは怪獣ものの基本かもしれないですね。怪獣の個性だったり宇宙人の存在自体を描くドラマももちろんありだと思いますけど、右田さんは確かに人間ドラマを重視されていますよね。

右田　とはいえ全部が全部そうではないんだけどね(笑)。

八木　アクティブな人が出てくるし、話が人間中心に動いていく。それって演劇の経験も大きいのかなって思っていましたけど。

右田　確かに演劇の経験が活きているし、人間ドラマをうまく書けている脚本の方が好きなんだけど、どうしてもアイデアが先行しちゃうときもあるわけ。でも、そことドラマがうまくからまっていないとダメなんですよね。アイデア先行で書いた話もいくつかあるから、そこは難しいところでもあるんだけど。

八木　僕としては右田さんとの出会いは『ムーンスパイラル』で、とてもお世話になったと思っています。あのときは焼肉を食べながら、「赤巻紙、青巻紙、黄巻紙」のプロットを一緒に作っていただいたんですよね。右田さんと話しながらすごくよいアイデアが出て、番外編ですけど4話を撮れることになったんです。

右田　『ムーンスパイラル』は自分たちで企画書を作って日本テレビさんに売り込んだ作品で、タイトルも考えたんですよね。最初は『風街大使』とかいう名前だったんだけど。ただ、作品より毎回の打ち合わせの方がよっぽど面白かったな（笑）。そういう変わった作品です。当時、円谷プロの社屋にはアパートを改装した棟もあったじゃない？　あそこに泊まって話したんじゃなかったかな。

八木　そうでした。焼肉を食べた後に「6号室」で話しましたね。実はあの部屋は『グリッドマン』の武志の部屋のロケセットの隣なんですよ。だから「武志部屋」の隣を僕は定宿にしていたんです。

右田　夜中に寝ながら話していたよね。そんな感じで作ったけど楽しかったです。

『世界初ウルトラマン』から引き継いだもの

八木　そういう前史があって『ティガ』に入っていくわけですけど、右田さんは1〜2話「光を継ぐもの」「石の神話」を書かれたメインライターなので発想の源の部分から伺っていけたらと思います。もともとは右田さんが書かれた『世界初ウルトラマン』の企画書からの流れがあったわけですよね。

右田　円谷プロに入って、実現しなかった『ウルトラマン』の企画書をたくさん見てきたんだけど、どれを見ても書いてあることは一緒で「初代マンの初心に帰れ」ということでした。それで考えたのは、初心に帰れの「初心」の「初心」を見つめ返してはということ。要は『ウルトラマン』がどこからきたかといえば、それは『ウルトラQ』じゃない？　じゃあ『ウルトラQ』はどこからきたかというと、それは『ゴジラ』だろう。その『ゴジラ』は『キングコング』からきているんだから、次の『ウルトラマン』は『キングコング』にすればいいというのが『世界初ウルトラマン』の発想でした。つまり人間に古代人がいるみたいにウルトラマンにも古代人がいただろうということ。なので初めてのウルトラマンということで『世界初ウルトラマン』という名前にしたわけ。ウルトラマンが猿だった時代の話で、そこから始まっているんだよね。

八木　「初心」というのは特撮映画の歴史をひもとくということだったんですね。

右田　でも「猿のウルトラマンは止めろ」ということだったので、残せるところだけを残していった。企画の発注はもともと高野（宏一／監修）さんだったけど急に満田稔さんに代わって、満田さんには最初に「3000万年前の超古代文明と、人間が光となってウルトラマンに入るという設定だけは残していい。でもこの2つが残るだけでも相当これまでとは変わると思うよ」って言われたんです。「そこは僕は自信がある」ということでしたけど、削った部分が多かったから僕は「そうかなあ？」なんて思っていた（笑）。

八木　超古代文明や光の設定は『世界初ウルトラマン』からのものだったんですね。これはティガの個性ですから重要です。

右田　あとは女性隊長というのも『世界初ウルトラマン』からの流れですね。もともとジャニーズ系の男子5〜6人が隊員という設定だったので、バランスを考えると隊長は女性の方がいいだろうっていう考えで。そんな感じで、「猿ウルトラマン」以外のところで残せるところは残したいっていうのはありましたね。

八木　隊員なんかの名前に関してはいかがですか？

右田　シャーロックは僕が考えたし、ムナカタは『エースをねらえ！』の宗像コーチからで、レナも僕が考えた。でもほかはみんなが「この名前はどうだ?」って細かく話していましたね。例えばアートデッセイはもともとアークデッセイだったんだけど、満田さんが「アークだとテレビ朝日のビルの名前だから変えろ」って(笑)。それで江藤さんがアートデッセイにしたのかな。ホリイ隊員もトミイ隊員だったのを1字変えてホリイになった。そんな感じで変更が入っていますね。

八木　ムナカタ、レナは右田さんなんですね。

右田　ダイゴは渋谷(浩康)くんが太めの隊員用に考えていた名前で、満田さんが「主役の名前に採用するから」と、その企画書から持ってきたみたいですね。そんな感じで『ティガ』では細かくやっていましたね。

松原監督は脚本をすごく大事にする人

八木　右田さんの『世界初ウルトラマン』の設定から重要な2箇所を残して満田さんの指導の元『ティガ』の企画書をリライトしたということだったと思いますが、右田さんが立ち上げの脚本を書くに当たってはどういう流れになっていたんですか?

右田　企画書では結構苦労していたし、「1~2話は右田に書かせてやれ」という感じだったんじゃないかな。でも最初の方はいろいろ出したプロットを満田さんに結構蹴られていて。八木くんともよく話したけど『スター・トレック』みたいな要素を入れたかったんだよね。それこそ宇宙からの囚人が地球にまぎれていたりとか、そういう話をやりたかった。でも満田さんからは「とにかく1~2話は怪獣ものにしてくれ」と言われていて。宇宙人は絶対出すなって(笑)。だから相容れない部分が相当あったわけ。

八木　そんな縛りがあったんですね。

右田　時間がないからミニチュアが間に合わないという話もあって、でも一部分だけならいいよということでゴルザがビルを壊すところを書いている。『グリッドマン』でも『平成ウルトラセブン』でもミニチュアはあってないようなものだったから、人が逃げる脚本はあそこで初めて書いたんですよね（笑）。勝賀瀬（重憲／助監督）さんに「人が逃げたりする場面がないんですけどいいんですか？」って聞かれて、「え、逃げる人を出していいんですか？」って逆に聞いたくらいでした。それで怪獣が壊して人が逃げるっていうありきたりのことを書いちゃったんだけどね。

八木　直球すぎるかもしれませんけど必要なことです。

右田　ミニチュアは3話からは間に合ったのかな。だからビルの中で戦うシーンなんかはやっぱり羨ましく見ていました。1話はピラミッドがあったけど、2話はどこで戦えばいいのか分からない。それで「どこで戦えばいいんですか？」って逆に現場に聞いたら「採石場だよ」って（笑）。でもそれって東映系作品の印象が強いよなとは思ったんだけど、採石場は石を掘るところだから地下を出しちゃえっていうことで。あの地下はセットだったよね？

八木　怪獣の目が見えるところはセットで、ロケとセットを混ぜて撮っていたはずです。ガクマが奥に見えるところは特撮セットでやっていますけど、本編はセットじゃなくてロケでやっています。

右田　なんか言われるかなと思っていたんだけど、地下のシーンを試しに書いたら文句は全然こなかったね。あと2話は満田さんからは説明する回だって言われていて、なんでティガの色が変わるのかとかそういうのを全部説明してくれということでしたね。サブタイトルもいまいちと言われてなかなか決まらなかったりして大変でした。1話の「光を継ぐもの」は誰も文句を言わなかったんだけど。

八木　いいサブタイトルですよね。

右田　あれはJ・P・ホーガンの『星を継ぐもの』っていう作品から取ったんだけど、ただいい題名だなっていうだけで実は読んではいないんだよね。

八木　さっき『スター・トレック』の話が出ましたけど、右田さんとは結構ＳＦの話をしましたよね。

右田　『スター・トレック』はテレポーテーションがすごく大事で、『世界初ウルトラマン』ではあれをやりたかった。戦闘機でいちいちどこかに行かなくても隊員たちがテレポーテーションすれば済む話じゃない？　でもその辺りは「行き過ぎだろう」ということで高野さんに却下されたんだよね。

八木　1～2話の松原信吾監督とはどのようなやりとりがあったんですか？

右田　松原監督が入られたのは準備稿になる前くらいかな。脚本をすごく大事にする人でしたね。だから撮るときは可能性を少し広げておいて、編集の段階で自分の思い通りにするというところがあったかな（笑）。例えばダイゴが光になるきっかけはデオ２０９っていう装置だったんだけど、そこをカットしてもつながるように撮っているんだよね。松原監督は「デオ２０９ではなくて自然に光になるような感じの方がいいんじゃないか」ってちらっと言っていた気がするんだけど、脚本上はデオ２０９を残して「取れ」とは言わなかった。

八木　そこは松原監督のインタビューでもちょっと明快ではないところでした。でも出来上がったものを見ればデオ２０９はないわけです。

右田　まあ1話は漕ぎ出す方向がみんな違ったんだよね。プロデューサーはあっちに行きたい、ライターはこっち、監督はそっちっていうね。そういう中でも松原監督は寄り添ってくださったなという記憶はあります。さすが松竹出身、木下プロで飯島（敏宏）監督の推薦だなと思いましたね。

「右田くんは怪獣担当だ」

八木　続いて8話「ハロウィンの夜に」が右田さんの脚本ですね。

右田　最初はあの魔女が高齢者の世界から来たっていう設定だったんです。要は高齢者だらけの世界に子どもをさらって奴隷にするということで準備稿までいきそうになっていたんだけど、岡田（寧）監督が「これを見て子どもが年寄りを大事にしようと思いますか？」って（笑）。岡田監督は子ども番組へのこだわりが強くて、「子ども番組というのは子どもが分かって、大人が見ても面白いもの」という持論がありましたからね。

八木　それは確かにおっしゃる通りです（笑）。岡田監督も飯島監督門下ですからその辺ははっきりされていたわけですね。

右田　じゃあなにを取りに来たことにしようかという話になって、確か笈田さんが「夢を奪いに来たっていうのでいいんじゃないですか？」と提案して。それであいう形にしたっていう覚えがあります。

八木　老人の国から魔女が来たっていうと『ミステリーゾーン』（59）風ですけど、夢を奪いに来たっていうのはちょっと『ウルトラ』風ですね。

右田　その後の18話「ゴルザの逆襲」は全然違う話で準備稿までいっていた。サブタイトルも違ったし、地下でゴルザに襲われてスパークレンスを落としたらそれを未来人が届けに来るっていう『12モンキーズ』（95）みたいな話でね。

八木　やっぱり右田さんはSFなんですね。その話は『スター・トレック』風なところもあって面白そうです。

右田　神澤（信一）監督だったけど、脚本にならないと全く意見を言わない人だったからきつかったですね。最初は5日くらいかけて脚本をあげて、全面却下。その次は3日であげて、また全面却下。次は2日で……っていうことが続いてノイローゼみたいになってしまった。ダメダメ攻撃が続いて意識朦朧としていて、地下に怪獣を出したいんだけど現場からは絶対無理って言われている中、「ピーパーが通れるくらいの穴だったら作れる」と監督がおっしゃって、そこにゴルザが逆さまになって頭だけを出しているというイメージが浮かんだときにやっと突破口が開いたんですね。ここから作ればなんとかなるって。それで完成した脚本を「深海からのＳＯＳ」（12話）の特撮現場に持っていったら、「やっと来たな」という感じで読んでもらえました。あの1回だけだったかな、神澤監督が私の書いた脚本でうなずいてくれたのは。

八木　その後が26話「虹の怪獣魔境」ですね。村石監督もおっしゃっていますが、この回は樹海でのロケがとにかく大変でした。それで本編の尺が足りなくて特撮で辻褄を合わせたという経緯があるので、脚本はだいぶ変わってしまったでしょうね。

右田　この段階ではノイローゼ状態が続いていたからきつかったですね。ちなみに当時笈田さんから言われていたのは、「右田くんは怪獣担当だ」ということでした。そのおかげで平成三部作の中では怪獣がソフビ化されている方なのかな？　あと江藤さんがよく言っていたのは、「怪獣ものに美少女を出すのは邪道だ。俺は嫌いだね」ということ。上司がそこまで言っているわけですから、自分の回ではそういうことはやらないように気をつけていましたね。

八木　当然そうなりますよね。

右田　でもゴルドラスの回（36話「時空《とき》をこえた微笑《ほほえみ》」）では打ち合わせの中で女の子を出すことになっていて、まあ出すからにはいい話にしたいなという思いがありました。長谷川（圭一）さんが『ある日どこかで』みたいなストーリーがいいんじゃないかっていうアイデアを出してくれて、それをもとに進めたんですけどね。

八木　ヤズミと少女のいい話でしたね。

右田　割とうまくいったと思いますね。あの辺からやっと復活できたのかな。

植物系の話はやりたかった

八木　そして再び松原監督と組んだ45話「永遠の命」、46話「いざ鎌倉！」になります。

右田　「いざ鎌倉！」はなかなか物語の設定が決まらなくてもう撮影は無理かもしれないというところまでいっちゃって、47話「闇にさようなら」を松原組で撮るような話にもなっていたんです。でも結局は（円谷）一夫さんが諦めなかった。要は江ノ電の車掌っていう設定が撮影的にダメだということだったんだけど、「沿線にある星野寫眞館のカメラマンに変えればいけるよ」ってわざわざ企画室まで言いに来てくれて。もちろんその前に笈田さんとも話はしていたんでしょうけど、「右田くん、もうちょっとがんばれよ」ということで。結局、物語の設定を大きく変更することにとりかかったんですけど、本当にギリギリだなと実感したのは「いざ鎌倉！」の打ち合わせの次の日が「永遠の命」のクランクインだったから。松原監督からは「明日は『永遠の命』の本編を撮るから、その間に『いざ鎌倉！』を決定稿に」って言われてね（笑）。もちろん「永遠の命」の方は出来上がっていたんだけど。

八木　普通はできないことですよね。すごいことです。だから『ティガ』には勢いがあるんでしょうね。

右田　あの回なんかは特に松原監督だから僕もがんばれたという感じはあったよね。

八木　あの2本は撮影を覚えていますけど、現場には特に混乱はなくて淡々と撮影していた記憶があります。そう考えても松原監督はすごいですね。

右田　「いざ鎌倉！」の方はたぶん準備稿で進めていたんだろうけど、それにしてもね。そういえば社長原案だからキャスティングの安藤実さんが、「この星野役は誰がいいかな？」って聞きにきたんですよ。僕は田中邦衛さんがいいんじゃないって言ったんだけど、「年齢的に合わないよね。他にいない？」という話になって。それでガッツ石松さんの名前を挙げたら「いいね、当たってみるよ」って。

45話「永遠の命」

八木　そういうやりとりがあったんですね。安藤さんのキャスティングはバランスがいいですよね。『ティガ』の打ち上げで楽しく飲んだのをよく覚えています。

右田　いい人だったよね。飲みに行くとよく奢ってくれてさ（笑）。

八木　僕はもう1本の「永遠の命」も好きなんですけど、あれはどういう感じで進められたんですか？

右田　小中（千昭）さんのタッチが受けていたので、こういうのもできるよという思いで書いたのが「永遠の命」ですね。でもアイデアに詰まっていて、最後のヌークのセリフなんかは渋谷（浩康）くんに出してもらったりしました。あのとき渋谷くんは『銀河鉄道999』の話をしていてそれがヒントになっています。超古代人はギジェラエキスで永遠の命を手に入れるけど、人間というものにも永遠の命がある。ただ人間の場合は前の人が作ったものを受け継いでいくわけで、それもまた永遠の命だっていう話ですね。その辺が出てきてストーリーが出来上がった気がします。あとは『ウルトラマン』って事件が起きてそれを解決するというパターンがあるんですけど、「永遠の命」だけはそこに逆らおうと思ったんだよね。つまり、なにかをぶっ壊したらみんな正気に戻りましたみたいなことは止めようっていうことで。書いていて思ったんだけど、酒もタバコも止められない人類がそれより強いギジェラを知ってしまったら止められるわけがない。だから禁断症状が出てもおかしくないんだけど、子ども番組だからそんなことは描けない（笑）。まあともかく、洗脳から覚めるみたいな話にはしたくないなっていう気持ちはありました。それから植物系の話はやりたかったんですよね。『ティガ』の最初の方で、ストーリーは全然違うけど植物が暴れる話を書いたんです。小さくて綺麗なお花なんだけど、実は根っこがすごく伸びていて……っていう。変な言い方だけど、裏ではなにをやっているか分からない小悪魔みたいな話を子ども番組でやりたかった（笑）。

八木　面白そうですけど、地中の根っことかは撮影での表現が難しいでしょうね。

右田　それで早々に却下されたけど、根っこに関してはギジェラを燃やすところでやれたかなって思っています。

普遍的な価値みたいなものが『ティガ』にはある

八木　最終2話「暗黒の支配者」「輝けるものたちへ」は小中千昭さん、長谷川圭一さんとの共作になっていますね。

右田　笈田さんからの電話で、最終回は小中さんにやってもらうというのを受けてということですね。でも最初のイメージ稿、初稿だけでも書かせてほしいって言ったんです。それで1日で前後編を書いたんだけど、小中さんが取捨選択してよかったところを引き取ってくれたという形です。アートデッセイに避難する話だけど、サワイ総監がダダをこねる場面を書いたら小中さんがヨシオカ長官に書き換えていましたね。「やるんだったらヨシオカの方じゃないの」って。あとは京本政樹さんが出てくるところとか、他にも細々としたところを採用していただいています。

八木　そういう形で共作されていたのですね。とても興味深いです。今日は駆け足ではありますが担当作を振り返っていただきましたが、あらためて右田さんにとって『ティガ』がどういう作品だったかを教えていただけますか？

右田　プロデューサーは同意しないと思うけど（笑）、時間がなかったのはかえってよかったかもしれないですね。見ている側の感動とか興奮がダイレクトに伝わったまま脚本づくりをできたという面もありましたし、作っている側もどんどんいちファンみたいな感じになっていった。放送しているのといま自分が書いているのがあんまり離れていなかったりして、そういう楽しさはありましたね。あとはキャスト陣も素晴らしかった。だからやっていてどんどんファンになっていくのが自分でも分かりました。まあでも、あの時間のない中でよくあれをやらせてもらえたなっていうのが一番ですかね。

八木　そういう熱みたいなものは『ティガ』にはあふれていますよね。

右田　あとは『ティガ』を見ていなかった世代も新しくファンになっているムーブメントを今も時々感じることがあって、新しいファンがどんどん増えている。だから当時、自分たちが作りながら『ティガ』を見て感じていた熱気みたいなものは、一過性のものではなかったんだといううれしさはあるよね。要は作品のよさというか、普遍的な価値みたいなものが『ティガ』にはあるんじゃないか。そう考えると1回かかわった以上は、一生付いてくるものなのかなっていうのはあります。それはよい意味でも悪い意味でもね。まあ、悪い意味っていうのはそんなにないですけど（笑）。円谷プロに入らなかった人生を考えてみると、そういう作品を自分がよくやらせてもらえたなっていうのがいま思うことですね。

小中千昭

Chiaki Konaka | Writer

みんなが光になれるんだよっていう話で終わりたかった

3話「悪魔の預言」で『ウルトラマンティガ』の深淵なイメージを確立した脚本家の小中千昭氏。その後は重要回をいくつも執筆し、最終3部作までの流れを築いていくことになる。『ダイナ』のメイン監督である小中和哉氏は実弟で、『ティガ』以前の『ウルトラ』企画をお2人で練っていたこともあるという。そんな小中氏に『ティガ』という作品の成り立ちを伺っていくことにしよう。

聞き手＝八木毅

『新ウルトラマン』で考えたこと

八木　千昭さんが『ウルトラマンシリーズ』にかかわられたのは『ウルトラマンG《グレート》』（95）からですか？

小中　『ウルトラマンG』の2年くらい前に『新ウルトラマン』という企画があって、そこからですね。そのころは僕も（小中）和哉もプロとはいっても駆け出しの時期だったけど、満田稭さんに呼ばれたんです。円谷皐社長が新しく『ウルトラマン』をテレビでやりたいということで、若手を集める趣旨で監督は和哉を含めて何人か、ライターも會川昇氏とか僕が呼ばれた。それで僕と和哉で「こういう風にしたい」とまとめた企画書が出来上がったんだけど、その段階で企画が動かなくなったわけ。ああ残念だったなと思っていたところに突然『ウルトラマンG』の話が出てきて、これはオーストラリアとの合作という前提に変わっていたので會川昇氏が基本設定を作っていて、「小中さんはここを書いてね」っていう振り方だったの。

八木　『ウルトラマン80』の7~8年後にすでに新しい『ウルトラマン』をやろうとしていたんですね。

小中　そうそう。『邪願霊』(88)の前だったから僕がディレクターだった時代です。だから異常なんだよね。なんで僕らが呼ばれたのかがよく分からない(笑)。そのときに考えたことは、和哉は『ダイナ』の第1話で多少使っているし、僕は『ガイア』の第1話で使っていたりして実は昇華されている。あのときは全く新しい『ウルトラマン』を作りたいという野心があったんだよね。

八木　そういう前史があったとは知りませんでした。

小中　『ダイナ』だったら光と遭遇するというところ、『ガイア』の要素は光を自分でつかもうとするところ。そういう『新ウルトラマン』で考えたことが分解されてあちこちにハマっている感じですね。

八木　右田(昌万)さんも『ティガ』の前に企画書を書かれていたという話ですからとても興味深いです。

小中　『ガメラ』の脚本もあのころ和哉と書いているんだけど採用にならなかったから、思い通りにいかない、非常にペシミスティックな時期でした。満田さんから電話が来たときはうれしかったけれど、「今度はどうなんだろうなぁ」っていう気分があったんだよね。

八木　企画書を読まれたときはどう思われました?

小中　A4で3~4枚しかなくて、「これだけ?」というのがまず1つ。でもウルトラマンになる設定だけはちゃんと書いてあって、それがあかんと思ったわけです。なんとなくウルトラマンになっちゃうんだねっていうことで。

八木　超古代文明という設定はいかがでした？

小中　ムー的なもので、まあ分かるけど……ということでしたね。しかも第1話でユザレが出てきちゃうから、これはやらざるを得ない。僕が後半がんばったのはその辺をうまくぼかすということだったんですよね。最初はユザレが全部知っているみたいなことを匂わせていたじゃない？　仮にそれが運命だとしても人間の力で変えられるんだよっていう風に展開させる。そのために途中でユザレとイルマ隊長をダブらせているわけです。あれはわざとで、ユザレが言っていることは絶対じゃないんだよ、イルマの強迫観念的なものかもしれないよ、と。そういう解釈もできるようにぼかしたんだよね。でも右田くんが意地を通したなと思ったのは45話「永遠の命」だよね。超古代人がどうしたかっていうのをきっちり書いているからね。だから小説版（『ウルトラマンティガ 輝けるものたちへ』）でもそれは避けて通れないなと思って引き継いだわけです。

打ち合わせの場で話を作った「悪魔の預言」

八木　その辺の設定にあまりノッてらっしゃらなかったとは知りませんでした。では脚本を書かれる前には、満田さんや右田さん、笈田（雅人／プロデューサー）さんとはどんな話をされたのでしょうか？

小中　特になかったよ。ライターが5～6人集められたのかな？　それで1～2枚の案を書けるだけ書いてこいって言われたの。そのときに僕が書いたのは3つあって、他の人は結構ボツになっていたけど僕のはすべて通ったわけ。それで満田さんがいきなり3話に「怪獣を待つ少女」（9話）を選んで、「それはないだろう」っていう話になったのはみんなの知っていることだよね。ちなみにそのときには5話「怪獣が出てきた日」と6話「セカンド・コンタクト」も通っていた。

八木　3話の創作話は伝説になっていて小中さんが1日で新しい話をあげてきたと言われています。この「悪魔の預言」は『ティガ』の豊かさを方向づけた傑作だと思っています。

小中　今となっては松原信吾監督の1～2話は牧歌的で初代『ウルトラマン』らしい作品だったと思うんだけど、当時われわれは「そういうことを今さらやっている場合か！」と思っていたわけ。特撮も拡大縮小をビデオでやっちゃうんだというのもあったし、ちょっと落胆したのは事実だよね。そのときは村石（宏實）監督とはまだ価値観を共有していないんだけど、村石さんは村石さんで「俺がやるんだったらこうだぜ」というのがあったから、反動で3～4話を作ったんだと思う。2番手であるわれわれのそういう反発エネルギーがなければあれはできていないでしょうね。

八木　円谷一組に対する実相寺昭雄組くらいの勢いがあった気がします。

小中　われわれは主流に対するアンチテーゼをやったんだけど、それが主流になってしまったという話だよね。

八木　そこが『ティガ』の傑作たる所以なんじゃないかなと思いますね。

小中　自分が面白いものってどうしてもドラマとしては『ウルトラセブン』っぽくなってしまうわけです。途中でいかんって気づいてなるべく独自なものにしようとあがくんだけど、最初のころは本当に『セブン』っぽいものを作っていたと思う。

八木　確かに「悪魔の預言」は『セブン』的なSFですよね。

小中　それから『ティガ』ではウルトラマンをどう描くかという指標が全くなくて、もちろん企画書にもそんなことは書かれていない。ウルトラマンがどう立ち振る舞うかというひな形はなかったわけです。真地勇志さんという声優さんが入るから「デュエ！」っとか言うわけでそこは『セブン』っぽい。だけどホン（脚本）にはないセリフをティガがしゃべるという場面を村石さんが撮ろうとしているという話になって、笈田さんから夜の9時くらいに東宝ビ

3話「悪魔の預言」

ルトに呼び出されたわけ。キリエル人が煽るのに対して、村石さんはリアクションをさせたかったのね。『七星闘神ガイファード』は確かにそういう感じで仮面劇というのを経験されているから、『ウルトラマン』もそういう方向でって思われたんでしょう。だけど人間と普通にしゃべるウルトラマンというのはそのときの僕には考えられなかった。というのは初代『ウルトラマン』がそうでしたから。それで僕が「ウルトラマンはペラペラしゃべらないんだ」って熱弁したのを支持してくれたのが（円谷）昌弘（監督補）さんで本当に恩義を感じています。それで村石さんは考えをちょっとあらためてくれたわけです。そのときにすごくぶつかったから、村石さんも「よーし、じゃあホン以上のものにしてやる」ということでパワーを注いだからあれができたんですよね。

八木　素晴らしいですよね。

小中　そういうけど、こっちはケンカしたくてしているわけじゃないから。本当に神経をすり減らす日々でしたよ。

八木　村石さんとの出会いはそうだったかもしれませんが、キリエル人《ビト》というバルタン星人でもなんでもない人が『ティガ』にとっては重要だったんじゃないかなと思います。

小中　「怪獣を待つ少女」じゃなければどういうものがいいのかを考えたときに、「勧進帳」じゃないけどその場で「こうだよね」っていう話を作ったのは「侵略者を撃て」（『ウルトラマン』）、つまりバルタン星人なんですよ。でもバルタン星人みたいに何回も出したいっていう意味ではなくて、ティガと匹敵する体格で同じようなアクションをできる敵を出そうと。ただ宇宙人っていうのが嫌だったわけ。『悪魔くん』にヤモリビトっていうのが出てくるんだけど、「◎◎人」っていうのはおぞましい感じがするのでキリエル人っていう風にしたんです。

八木　「勧進帳」ということは打ち合わせの席で即興で提案されたわけですね。

小中　だいたいのラフプロットはそのときに作っちゃいましたね。あたかもあるような顔をして（笑）。そうしたら丸谷（嘉彦／企画）さんに「それならいいと思うけどどれくらいで書けるんだ?」と疑われたので、じゃあ書いてやるって2日くらいで書いたわけ。そのときにはまだイルマ隊長の設定とかはあんまりできていなくて、かなり捏造したような気がしますね。

心を入れ替えて書いた「GUTSよ宙《そら》へ」

八木　その後すぐに「怪獣が出てきた日」ですが、これはムナカタの話になっていますね。

小中　スケジュールの都合でダイゴをあまり出せないから、隊員に焦点を当てましょうということでした。これははっきりそうしろと言われていたわけではないけど、笈田さんの言葉を敷衍するとそういうことなのねって。GUTSのメンバーにはいいメンツがそろっていたから成立したけど、みんなイケメンとかだったらどうなっていたんだろうって思います。それでレナの話は宮沢（秀則）さんが書いたし（7話「地球に降りてきた男」）、ホリイは「セカンド・コンタクト」だしっていう感じですね。

八木　ムナカタがずっとミルクを飲んでいるのは千昭さんの設定ですよね。

小中　あれは飲めないからっていうよりは、いつ招集がかかってもいいようにっていうプロフェッショナリズムという趣旨で書いたんだけど川崎郷太監督からすると「なにかっこつけてんだ」っていう話になったんだろうね（笑）。

八木　「怪獣が出てきた日」は小野田のモノローグで終わっていたんですけど、それも変更されています。そしてラストシーンはコケるのとコケないのの2パターンを撮影して前者が採用されました。

小中　そこは最初から異議は唱えていないですよ。全然あれでいいと思っています。

八木　とても洒落ていて、千昭さんの脚本を咀嚼するとああいうことになるのかなと思って見ていました。

小中　後で金子修介監督にも『ウルトラQ　dark fantasy』で言われたんですけど、悪いクセというか、僕は結構ガチガチに作り込んじゃうんだよね。だからうかつに1箇所変えるとピースがはまらなくなる。しょうがないからそのまま撮るしかないみたいな（笑）。だから川崎監督からしたら自由度が低かったんじゃないかな。

八木　ちょっと変えると全体の構成にかかわるからうかつに変えられないわけですね。

小中　いろいろなものをモンタージュして、バラバラだったピースが最終的にはまる絵図を描くのがシナリオだから、ある意味ではそうあるべきなんだよね。でもシリーズものは監督との組み合わせとか、誰が主人公として立つかとか、コメディなのかシリアスなのかとか、バリエーションの勝負でもあったりするからそういうシナリオがいいかどうかはケースバイケースですね。

八木　「怪獣が出てきた日」は「悪魔の預言」とはまた違った意味で新しい感じがしました。

小中　「悪魔の預言」とは別種のロジックで作っていて、あれはスカイドン（『ウルトラマン』「空の贈り物」）のパロディとまではいかないけど下敷きにしたわけですよ。次々と作戦として手を打つことでGUTSの有能さを見せたいという趣旨で書いた話だからね。

八木　そして9話になった「怪獣を待つ少女」から少し間が空いて19～20話「GUTSよ宙《そら》へ・前後編」ですね。

小中　僕は3つ出したプロットが全部採用になったし、しばらくは他の人にも発注しているからということでぼーっとしていたわけ。そうしたら笈田さんから「アートデッセイ号を出す前後編があるのでプロットコンペにアイデアを出してください」って言われて。「今さらコンペかよ！」と思ったんだけど、そのときにとんでもない話を書いたんだよね。どういう内容だったかは覚えていないんだけど（笑）。それで笈田さんから「小中さん、もっと真面目にやってください」って言われて、心を入れ替えて書いたのが「GUTSよ宙《そら》へ」だったの。

八木　心を入れ替える前のも読んでみたいですね（笑）。

小中　もうどこにもないけど、「どうせ俺のは通らないだろう」と思って無茶苦茶なことを書いたと思う。でも実は笈田さんは僕に期待していたんだというのをそのときに初めて知るわけです。なにしろ「GUTSよ宙《そら》へ」の発注の前までは相談っていうのは全くなかったわけだから。

八木　村石監督はこの回は江戸川乱歩の『青銅の魔人』や『電人M』のイメージだったとおっしゃっています。

小中　特定の作品ということではないけどその辺の乱歩ものですね。中身がガランドウでこれは一体……っていうのがいかにも少年探偵団っぽいよねっていうのを面白がっていたわけです。これも恥ずかしい話ですけど、中間ポイントでの前後編となれば誰でも「ウルトラ警備隊西へ」（『ウルトラセブン』）を規範とするわけですよ。だからそういう発注は全然なかったけど、これはもうロボットだろうということで決め打ちしました。でもペダン星人のロボットとかは嫌だったので、機械そのものが自律的に動いている機械生命体という設定に変えています。しかも西ではなく宇宙へ行こう。ただ「GUTSよ宇宙へ」だと語呂が悪いから宙《そら》へとした。だから工夫はしていますけど、上からのしかかってくるロボットのストップモーションというのはマストだったんです。

八木　作品的には「ウルトラ警備隊西へ」はスパイものの雰囲気ですからだいぶ違いますよね。

小中　むしろ本編は「侵略する死者たち」（『ウルトラセブン』）です。ウルトラ警備隊が人を拾ってくると死体だった、それがいっぱい歩き回るという設定ですね。

八木　最初の丸の内のシーンは未来的な感じもあって素晴らしいです。

小中　『ティガ』では設定がなにもなかったから、3話で勝手に「K1地区」みたいなセブン的なワードを使っちゃったわけ。だから丸の内で撮ろうがどこで撮ろうがアルファベットと数字の組み合わせが地区名になるんだよね。それで成立するよねってしてしまったわけですけど。

元祖に対して作品内で言及するのは当然のこと

八木　キリエル人が『ティガ』の1つの始まりだとすると、25話「悪魔の審判」はターニングポイントになったんじゃないかなと思います。

小中　ターニングポイントという意識はないけど、イルマのドラマを深めたかったというのが僕の意図ではあったかな。ウルトラマンティガという存在をガッツリ受け入れるというのをドラマチックに見せたかったんだよね。

八木　「これ終わったらデートしよう」というレナのセリフも素晴らしいですよね。

小中　ダイゴとレナがどうなるかなんていうのは企画書には当然書いていないわけですよ。だけど第1話からタンデムで2人で乗っているから、ドラマとしては進めるのが当然でしょうって勝手に思ってはいた。これは相談をしていたわけでもなんでもないけど。それで「これ終わったらデートしよう」というセリフを書いて、ミラー越しに明らかにダイゴが変身したのが分かる撮り方を村石さんもしたわけですよね。

八木　あそこは1カットでやられていますからすごいですよね。ダイゴがフレームアウトした後に光っていますからイルマも分かっていますよね。

小中　間違いなく分かっているよ。だから『セブン』みたいに最終回で身バレをするのではなくて、もう少し前に分からせたいと思っていたんだよね。44話「影を継ぐもの」ではマサキ・ケイゴの話を作ったけど、僕はダイゴをウルトラマンだと認識している存在を早めに出したかった。なぜならその後を描きたかったから。

八木　マサキ・ケイゴというキャラクターは今まであまり出てこないタイプでした。

小中　ダイゴはユザレたちの遺伝子を継いでいるからウルトラマンだという設定がすごく嫌だったの。だからその遺伝子は今の人類はみんな持っている、アクセスできる。マサキは知識があるからそれを具現化したっていう風にしたんだけど、これも第1話ひっくり返し作戦の1つだったわけ。なんの勝算もなかったけど僕はダイゴとレナをくっつけようとしていたし（笑）、そうやって第1話の設定をひっくり返してクトゥルーの方に話を勝手にシフトしちゃったんですよね。

八木　小中さんはひっくり返すとおっしゃいますが、第1話からの流れでいい形に終わって傑作になったのが『ティガ』だと僕は思うんです。

小中　確かにいきなり尖ったものから始まったらこうはなっていないよね。ああいうスローなペースから入ったから、テンションを高める終わり方をするというのでいい形になった。でもそれは結果論であって僕らは必死だったわけですよ。牧歌的なまま終わってしまったらなんの爪跡も残せなかったということになってしまうから、それを一番恐れたわけです。そういう意味では最終話を抜けば「影を継ぐもの」が自分の中では大きかったかな。熊本ロケに行くイベント回でそれだけの重みをお話にもちゃんと作りたいよねっていうのがありましたしね。

八木　千昭さんの脚本ってとてもクールなんですけど、あの回のダイゴは熱いですよね。

小中　熱いよね。1~2話を見る限りアクシデンタルにティガになってしまったわけだけど、どんどんその責任が重くのしかかってきたときに普通の人間だったら鬱になったりするじゃない？　でもダイゴはそういう描き方をされていない。割と現代的な感じで、ある意味では黒部さんのハヤタ隊員に近い……つまりちょっと浮世離れしているんだよね（笑）。だけど終盤になるにしたがってもっと人間味を出さないと共感を得られないんじゃないかと思い始めて、そういう意味でいろいろひどい目に遭わせてしまったわけです。

八木　ひどい目にも遭ったし熱く反応していました。

小中　あとはマサキという自分のネガティブを見たことによって、やっぱりこれは正しく使わないといけない力なんだという自覚をしてほしかったということですね。

八木　そして50話「もっと高く！～Take Me Higher!～」の直前が49話「ウルトラの星」ですがこれも絶妙なバランスですよね。笈田さんはあれをここでやっていいのか悩んでいたそうですけど、千昭さんに相談したら「絶対にやるべきだ！」って背中を押されたそうですね。

小中　みんな『ウルトラマン』は知っているよねっていう前提で作っているわけだから、元祖に対して作品内で言及するというのは僕からしたら当然のことなわけ。あれはあった方がよかったよ。やっぱりこれはメタウルトラマンなんですよ。それがティガと握手をするところで元に戻るわけだけど、小説版でもこれは結構ネチネチ書かせてもらいました。上原（正三／脚本）さんにもお手紙を書きましたし。

賛否両論の最終回へ

八木　ダイゴとレナの関係は最終3部作で描かれていくわけですけれど、「もっと高く！」のレナはちょっと女性らしさが出ていましたね。

小中　あそこでギアをいきなり変えたから、ちょっといろいろ波紋があったんだよね。でもあのコックピットのセットで気持ちを入れて芝居をしろっていうのは結構無理がある（笑）。吉本さんは本当によくやってくれたなと思います。

八木　「いま私は後ろが見えないから」っていうシチュエーションは素晴らしいですよね。あそことラストシーンは気持ちを入れるために原田（昌樹）監督がすごく気を遣って演出されていたのを覚えています。ラストシーンは浦安の草原で撮っていますがスタッフはみんな離れていて、カチンコを持った僕と監督だけがそばにいました。だから本当に2人だけっていうシチュエーションで撮っているんです。

小中　表情とか今にも抱きつきそうな気配とか、あそこまで盛り上げるにはそれは正しい演出だったと思う。でも近寄ろうとしたところでピピってPDIが鳴っちゃうわけだけど。

八木　ヘルメットを落とすか落とさないかも現場で結構検討していたんです。原田監督としては結構明快なところまで踏み込みたかったんですよね。もちろんホンより先には踏み込まないとは思いますが、気持ちを思い切り表現するところまでいくかどうかということですよね。

小中　あれを書いている時点で最終話までできていたから踏み込んでもらってもよかったんだけど。でも予告編で「私、ダイゴがティガだって知っている」というセリフが流れて、笈田さんには激怒の電話をかけました（笑）。「小中さん、でも本編には入ってないそうです」と言われて「ああそう、ならいいよ」って返したけど。本当はよくないんだよ（笑）。

八木　あれには本当にびっくりしましたね。しかし最終3部作は素晴らしい出来上がりで、誰でも光になれるという新しい設定が活きています。今泉（吉孝／助監督）さんのニュースキャスターが「それでは皆さんさようなら」って言った後に「僕もティガになれる」って子どもたちが盛り上がるわけじゃないですか。

小中　ダイゴが特別なわけではなくみんなが光になれるんだよっていう話で終わりたかったんだよね。それは視聴者も含めて誰でもヒーローになれる、ウルトラマンになるのは難しいかもしれないけどヒーローにはなれるよというメッセージを子どもに伝えたかったということですね。

八木　尖ったところもありつつ子どもの目線を外していないのが素晴らしいと思います。

小中　ただ僕ら世代のファンからはそこが嫌われたところでもあって、最終回は賛否両論がありました。なんで子どもたちがウルトラマンを助けるような話になるんだ、あのまま作戦が成功してウルトラマンがいなくなってもよかったんじゃないかっていう意見もあったんですね。だけど僕は心を入れ替えたわけです。最初は自分が面白いものをっていうことで作っていたけど、熊本のウルトラマンランドに行ったりすると「ああ、今『ウルトラマン』を本気で見ているのは子どもだよね」という実感があって。だから子どものための『ウルトラマン』として終わらないといけないんだなと思ったわけだけど、これは本当に終わりの方ですよね。後々の時代までちゃんと見てもらう円谷プロダクションの資産であると考えたときに、やっぱり子どもたちのことを考えないと絶対にダメだと。それで子ども代表としてトモキを出しておいてよかったなって思ったわけですよ。

八木　「ティガ！」って最初に叫ぶのが彼ですからね。素晴らしいと思います。

小中　自分が子どもだったときも『セブン』の終わりでダンを助ける少年はよかったんだけど、『ウルトラマン』のホシノ少年はうざいとか思っていたんだよね（笑）。でも当時の円谷プロの人たちも子ども目線というのを考えてあいうことを描いたのかなって、後では思い直したりしました。

不思議なものが空中に「いていい」ではなく「いてほしい」

八木　演出陣で印象に残っているのはやはり村石監督でしょうか？

小中　そうですね。価値観を共有してからは「村石監督ならこれを撮ってくれるだろう」っていう絶対の安心感で書いていたんです。ニュアンスが大事ですよってところをちゃんと読み取ってくれる方でしたからね。あと「ＧＵＴＳ

よ宇宙《そら》へ」で機械島の表面をどうしましょうって村石監督に相談したら、「そんなのはね、荒崎で撮ればいいんだよ」ってすごく明快に答えられて。それで「ああ、この監督にはなにを書いてもいいんだ」と安心させてくれたんですよね。もしかしたらビルトにセットを組まないといけないとか、そんな金がかかるのはダメだとか言われたらどうしようってビクビクしていたんだけど。

八木　荒崎はナイターでしたけど、『2001年宇宙の旅』と一緒で一方向のライトで影を出して撮っていますね。そして穴だけビルトで作ってロケマッチでやっているんです。

小中　そりゃ自然にあんな穴はないもんね。ご面倒をおかけしました（笑）。

八木　『ティガ』では美術部もマジでしたからそういうのをすぐ作ってくれた。あの穴を合成でやったらつまらないんですけど、ちゃんとやっているところが『ティガ』のいいところですね。

小中　原田さんとはある意味ではバチバチな関係になってしまったんですけど、でも「もっと高く！」という素晴らしい作品を残してもらえたわけですからそれでいい。あとは松原さんも「もう1本小中ちゃんと組みたかった」って言ってくれたんです。実は「怪獣を待つ少女」ではちょっとバトルがあったんですよ。「なんでそうなるの？」っていう理屈をすごく追求されたんですけど、ファンタジーだから理詰めにしてもしょうがないと思ってすごく抵抗したんです。それで割と折衷的な感じで撮られましたけど、後でそう言ってくれたので「ああ、よかったんだな」って思って安心しましたね。

八木　川崎監督はいかがでした？

小中　ガゾート（「セカンド・コンタクト」）ももめたと言えばもめたんだよね。僕はクリッターが野放しで帰っていくという終わり方で全然ＯＫだったのにそれは気持ちが悪いって。その後も彼は「クリッター殲滅作戦」とかを勝手にやりだすわけだけど、僕は怪獣はリアルに存在してほしいわけです。不思議なものが空中に「いていい」ではなく「いてほしい」側ですから。だけど彼は潔癖症なのかそういうことを許せない。だからあれは哲学の違いというのを思い切り突きつけた踏み絵みたいなシナリオだったのかもしれない。でも彼はそれで「うたかたの…」（28話）という傑作を撮るわけですからいいんです。クリッターは地球に愛想を尽かしてどこかに行っちゃうんだけど、彼なりにけじめをつけたということですよね。

八木　そうやって皆さんが真剣に作品に向き合った結果が『ティガ』という作品になったんですね。では最後に小中さんにとっての『ティガ』とはどういうものかを教えてください。

小中　僕が燃え尽き症候群になるくらい打ち込んだ最初の作品ではありますね。『ガイア』は最初から覚悟してやったけど、『ティガ』は徐々にという感じでしたし。だから自分を成長させてくれた作品だったと思う。まあどれくらい影響力を残せたかは分からないし、これは自分で評価することではないと思っているのでそういう総括はできないけど。ただそれ以降、ウルフェス（イベント「ウルトラマンフェスティバル」）なんかでは「ウルトラマンに光をあげよう」っていう演出が常態化していて、ウルトラマンを応援するという形を残せたのはいい影響かもしれないですね。

太田愛

Ai Ota | Writer

クリエイターにとって自由にのびのびと創作ができた幸福な場所

「出番だデバン！」でデビューを果たし、「オビコを見た！」「ゼルダポイントの攻防」「宇宙からの友」という特徴的な回を執筆した太田愛氏は、『ウルトラマンティガ』のバラエティの豊かさを担った脚本家の1人だといえるだろう。そして『ティガ』以降は『ダイナ』『ガイア』でも活躍、現在では小説家という顔も持つ。そんな太田氏の発想の源泉はいったいどこにあるのか？ 氏が愛する小説や映像作品のことも含めて詳しく伺うことができた。

聞き手＝八木毅

「ノンマルトの使者」は問答無用で全部素晴らしい

八木　太田さんはもともと演劇をされていたということですが、まずはその辺のお話から伺えますか？

太田　1つには自分が大学進学で東京に出てきたころはまだ天井桟敷、状況劇場もありましたし、劇団第七病棟も活発に活動していた時期なんですね。劇作家では清水邦夫さん、別役実さんがどんどん新作を発表されていましたし、演出でも蜷川幸雄さんが活躍されていた。そういう先鋭的で刺激的な演劇を上京して初めて目にして「ああ、すごい」って率直に思って、劇的な時空間に足を踏み入れてみたいという気持ちになった。それともう1つは、東京に出てくるまでは長いあいだ1人で小説を書いていたので、人と一緒になにかを作るということをしてみたいなと思ったということもあります。あとはセリフだけ、語りだけで構成される物語世界を一度作ってみたいという気持ちもありました。大きくはその3つだったかなって思います。

八木　演劇をやられる前にもともとは小説を書かれていたんですね。

太田　地方にいて1人でなにか創作するというとやっぱり小説を書くということが一番やりやすい、身近なことなんですね。だから物心がついたときからお話を書いていて、自分が文学を読み始めるとだんだん書くものも変わってきたり。高校では文芸部の部誌に発表するという感じで、18歳のころまでずっとそういうことをしていました。

八木　作品の傾向としてはどういうものだったのですか?

太田　〈物語〉という感じの短編が多かったです。

八木　そうだったんですね。ちなみに『ウルトラマンシリーズ』はご覧になっていましたか?

太田　夕方の再放送でほとんど見ていると思います。あとは『怪奇大作戦』とか『恐怖劇場アンバランス』(73)とかも再放送で見ていましたけど、これは以前、ムック本にエッセイを書いたので今日は省きますね。『ウルトラ』に限っていうと『セブン』が強く印象に残っていて、まずは上原正三先生の「あなたはだぁれ?」ですね。出演は三條美紀さんと小林昭二さんだったと思いますが、トラウマになるくらいよく覚えていますね。

八木　家に帰ったら「知らない」って言われるやつですよね。

太田　そうそう。多摩センターにあるような団地が沈んで下から別のが出てくるというものでした。子どものころって大人がふと違う人に見えるときがあるじゃないですか?　教師や親類が不意に全く違う側面を見せたりするようなとき。その怖さが「あなたはだぁれ?」にはありますね。すっと違う世界に入ってしまって誰も自分の言うことを信じてくれない。そんな恐怖の原体験みたいなものがありました。それから「第四惑星の悪夢」、ロボットに支配されたディストピアですがこれも上原先生ですよね。あのディストピア感は悪夢のように鮮烈に覚えています。そして「盗まれたウルトラ・アイ」ですが、これは市川森一先生の脚本ですね。子ども番組なのにスナックで踊り狂う人がいたりして、今ならこのプロットは通るだろうかっていう（笑）。でも切ない話で「迎えはまだか？」というセリフが繰り返される。少女の孤独が胸に迫るお話です。あと忘れられないのは「ノンマルトの使者」ですね。思い返すとこの4本が『ウルトラマンシリーズ』で記憶に残る作品ですが、『セブン』に偏ってしまいました（笑）。

八木　「ノンマルトの使者」はどの辺がポイントでしょうか？

太田　「ノンマルトの使者」は問答無用で全部素晴らしいですね。

『12モンキーズ』と『アマルコルド』はオールタイムベスト

八木　『ウルトラ』はファンタジー色やSF色が強いわけですけど、そういったジャンルで太田さんが好きな作品も教えていただけますか？

太田　作り手としても鑑賞する側としてもあまりジャンルは意識していないんです。例えば映画の予告を見て「あ、面白そう」と思ったら、それがSFなのか時代劇なのかは気にしない。そういうタイプなんです。だけど本屋さんやレンタルビデオ屋さんに行ったら分けられているジャンルということで考えると、SF小説ではアーシュラ・K・ル＝グウィンの『所有せざる人々』『闇の左手』なんかはすごく好きでしたね。『内海の漁師』も面白かったです。あとはフィリップ・K・ディックの『ユービック』、マーガレット・アトウッドの『侍女の物語』。その辺りが記憶に刻まれている小説ですね。映像でいうと『アンドロメダ…』（71）と『華氏４５１』（66）は絶対に外せない。それから『ガタカ』(97)は結構好きなんです。撮影も音楽も美術も俳優も、すべてが哀切で繊細で。あとは『12モンキーズ』(95)。私の最初の小説『犯罪者』はこの映画のことを思い出している主人公から始まるんです。でも発表当時は誰も「あの映画はなんですか?」って聞いてくれなくて(笑)。フィクションの中で語られている映画ということで、実在する映画だとは誰も思わなかったみたいなんですよね。

八木　『華氏451』はトリュフォーの撮影日記がすごく美しくて、撮影当日の朝に雪が降ってきたので脚本を書き直したらしいですね。

太田　あの雪はちょっと忘れられない雪ですね。あれと『フェリーニのアマルコルド』(73)の雪は忘れられない。『12モンキーズ』と『アマルコルド』は確かオールタイムベストにも入れていたと思います。あとはファンタジーのジャンルでいうと、自分にとってファンタジーってなんだろうって考えたら、一番好きなラテンアメリカ文学が近いところなのかな、と。ガルシア・マルケス、ホルヘ・ルイス・ボルヘス、ホセ・ドノソ、それからフリオ・コルタサルの短編ですね。コルタサルはすごく切れ味がよくて何度も読んでしまうんですけど、何度読んでも新しい。

八木　僕も大好きです。

太田　長編も面白いんですけど短編の切れ味、発想ですよね。純度の高い短編がお薦めです。映画では『ベンジャミン・バトン 数奇な人生』(08)、『バンデットQ』(81)や『ロスト・チルドレン』(95)。どれも柔らかで強靭な想像力が弾けていて、観ていてうれしくなります。それから自分にとってはシルク・ドゥ・ソレイユのサーカスもファンタジーかなと思っていて、中でも『キダム』(96)なんて本当に良質な幻想という感じがしましたね。オープニングは『ツイン・ピークス』(90-91)に出てくるようなアメリカの典型的な中流家庭のリビングルームなんですけど、それが人も家具もそのままに中空に上がっていく。DVDにもなっているのでぜひ見ていただきたいですね。

幻のデビュー作

八木　太田さんのバックボーンをまずはお伺いしましたが、そういった世界観が『ティガ』の裏側に広がっていると思うととても興味深いですね。さて、『ティガ』のとき僕はサード助監督でホン作りの過程を知らないので、今日はそういった話も伺っていきたいと思います。企画書や設定なんかを読まれたのはいつごろでしたか？

太田　これは調べたんですけど、96年の9月に最初のプロットを提出しているんですね。すでにオンエアが始まっていたので、企画書だけをいただいたのではなく、初めて円谷プロに伺ったときにはシナリオも確か10話くらいまで決定稿が積み上がっているような状態でした。ですから企画書とシナリオの両方を読むところから始まりました。『ティガ』の神話的な枠組みというのが昔の『ウルトラマン』にはなかったもので、子どものときに見たものとは違う、全く新しい物語が始まるんだなっていう斬新な感じがしたのを覚えています。

八木　実際に映像をご覧になっての感想はいかがでした？

太田　びっくりしましたね。子どものころに見ていたものよりも格段に未来的で透明度が高い感じがしました。昔の『ウルトラマンシリーズ』は隊員の中におじさん的な役割の人がいたりして生活感も感じられたんですけど、『ティガ』は硬質な印象で。その種の生活感が排除された物語世界観に、新しい時代の手ざわりを感じました。

八木　そういう硬質な世界観に登場するキャラクターはいかがでした？

太田　私がプロットを書き始めたときにはオンエアも始まっていましたし、脚本もいくつもできていたからとにかく右田（昌万）さん、小中（千昭）さんや武上（純希）さん、川上（英幸）さんが作ってこられたキャラクターを壊さないように気をつけてというのを考えました。優しい青年という感じのダイゴくん、女性隊長のイルマ、そういう昭和の『ウルトラマン』にはなかったキャラクター性をとにかく大事にしていくよう心がけながら書いていきました。

個人的にはホリイ隊員が関西弁だったので会話にアクセントをつけやすかったですね。バンと前に出てくるときは関西弁で行ってみよう、とか。ホリイ隊員とシンジョウ隊員のコンビの掛け合いも、関西弁の妙も含めて楽しんで書かせていただいたのを記憶しています。

八木　あの2人の掛け合いは本当に楽しかったですね。では最初に書かれた作品から伺っていきますが、21話「出番だデバン！」がデビュー作ということですよね。

太田　「出番だデバン！」については結構いろいろなところで話しているので、今日はどこでもまだお話ししていないことを探してみました。実は最初にプロットを2本出していてその2本のうちの1本が「出番だデバン！」で、もう1本が「風の来る夜」というプロットだったんです。笈田（雅人／プロデューサー）さんは「両方ともやりたいです」とおっしゃってくださったんですけど、とりあえずは「出番だデバン！」からということで書いたんです。「風の来る夜」の方は実際に映像化することを考えると、風でしかも夜ですから特撮がむちゃくちゃ大変な話だったんです。ＴＤＧでは毎回出していたプロットだと思うんですけど、それがあってなかなか採用されませんでした。そしてこれは八木さんがメイン監督を務めた『ウルトラＱ　ｄａｒｋ　ｆａｎｔａｓｙ』（04）で実現したんです。骨格を大きく変えましたが、「夢見る石」がそれです。『ティガ』のときのプロットではどう書いていたかというと、「予兆のように街に風が吹き荒れ、クライマックスには真夜中の大温室の屋根が開いて巨大植物が姿を現し、風に乗せてくちばし型の花から世界中に綿毛のような種子を拡散しようとする」というものでしたね。

八木　素晴らしいですね。

太田　でも、じゃあどうやって撮るのかっていうとちょっと泣きそうな感じですよね（笑）。

八木　これは特撮でやるべきでしょう。

27話「オビコを見た！」

太田　最後は「火柱を上げる巨大植物」ってなっているんですけど、中に人が入っていたら一大事です（笑）。そういうわけで「これはちょっと無理だよね」ということで全然違う話にしています。子ども目線で描くというところだけは変えなかったんですけど、街に異変が起きているのを子どもたちだけが気づくっていうちょっとブラッドベリみたいな感じの話にしたんですよね。だからデビューのときに出したプロット2本のうちの1本は、『ウルトラＱ ｄａｒｋ ｆａｎｔａｓｙ』でようやく実現されました。

「オビコを見た！」での最長打ち合わせ記録

八木　『ウルトラＱ ｄａｒｋ ｆａｎｔａｓｙ』では僕も太田さんの脚本で撮りたかったんですけど縁がなくて、やっとご一緒できたのは『ウルトラマンネクサス』（04-05）でしたね。

太田　そうでしたね。八木さんには本当に助けていただきました。なんにも説明しなくても、「あ、こういう雰囲気が欲しかった」というのがそのまま画になって返ってくる。説明責任を果たさないで済みました（笑）。だから書くことだけに集中できて後は全部おまかせするっていう感じでした。

八木　Episode.30「監視者―ウォッチャー―」とEpisode.31「鳥―バード―」の2本は素敵な話で大好きでしたね。

太田　私もあれは大好きでよく見返す作品の1つです。あの2人（憐と吉良沢）にすごく透明感があって。憐が海から戻ってきた場面で、カメラが引くと2人が小さく映っている。あそこは何回見ても好きですね。と、『ネクサス』の話だったらいくらでも八木さんとできるんですけど（笑）、次が「オビコを見た！」（27話）ですよね。「オビコ」では初めて川崎（郷太）監督と組むわけですけど強烈でしたね。そのころ私はアルバイトで子どもに教えていたんですけど、13時から始めた打ち合わせが授業開始の17時になっても終わらないんです。「授業は何時に終わるんだ？」って聞かれて「22時くらいです」って答えると、駅前の交番のところで川崎監督が腕組みをして待っていらして（笑）。それで居酒屋みたいなところの暖簾をくぐって、朝まで2人で烏龍茶だけを飲みながら打ち合わせ。お風呂屋さんみたいに下駄箱がある居酒屋に行ったのは、あのときが初めてでした。で、気がついたらもう外は明るいし始発が動いている。でも打ち合わせはまだ終わっていない。

八木　それはいろいろな意味ですごいですね。

太田　それで「いま話したところまで考えてみて」って言われて家に帰って直したり足したりしたら、昼からまた打ち合わせ。それでちょっと待てよって。私は夕方からまた授業があるから、これはいつ寝るんだって（笑）。川崎監督はいいんですよ、始発で帰って寝ているわけですから。でもこっちはリライトしているわけですから、打ち合わせ↓授業↓打ち合わせ↓リライトというサイクルから永久に逃れられない。これはバイトを辞めないと死ぬって思いました。過労死という言葉は当時まだありませんでしたけど、授業で黒板に英文を書きながらなにかうわ言をしゃべっていたらしいんです。「緑の馬車が」とか言ったらしいんですけど（笑）。それで生徒が心配して「先生、今日はタクシーで帰った方がいいよ」って言ってくれるくらいでしたから。あのときの最長打ち合わせ記録は、その後もかなり長く破られませんでした。後に『相棒』で破られるまでずっと川崎監督が最長でしたね。

八木　そんなご苦労があったのは知りませんでした。でも素晴らしい作品にはなりました。

太田　そうですね。赤星（昇一郎）さんの活躍についてはあちこちでお話ししていますが、何度見ても自分で書いたのに泣いてしまう。胸に迫る作品にしていただいたなって思います。

八木　平山城址辺りで撮っているんですけどのんびりした場所で、撮影自体は大変ではありましたが、楽しい川崎組でした。そののびのび感が赤星さんにも影響したのかもしれません。

太田　最初の楽しいパートがあって、後半はずっとドライブがかかっていくところの緩急が川崎監督は素晴らしかったですね。あがったのを見て「がんばってよかった」と思いました。

開米プロダクションがすごく近所だった

八木　そして32話「ゼルダポイントの攻防」ですね。

太田　これは寺田農さんが演じてくださってうれしかったですね。ですから最初は博士を中心にしたお話にしようと思っていたんですけど、北浦（嗣巳）監督が少女のお話にしたいとおっしゃって、ちょっと軌道修正していったという回です。エンディングは、鳥になったシーラの背中に少女を乗せて飛ぶというのをやりたいと監督がおっしゃっていて。初稿ではティガが光の航跡を描いて飛んで光のトンネルみたいなものを作り、その中を通ってシーラが遠ざかっていくというイメージだったんですけど、少し変えていったと記憶しています。出来上がった映像を見てびっくりしたんですけど、高野宏一（監修）さんがカメオ出演してくださっているんですよね。

八木　それは知らなかったです。

太田　講堂の会議のシーンですね。それを見つけて「ああ、高野さんだ！」って（笑）。割と大きめに映っていたのでうれしくってテレビを指差しちゃいました。しかもそこを何回も見たりして。

八木　高野さんがカメオ出演されるのは珍しいですね。

太田　次が「宇宙からの友」（41話）ですか。これはある種のマインドコントロールで思考が1つになる、巨大な1つの脳になるっていうようなお話でした。そうなれば価値観の対立もなくなって苦悩も葛藤もないわけですけど、そういう個が融解したような、危険で陶然とした状態になっていくのに抗うということですね。ただテーマ的にすごく大きかったので尺に収めるのに苦労しました。それで抗う隊員と友情の話にまとめていったんですよね。当時のことで印象に残っているのは、着ぐるみを造形してくださっていた開米プロダクションさんがすごく近所だったんですね。もう自転車で行き来できる距離で。だから「愛ちゃんの怪獣できたよ！」っていう電話をいただいて、自転車をこいでは見に行っていたんです。それで怪獣がテレビデビューする前に撮ってもらった写真も結構あったりして。

八木　それは貴重ですね。

太田　開米プロでシーラと並んで撮ったり、イザクとも一緒に撮ったりしましたし。一番思い出深いのは着ぐるみを制作する前にプロトタイプを作るらしいんですね。

八木　ひな形ですね。

太田　そうそう。それでデバンのひな形は記念にくださったんですよ。「色が落ちたらいつでもいらっしゃい。塗り直してあげるから」って言ってプレゼントしてくださって。しかも「食えなくてどうしようもなくなったらこれを売りなさい」って（笑）。皆さん、私の生活まで心配してくださって本当にありがたかったですね。もちろん大事なものとしてずっと記念にとってありますけど。

八木　いいですね。デバンも太田さんのところにいるのが一番幸せでしょう。

太田　確か『ガイア』がオンエアしている時間にもたまたま怪獣を見に行ったことがあって、そのときは作っていらっしゃる皆さんも集まってご覧になっていて。たぶんアルゴナが出現したファーストショットでクルマのフロントガラスに映り込むというシーンがあったんです。そうしたら皆さんが「うまい！」って。白熱して見ていたのはよく覚えています。でもデビューしたシリーズで初めて怪獣を書いて、その怪獣を見に行ったというのは感慨深いですね。

八木　それは得難い体験ですし、みんな集まって『ウルトラマン』を見るというのもいいものですね。

『ティガ』でデビューできたのはとても幸運なこと

八木　ではあらためて『ティガ』を振り返ってみていかがでしょうか？

太田　『ティガ』は途中からの参加で末席に加えていただいたという感じなので、総括するような立場にはないんですけど。個人的にはこの作品でデビューできて本当にすごくよかったなっていうのは思いますね。その後に脚本家としていろいろなところで仕事をしてから気づいたことなんですけど、新人の脚本家であっても、1人のクリエイターとして意見を尊重してくださっていた。そういう現場はそれほど多くはないと思うんですね。円谷プロはそういう数少ない場所の1つだったんじゃないかなって。でもそれは後から思ったことで、やっている当時はとにかく必死でした。

八木　当時の円谷プロはクリエイター集団でしたからね。そしてそこに集った方々が本当に素晴らしかったです。

太田　作家の意見をすごく尊重してくださって、「ここはこういう感じですか？」って聞いてくださるんですよね。高野さんもそうでしたし、丸谷（嘉彦／企画）さんもそうでしたし、監督の皆さんもどういうイメージなのかをすごく大切にしてくださった。この業界には「言った通りに書けばいいんだよ」っていう監督さんもいらっしゃるけど、そういうことは全くなかったですね。だから『ティガ』でデビューできたのはとても幸運なことで、書くということに対する最初の姿勢がそこでできたという気もします。つまり職責ですね。脚本家としてここまでは責任を持つものだっていうことの土台ができた。だからそれから後は、面白くなくなると自分が判断した直しは絶対にしないんです。「そう直すと面白くなくなります。これは自分の責任ですから」ということでがんばるんですけど、それで打ち合わせが長くなったりもするんですよね（笑）。「納得できませんか？」「納得できません」って。だからこういうところでデビューしなかったら脚本家という仕事を違う風に理解していたかもしれないと思いますね。もちろん大変ではあるんですけど、クリエイターにとって自由にのびのびと創作ができる幸福な場所。それがこのシリーズの現場だったと思います。

八木　まさにおっしゃる通りだと思います。

太田　私にとってはお会いしたこともない方々に向けて作品を手放す、送り出すという体験のスタート、始まりでもありました。今から思うとあのときに本当にスタートラインに立ったんだなっていう気がします。でも感慨深いですね。もう25年も経っちゃったんですか。

八木　本当に感慨深いですね。そしてあらためて見直しましたが、『ティガ』は本当によくできている作品だなと思います。

太田　色褪せないですよね。今だと「子どものころに見ました」という方によくお会いするんですよ。もう大人になられて、またお子さんと一緒にご覧になっているということで。だからすごく感慨深いなって思います。

長谷川圭一

Keiichi Hasegawa | Writer

最初はそんなにすごい作品だとは思っていなかった

長谷川圭一氏は装飾として『ウルトラマンティガ』に参加しながらも2クール目以降は脚本家としてデビュー、最終2話の共作も含めると9本もの脚本を執筆している。そしてその後も脚本家としてさまざまな作品に携わっていることは周知の通りだ。『ウルトラ』愛が強いことでも知られる長谷川氏は、『ティガ』にどんな思いを込めていたのだろうか？当時のことを振り返っていただいた。

聞き手＝八木毅

「フィルムを切ると血が流れるのが作品だ」

八木　長谷川さんは最初『ティガ』では装飾の親方として参加していらして、僕はサード助監督として現場で一緒に仕事をしていろいろ教えていただきました。その後は『ティガ』の途中で脚本家デビューをされて、『ダイナ』ではメインライターになられました。かなり特別なキャリアだと思うのですが、長谷川さんはもともと特撮の脚本家を志望されていたのでしょうか？

長谷川　大学のときは8ミリで、川崎郷太氏と一緒に特撮みたいなのを撮っていたことは撮っていたんです。予算の関係もあってすごくチープなものだったけど（笑）。でも周りの学生と話す中でだんだん特撮だけじゃなくて、アメリカンニューシネマとか別ジャンルの映画とかにも興味が湧いてきて。それで学校の課題でも怪獣もの・特撮ものとはちょっと違うベクトルで映画を作り出したんだよね。ハードボイルドものとかファンタジーっぽいものとか、そういう方向で。大学を卒業してからは編集とか助監督とかをやりながらだんだん美術の方に行くわけだけど、美術の及川一さんと出会って金子修介監督の2時間ドラマとかいくつかやらせていただいてね。それからしばらくして『ガメラ 大怪獣空中決戦』の美術で小道具をやることになったんだけど、金子監督とは仕事をしたことがあったから、「怪獣映画を一緒にできるんだ！」って思ってすごく感動した。特撮ものにかかわったのはそこがスタートラインですね。

八木　金子監督の『ガメラ監督日記』にも長谷川さんのことは出てきます。

長谷川　それまでのVシネとか映画に比べると特殊なテンションで、楽しく仕事ができましたね。作品自体もすごく面白かったしかなり前のめりでやっていた（笑）。そのころ円谷プロでは『ティガ』の企画が進んでいて、及川さんは円谷でのデビュー作が『アニメちゃん』（84）という関係からか、「また円谷で『ウルトラマン』をやるけどどう？」ということで声をかけていただいて。それで『ティガ』に参加することになったんです。

八木　そういう流れだったんですか。しかし『ティガ』で重要な役割を担う川崎監督と長谷川さんが学生時代に一緒に映画を撮っていたというのは素晴らしいですね。

長谷川　同じ監督コースだったんです。それでいろいろ話をしている中で特撮を好きなんだ、『ウルトラマン』を好きなんだっていうのはお互い自然に分かっていった。あと他のコースにも特撮を好きな人がいて、5〜6人で映画を作ったりしていましたね。

八木　そういう特撮好きの長谷川さんが『ティガ』に参戦されて最初はどういうお気持ちでした？

長谷川　失礼な言い方になるけど最初はそんなにすごい作品だとは思っていなかった（笑）。小道具としてはヘルメットとか銃を渡して、あとは火薬でドンドン、大平火薬さんにお任せ。それくらいの感じかなという気持ちだった。つまり最初は「楽な仕事がきたな」くらいのちょっとナメた感じで見ていたわけ。だけど脚本をいただいて読んでみて、特に（小中）千昭さんの3話「悪魔の預言」を読んだときに「これはヤバいな。想像していたものとは全く違うものが作られるんだな」って気づいて気持ちが切り替わった。真剣に全力でやらないといかん、ちゃんと仕事に向き合わないといかんなって。もちろんそのときは装飾小道具として、ということだけど。

八木　最初に楽勝だと思われていたとは全然知らなかったです。長谷川さんはとにかくいつも熱かったという思い出があって、よく飲みに連れていってもらっては「ヤギラ、特撮っていうのはなぁ……」「『ウルトラ』っていうのはなぁ……」といろいろ教えていただいていたので意外ですね。とにかく特撮に対する思いが強かったですから。

長谷川　当時は「フィルムを切ると血が流れるのが作品だ」とか、わけの分からないことを言っていた気がする。だめなオヤジだね（笑）。

やっぱり円谷の未来感は銀なんだ

長谷川　『ティガ』は予算が潤沢だったよね。テレビなのにちょっとした映画よりも予算があった。松原（信吾）組なんかはすごく時間をかけて撮っていたし。これはテレビのスケジュールではあり得ない、映画のスケジュール感だなって思っていました。

八木　撮影も時間をかけていましたし、クランクインまでは準備が続きましたよね。スケジュールを見ると6月13日に美術打ち合わせをやってからロケハンで横浜や都内に行っているんです。そして翌14日が衣装合わせで、19日がメインロケハン、20日が例のカメラテストですから、7月1日のクランクインの2週間以上前から動いている。で、26日に本編・特撮打ち合わせで27日にまたロケハンでテレコムセンターという感じで、長谷川さんはロケハンにも同行されていたからずっとやっていたという感じですよね。

長谷川　1~2話は司令室部分を除くとドラマ的にはそんなに分量がないじゃない。でもその割には撮った印象があるんだよね。で、ロケから帰ってくるとちょうど東宝ビルトの上のオープンでメルバの出てくるシーンをナイターで撮っていて。イースター島のセットを組んでクレーンでメルバを吊っていたからすごく大掛かりだったね。テレビのスケールじゃないなって思ったのは覚えている。

八木　1~2話の準備でよく覚えているのはゴミ箱をシルバーに塗ったことです。「すごくいいゴミ箱があったから買いに行こう」という話になって、僕がトラックを運転して一緒に東宝日曜大工センターに行きましたよね？

長谷川　それをゴミ箱として使ったわけじゃないけど全部銀に塗ったよね（笑）。

八木　スコップからなにからシルバーにして。

長谷川　『スターウルフ』（78）でダイヤル電話を銀色に塗ってあった印象があって、やっぱり円谷の未来感は銀なんだっていうことだよね。

八木　松原監督も「未来はシルバーなんだ」とおっしゃっていましたが、長谷川さんも一緒だったんですね。

長谷川　そこはシンクロしたんだろうね。

八木　『ウルトラマン』『ウルトラセブン』も航空機、メカはシルバーをすごく綺麗に使っています。『スターウルフ』もそうですけど『スター・ウォーズ』もシルバーですよね。

長谷川　『セブン』はやっぱりウルトラホークがかっこいいよね。シャープな銀翼のイメージで。

八木　そうなんです。そういえば、2話「石の神話」の地下の洞窟に出てくる一般隊員のヘルメットなんかも高橋（俊秋）さんや装飾のメンバー全員で一緒に作った記憶があります。そういう準備をしながらも撮影に入ったら本当に大変でした。準備期間は余裕があったのか、よく飲みに連れていっていただいて楽しかったんですけど。

長谷川　撮影が始まったら徹夜っていうことも多かったしね。それと結構凝ったセットを作っちゃったじゃない？司令室のテーブルがぐるぐる回ったりして（笑）。コックピットは鉄骨の球体を下に仕込んで揺らしたりと、ムダに豪華なことをやっていた。お金がかかっているな、やりたい放題やっているなって本当に驚きました。

八木　司令室のテーブルが回るのは及川さん作なんですか？

長谷川　そうそう、及川さんのアイデア。故障しがちだったけど（笑）、手動じゃなくてちゃんとモーターで回るんだよね。でも2回くらいじゃないかな、撮影で回ったのは。

八木　モーターだから動きが機械的な感じですごくいいなと思っていました。まあ動かすとつながりも大変になるんですけど、川崎監督は使われていましたね。

無機質な部屋のイメージは「第四惑星の悪夢」

八木　岡田（寧）組の8話「ハロウィンの夜に」でも長谷川さんが張り切って用意されていたのを覚えています。

長谷川　業者を見つけていろいろなハロウィン飾りを買ってきてね。今でこそハロウィンって日本で定着しているけどあのころは全然でした。だから「未来はこうなるんじゃないか」っていう先を見越した話だったよね。日本ではちょっと違う形になっちゃったけど、ハロウィンに目をつけたのはなかなか新しかったですね。

八木　長谷川さんは飾りで演出されるじゃないですか。例えば「ハロウィンの夜に」だったら「部屋に絶対木馬を飾るんだ」という話をされていました。脚本には木馬なんて書いてないけど、これにレナが乗るはずだって。結局レナは乗りませんでしたが、脚本を読まれた上でのいろいろな設計がありましたよね。

長谷川　キリエロイドのマンション（3話「悪魔の預言」）なんかはものが全然なくて、1つだけ水槽がある。だから一発で印象づけるというやり方だよね。細かくいろいろ飾るよりも象徴的なものを1つドーンってやった方が（記憶に）残る。木馬もそういう感じで、子どもがいて老人がいて、ナイトメアな感じの雰囲気だと木馬がうまくいくかなっていうことでしたね。

八木　「ハロウィンの夜に」の方は部屋にいろいろあって賑やかな感じでしたけど、緩急なんでしょうね。キリエロイドの方はそれ以外にものがないから、日本ならではの様式美みたいなものも感じますね。

長谷川　昔、金子監督とか飯田譲治監督、黒沢清監督と仕事をしたときには、だいたい無機質な部屋を飾る場合は「第四惑星の悪夢」（『ウルトラセブン』）だよねっていうことで通じちゃうんだよね（笑）。広くて奥にテーブルがあるとか、そういう感じのイメージは共有しやすいのかな。

八木　ガソリンスタンドにぽつんと置いてある赤い電話とか。そうやって長谷川さんは装飾をされていましたけど、僕に脚本を読ませてくれたじゃないですか。こんな忙しいのに脚本を書いているってすごいなって思ったんですけど、会社に帰ってそれを笈田（雅人／プロデューサー）さんに渡したのが最初のきっかけで22話「霧が来る」を書かれるようになったんですよね。

長谷川　『ティガ』では美術でやっていたんだけど、それでは気持ちが収まらなくなってきたんだよね。いま振り返るとあんなに時間がない中でよく書けたなとは自分でも思うけど（笑）。

八木　でも本当に面白い脚本でしたし、1本ではなく何本か笈田さんに渡した覚えがあります。

長谷川　3本くらいあったのかな？　『ダイナ』の「クラーコフ」（25〜26話「移動要塞《クラーコフ》浮上せず！・前後編」）のひな形になった話もあったし、29話「青い夜の記憶」、39話「拝啓ウルトラマン様」もかなり早い段階で書いていました。

自分で書いた脚本の撮影に参加

八木　最初の脚本には「霧が来る」（22話）はなかったんですね。

長谷川　「クラーコフ」はスケールが大きすぎるし、他のはちょっと変化球だなというのが笈田さんの考えで。それで「もう少し王道の侵略ものを書いてくれ」というオーダーをいただいて書いたのが「霧が来る」なんです。僕はスティーヴン・キングが割と好きだったし笈田さんもその辺を読まれていたので、そういう世界観ならということで書いたものですね。でもあれが採用されたのは人生の中では大きかった。とにかく準備稿を受け取ったときにはすごく感動したよね。自分の名前が入っている脚本なんて……って。最近はその感動が薄れちゃったからちょっと残念なんだけど（笑）。初心を取り戻したいですね。

八木　僕も長谷川さんのホンができてすごくうれしかったのを覚えています。自分の監督作品でもなかったのに（笑）。

長谷川　それで撮影が始まるわけだけど、自分も現場にいるというね。

八木　霧ですから撮影はとにかく大変でした。そうじゃなくても曇天だったり雨が降ったりしていましたし。ロケ現場では親線（ピアノ線）を引っ張ってマグニアを飛ばしていました。

長谷川　今だったらCGでやるようなことを全部アナログでやっていましたね。張り付く寄生虫とかは仕掛けを作ったし、水を浴びた寄生体がしぼむシーンではセットの床に穴を開けてね、床の下から注射器で空気を抜いたり、とにかくアイデア勝負。

八木　操演班が来ていましたね。

長谷川　だから手作り感があるよね。霧も今だったら合成とかCGでもうちょっとやるのかもしれないけど、あのときはカメラ前で撮影部も演出部も右だ左だって指示するんだけど、風の都合だからなかなか上手くいかなくて大変だったよね。面白かったけど。

八木　でもフォグの空気感とか遠近感みたいなものはやっぱりよかったですよ。あれは自然現象じゃないから均等じゃないのもよかったんだと思います。

長谷川　もちろんそうなんだよ。当時はまだCGを使うと綺麗すぎて逆に嘘くさく見えちゃうんだよね。でもあのときはとにかく仕上がりが気になって仕方なくて、特撮班にラッシュを見せてもらったりしていたのを覚えている。ラッシュって普通は見られないんだけど、一刻も早くラッシュを見たいという気持ちを抑えられなかった。

八木　現場は長谷川さんの脚本だということでかなり気合いが入っていたんじゃないかと思います。それもあってカロリーの高い素晴らしい作品ができたんでしょうね。

30秒しか格闘シーンがない「青い夜の記憶」

八木　こうして長谷川さんは脚本家として立たれることになるわけですが、その後が「青い夜の記憶」ですね。

長谷川　あれはドラマ中心で怪獣とか宇宙人が全然出てこない話でしたね。実際に撮影していても、30秒くらいしか格闘シーンがないっていう（笑）。今じゃあり得ない話なんだけど、それが許されたのが円谷プロなんだよね。

八木　音楽を作ったりもしましたし力が入った作品でした。

長谷川　エンディングはその曲で終わってほしいという話を笈田さんにしたんだけど、さすがにそこまではできなか

29話「青い夜の記憶」

った。でもそれくらいの思いで書いていたっていうか、まあ思いが強すぎるよね（笑）。

八木　『ティガ』という作品自体が、長谷川さんを始めいろいろな人の思いが詰まったものなんだと思います。それが『ティガ』を傑作にした1つの要因というか。そして続いて書かれたのが「拝啓ウルトラマン様」ですが、これは現場もがんばりましたし、川崎監督の演出も相まって重要な話になりましたね。

長谷川　あれは早い時期に書いてはいたんだけど変化球という色彩が強くて、なかなか初期のころには入れられなかった。でも千昭さんが「影を継ぐもの」（44話）を書かれたので読んだら、ダイゴの正体を知っている人間が現れるという話だった。それでこの話の後だと意味が全くなってしまう、先にやらせてほしいという話を川崎監督も含めてお願いしました。そういう経緯で熊本ロケの前後編より先に入れてもらったんですね。あとはあのスケジュールの中でロケセットをいろいろ指定していて、最初は「場所移動が多いから無理ですね」なんて言われていたんだけど、船橋競馬場だったりショッピングモールだったりを全部ちゃんと撮ってくれて。とてもありがたかったですね。

八木　キリノ・マキオがモノレールに乗っているシーンは僕が『ティガ』で一番好きなシーンです。色もいいし心情も表現されている。都会の雰囲気もありました。あれは脚本の段階からモノレールだったんですか？

長谷川　モノレールも脚本で指定していますね。

八木　『ウルトラ』の世界にぴったりでしたね。そして競馬場の画もすごかったです。

長谷川　脚本だとお客さんがいるように書いていたんだけど、さすがにそれは無理だったんでしょうね（笑）。でも川崎監督があういう感じにしてくれてすごくうれしかった。ダイゴとレナがショッピングモールを出た後の夕日のところなんかも、それまでの『ウルトラマンシリーズ』ではなかなかなかった画なのでいい演出をしてもらったなって思っています。

八木　あの夕日のところは確かお台場で撮っているんですけど、すごく綺麗でしたね。

長谷川　本当にいい夕日だった。

八木　「影を継ぐもの」の前にしたかったということでしたが、最終回にキリノ・マキオが出てくるのは決まっていたのですか？　長谷川さんは過去のキャラクターを後でまた登場させるということをよくされるので、そういうことも考えてキリノ・マキオを先にしたのかなって。

長谷川　あれは全部千昭さんが考えたんだと思います。33話「吸血都市」では千昭さんのキャラの雑誌記者・小野田を再登場させていますけど、千昭さんもそういう感じでゲストを再登場させているんでしょうね。まあ、千昭さんの中ではもともと最終回ではそれまでの主要なゲストが集まってくるのは決まっていて、その中にキリノ・マキオも入れてもらったということだと思います。

八木　そうだったんですね。しかし「拝啓ウルトラマン様」のような作品があるから『ティガ』はすごいなと思います。

長谷川　それがちょうど実相寺（昭雄）さんの2本（37話「花」、40話「夢」）の間にあるんだよね。だから最初は埋没しちゃうんじゃないかなって心配でした（笑）。

八木　よく考えたらとんでもない4週間だったんですね（笑）。

隊員全員をかぶらず主人公にしたかった

八木　42話「少女が消えた街」はゲームの世界が舞台で斬新な話でした。

長谷川　当時のコンピュータ感だからいま見ると「え?」っていうのもあるんだろうけど、どうしてもそういうところに手を出しちゃうんだよね（笑）。

八木　それは永遠のテーマですよね。僕は好きな作品です。

長谷川　あのときは隊員全員をかぶらず主人公にしたいなっていう気持ちがあって、ヤズミ編として考えたのがこの話ですね。後で川崎監督に言われたんだけど、「ヤズミと一緒に行くのがレナじゃなくてマユミだったらよかったのに」って。なるほどなって思いましたね。確かに「うたかたの…」（28話）の後だったから、2人の関係を軸に描いたらもっと面白くなったかもしれない。コンピュータの中の女の子との妙な三角関係になったりして（笑）。

八木　一方、ホリイ隊員回は最初が「霧が来る」で、47話「闇にさようなら」でハッピーエンドを迎えますね。

長谷川　「霧が来る」を書いたときにはホリイの結婚まで書くとは考えてもいなかった。でももう1回ホリイ隊員がかっこいい感じを出したかったし、武上（純希）さんのキャラクターのサヤカをうまく使えたらなっていうことで作った話ですね。あとは終盤でラスト一歩手前だったので、自分の『ティガ』の総括的な感じでキャラクターを集めてボリュームを出したりもしています。

八木　これも大人の話ですね。

長谷川　ちょっと三角関係的な話になっているよね。

八木　そしていよいよ最終2話「暗黒の支配者」「輝けるものたちへ」ですが、脚本は小中千昭さん、右田昌万さんとの共作というクレジットになっています。

長谷川　右田さんは1回書いていて、それを小中さんが反映した形だったと思います。僕に関しては千昭さんから「ホリイとシンジョウが別行動になるからまずそこを書いてくれ」と言われて。それから打ち合わせで少し意見を交換して作っていった。打ち合わせでどんな話をしたかは記憶が曖昧だけど、基本は千昭さんが組み込んでくれたということですね。

特撮っていうのは子どものものじゃない

八木　長谷川さんがよく「『ウルトラ』っていうのはなぁ……」とおっしゃっていたという話は冒頭でも少しだけしましたけど、当時のことをもう少し詳しくお願いできますか？

長谷川　やっぱり昔の円谷プロの作品がいつまでも心の中にあって。巨人でいうと王・長島なんだけど、初代『ウルトラマン』はおおらかで明るい長島タイプで『ウルトラセブン』はちょっと真面目で暗い王タイプ。でもその２人がいたからこそ『ウルトラマンシリーズ』はずっと続いてきたわけじゃない？　だから最初の２本がすごく重要なんだよね。それで『ティガ』を作っていたときも『ウルトラマン』派と『セブン』派に別れていて、下手したらケンカになるっていう状況だった（笑）。だから『ウルトラ』というのは一人ひとり違うものなんだよね。「俺の『ウルトラ』」があるからこそ突き詰めると宗教戦争みたいになってしまう。だけど笈田さんがすごかったのは『ウルトラ』作品を全部好きで偏っていない。だからこそ「キリエロイドII」（25話「悪魔の審判」）の直後に「虹の怪獣魔境」（26話）をポンと入れられちゃうんだよね。ああいうバランス感覚は笈田さんならではでした。僕は『セブン』派だからちょっと偏っちゃうんだよね。

八木　僕も『セブン』派です。

長谷川　あのときよく話していたのはたぶん「ノンマルトの使者」（『ウルトラセブン』）とかメトロン星人、『怪奇大作戦』なんかのことじゃなかったかな？　実相寺さんを筆頭にとにかくとんがっていたし、子ども向けに作っていなかったでしょう。「散歩する首」（『怪奇大作戦』）で首が森の中を飛んでいるみたいなシーンが出て、子どものときはテレビを消したもんね。本当に容赦ない。それだけ個性の強いものがテレビから送り出されていたわけで、特撮というのは忘れられないもの、刻み込まれたトラウマだったんだよね。それをなんとか伝えられないかというのは、『ティガ』の脚本を書いていてもあったかなって思います。

八木　特撮っていうのは子どものものじゃないという話もされていましたよね。もちろんすぐに、「われわれはちゃんと子どものために作らないといけないんだけど」って言い直されるんですけど。

長谷川　そこも結構論争になっていましたね。特撮班は子どものためにって考えているから「こんな脚本はけしからん」って言う人もいたし。そういう人たちと意見をぶつけ合ったりはしたんだけど、不思議なもので最後は同じ山の頂上に登っていたんだなっていうのが最終回で感じたことですね。

八木　やはりみんなのそれぞれの思いが詰まったのが『ティガ』だということでしょうね。長谷川さんは『ティガ』では装飾としてかかわり始めて結果的には最終話の脚本まで書かれたわけですけど、ご自身にとって『ティガ』はどういう作品になりましたか？

長谷川　『ティガ』という作品がなかったら明らかに今の自分はいないから、運命的に大事な作品ですよね。あれから25年経って思い返すと、なにかがちょっと違ったら全然別の人生になっていたわけで。だからいろいろある中の1本ということではなく、そこから始まったという特別で大切な作品ですね。

八木　僕もサード助監督として1年間でいろいろなことを学び長谷川さんとも出会え、思い出に残る作品ですね。

長谷川　この後に『ダイナ』をやらせてもらえることになって、映画『ウルトラマンティガ&ウルトラマンダイナ 光の星の戦士たち』にも参加させてもらえた。まあ鈴木（清／チーフプロデューサー）さんには最初かなり脅されたけど（笑）。でも人と人がどんどんつながっていって、作品との出会いも生まれていった。まさか憧れの監督だった小中和哉さんとも一緒に仕事ができるとは思っていなかったし、本当に『ティガ』は人生において大切な作品です。

全話体験記　八木毅

1話「光を継ぐもの」

『ウルトラマンティガ』のすべてが始まった第1話のクランクイン（撮影開始）は25年前の1996年7月1日。それはとてもとても暑い夏の日。あの高揚した熱気溢れる特別な雰囲気は今でも忘れられません。

新宿スバルビル前（撮影隊の出発場所として日本一有名な場所でした）にスタッフ、キャストが集まり始めたのは早朝6時ごろ。ビル前に広がる新宿駅西口ロータリーにわれわれ『ティガ』撮影隊のロケバス、美トラ、照トラ、キャストカー、機材車、劇用車などさまざまな車両が並んでいる様はまるで大作映画の撮影隊のような規模で壮観でした。

第1話の本編班の監督はATP賞を後に3年連続受賞の快挙を達成する名匠・松原信吾監督です。静かに熱く撮影に臨まれていました。特撮班の監督は初代『ウルトラマン』から日本のテレビ特撮を牽引してきた高野宏一監督。この日は東宝ビルト5スタで特撮の撮影に臨まれました。この両巨匠が率いる『ティガ』は最初から贅沢な作品だったのですね。そして私、八木毅は演出部のサード助監督で念願だったテレビシリーズで助監督ができるということがうれしくてただただワクワクしていました。

朝7時にロケ隊は新宿を出発し首都高速から中央高速へと乗り継いで山梨県道志村へと向かいます。到着するとそこは雨まじりの曇天。状況は悪かったのですが関係ありません。たくさんある撮影機材や美術関係の出道具・小道具などを担いで、足場が悪い崖のような斜面を撮影現場の川原まで下ろし、増水した川では劇用車が動けなくなったりするような状況ではありましたが撮影準備をガンガン進めました。

この日に初日を迎えたダイゴ隊員、ホリイ隊員、シンジョウ隊員、レナ隊員、皆さん既に役になりきっていてGUTSスーツを着て立つ姿は本当に素晴らしかったです。今日から新しいなにかが始まるのだと大いに予感させるものでした。でも、このGUTSスーツはこの日の朝に完成したものです。クランクインの10日前にそれまで準備していた布製のスーツをNGにしてから、10日間で素材を革に変更して新たに最初から作り直したのです。これを決めたのは監修の高野宏一監督でした。布製のスーツを見て「これでは撮影できない」と言って即断でした。撮影の10日前ですからなにか手違いがあれば撮影に間に合いませんし、新しくスーツを作ればコストも倍になる。でも、やりました。『ウルトラ』を作るとはこういうことです。

『ティガ』の記念すべき撮影ファーストカットは第1話のS#29（シーン29）C-1（カット1）です。松原監督のコンテによるとこのカットは「山からPan down、停まっている二機、4人Long」とあります。ティガの地に到着したGUTSのダイゴ隊員、ホリイ隊員、シンジョウ隊員、レナ隊員がガッツウイングの前に立つというカットでした。これはスタッフのほとんどが初めての経験になるモーションコントロール（コンピュータで動きを制御する）での撮影カットでした。初めてですから現場はドタバタな状態です。機材のセッティングにも時間がかかりましたしグリーンバックを貼るのにも慣れていない。しかも雨が降りだしそうである。そんな状況でファーストカットは撮影されたのです。そして、放送された第1話にはこのモーションコントロールで撮影されたカットはないのです。バックアップで撮影された（Ｐａｎ　ｄｏｗｎしない）Ｆｉｘの映像が採用されました。使用することができなかったのですね。
けれど、この挑戦的な姿勢が『ティガ』です。15年ぶりに復活した『ウルトラ』の現場では技術の蓄積も断絶していてすべてが手探りで混乱とともに発進しました。けれど、スタッフの志は限りなく高く新しいことに挑戦しました。だからこそクランクインのファーストカットには難しいモーションコントロールでの撮影を選択したのでしょう。この姿勢こそが『ティガ』という作品を成功へと導いたに違いありません。

2話「石の神話」

『ウルトラマンシリーズ』は2本ずつまとめて撮影しますから「石の神話」は第1話「光を継ぐもの」と同時撮影でした。
ＴＰＣが怪獣ガクマと対峙する採石場ロケは、雨に祟られたクランクインとは違って快晴すぎるほどの快晴。ここは遮蔽物のない広大な平地でしたからわれわれはひたすら乱反射する太陽の熱さとの闘いの中で撮影を続けました。松原監督は悠然と丁寧に演出されていましたが、われわれスタッフはまだ撮影のペースも確立していませんから、現場はごちゃごちゃで混乱しながらの撮影でした。お昼ゴハンになっても食欲もなく、私は夢にまで見た『ウルトラマンシリーズ』の撮影現場の過酷な現実にぐったりしていました。「食べないと午後の撮影でもたないぞ」と、このときは装飾の親方で後に『ティガ』で脚本家になる長谷川圭一さんが美術トラックの側に連れて行ってくれて、トラックが作るささやかな日陰で装飾美術スタッフの仲間たちとロケ弁を食べました。みんな大変でしたが、みんな優しかったです。厳しい環境でしたが心には余裕があり、そして、みんな熱く燃えていたのです。
この日が初日だったのがサワイ総監を演じる川地民夫さんです。川地さんは、汗もかかずに悠然とされていました。映画黄金時代の日活の大スターですからね。私にとっては初めてお会いした本物の映画スターです。スターとはそういうものなのですね。まだ助監督になりたての私は敬服いたしました。でも、われわれは暑くて仕方ない。灼熱の太陽の下で撮影は続きました。

3話「悪魔の預言」

メタフィクション的にニュース番組から始まる洒落たテイストの第3話です。でも、次の切り返し・スタジオ内向けカットは関係者がたくさん登場する楽しい内トラ（関係者のエキストラ出演）カットでした。監督補・円谷昌弘さん、キャスティング・安藤実さん、助監督・今泉吉孝さん、持ち道具・水野良子さん他、現場にいたスタッフが登場しています。『ティガ』には潤沢な制作費があったと言われていますが、現場では節約方法を考えながら撮影を進めていました。お金をかけるべきところにはかけて割り切るべきところは割り切る。だからエキストラが足りない、または確保できないなどの場合には経費節約のためにわれわれスタッフが内トラとして出演しました。そんな理由から生まれた内トラカットもいま見ると、いろいろな人が出てきて懐かしくて面白いですね。今やこれは貴重な『ティガ』の制作現場記録なのです。

この「悪魔の預言」は村石宏實監督と小中千昭さんによる傑作。1〜2話は松原信吾監督と右田昌万さんによる直球・王道の傑作でしたが、この3話は真逆のダークなSFテイスト。登場するキリエル人はシリーズを代表するキャラクターになりましたし、独創的な世界観によって作られていますね。シリーズ開始早々、このように相反する傾向の作品が登場することが『ティガ』を魅力的なシリーズにした大きな理由の1つでしょう。『ティガ』の世界をさらに新しい方向へと深化させました。

撮影現場の雰囲気も松竹・木下プロで一般映画、ドラマで活躍してきた松原監督の1〜2話とは激変。村石監督は特撮番組を知り尽くしたベテランですから力強く現場を引っ張っていきました。現場のスタッフは厳しい村石監督の要求に必死にこたえましたし、それはものすごい緊張感でした。

特撮でV6の「TAKE ME HIGHER」をバックに戦うウルトラマンティガとキリエル人のかっこよさも衝撃的です。特撮は夜に限ります。とても美しい。今回初登場で特撮の第一人者である神澤信一監督の切れのある演出が冴え渡ります。ここに『ティガ』の特撮が確立されました。

今回登場するイルマ隊長の個室は東宝ビルトに建てられたセットです。このセットはTPCのイレギュラーなセットのために作られたパーマネントセットですから、さまざまな設定に飾り換えながらシリーズに何度も登場しました。日常空間を斬新なデザインのセットで作ることは近未来SFの世界観の表現には大切なことです。しかも飾り換えて使用できますから経費削減にもなり効率的です。『ティガ』ではこのセットが他の話でも何度も大活躍しています。

ラストカットのマット画で合成された未来都市の雰囲気が『ティガ』の先進的な雰囲気を大きく盛り上げますね。マット画の合成は映画黎明期からある手法ですがとても効果的です。こういう演出がSFには大切なことだと気づかされます。

4話「サ・ヨ・ナ・ラ地球」

3話と同時に撮影された作品ですが、こちらは直球の『ウルトラ』作品です。この話で重要なのはダイゴの変身シーン。長野博さんや村石監督のインタビューにもありますが、このときの変身ポーズは前もって振付師などが考えたものではありません。撮影当日に監督が長野さんに相談し、それを受けた長野さんがその場で瞬間的に考えた動きなのです。隣にいましたから鮮明に覚えていますが、あのとき、長野さんは全く時間をかけずに動作を考えました。すごかったです。そして、長野さんが最初に撮影現場でこの変身ポーズを監督やスタッフの前で見せたときの衝撃！　本当にかっこいいと思いました。シンプルに見えますが微妙にデリケートなバランスの中で出来上がっていて、とても美しい。長野さんは「子どもたちにもできるようにシンプルに考えた」と言っていました。実際に動きは単純で、誰にでも真似できるものです。でも、実は絶妙なバランスの上に美しく成立している特別な変身ポーズだと思っています。

5話「怪獣が出てきた日」

川崎郷太監督の初登板作品です。厳しく過酷な撮影現場だった村石組から真逆の穏やかな雰囲気の川崎組です。でも出来上がりはご存じの通り。なにか新しいことが起きる素敵な組でした。川崎監督は毎日、画コンテをご自分で描いて現場で配布していました。それは、そのままで作品と言える素晴らしい画コンテでした。実は絵がとても可愛いのですね。

ムナカタ副隊長とジャーナリストの小野田の邂逅が描かれるお洒落なバーは六本木にありましたし、街頭インタビューカットなども六本木交差点のアマンド前で撮影しています。TPC基地関連のロケ地があるお台場周辺の未来的な雰囲気とはまた違う六本木の雑然とした都会の雰囲気が魅力的です。

そして、あの有名なラストカットも早朝の六本木で撮影しました。新宿でもそうですが東京の〝夜の街〟の早朝はなぜかカラスが多い。少し気だるい雰囲気が面白いのですが、このカットにもそんな空気感が滲み出ているようです。このカットは最少人数のスタッフで撮影を行ないました。川崎監督、撮影の倉持武弘さん、照明の佐藤才輔さん、助監督の私、他数名。小野田と別れた後のムナカタが早朝の六本木を颯爽と歩き去って行くという脚本通りのカットを撮影した後に川崎監督がもう1パターン、颯爽と歩き去るムナカタが途中でコテッとつまずくバージョンを撮りたいと言いました。大滝明利さんはさすがで、すぐに自然にそれを演じました。このムナカタが途中でコテッとつまずくカットが実際に採用されたラストのカットです。そこにかかる「ムナカタは酒が飲めなかった」というナレーションも川崎監督が付け足したもの。小中千昭さんの脚本によるラストでは小野田のGUTSとムナカタを讃えるモノローグで終わっていたので完成作品は全然違うものになりました。どちらも素晴らしかったと思いますしやっぱり『ティガ』はすごいです。

6話「セカンド・コンタクト」

冒頭に登場する宇宙船の水野博士役の鹿島信哉さんは『ウルトラマン』『ミラーマン』始めあまたある円谷プロ作品の常

連俳優さんです。そして共演のシェリー・スウェニーさんも『ゴジラvsメカゴジラ』を始めとして数々の特撮作品に出演された方です。ちなみに私が監督した『ウルトラマンマックス』の最終回に登場するデロスも彼女でした。口元だけでも顔の表情は分かりますし体型の違いも明らかですから、アジアではなくて欧米の方にと考えて頼んだのです。神秘的な雰囲気が表現できたと思っています。

この作品のロケ場所は東京近郊の南大沢の集合住宅街。未来的でありながらどこかメルヘンチック。お台場や六本木とも違った味わいがあってここも素敵なロケ場所でした。ところでこのガゾートはなぜかこの後何度も登場する有名怪獣となっていきますね。

7話「地球に降りてきた男」

キャスティングの安藤実さんは洒落っ気があるキャスティングが得意な方でした。緩急のある素晴らしい配役で『ティガ』の世界を豊かなものにしてくれています。レギュラー、サブレギュラーの素晴らしさを見れば一目瞭然ですが、実は遊び心たっぷりなゲストのキャスティングも楽しいです。この話の冒頭シーンでも絶妙なキャスティングが好調ですね。宇宙ステーションデルタのヤナセ技官は『仮面ライダーストロンガー』の荒木しげるさんです。そしてアサミヤ技官は『機動戦士ガンダム』のシャア・アズナブルを演じられた池田秀一さんですから不思議な組み合わせです。安藤さんのイタズラ。洒落ています。

ところで、池田秀一さんはTBS社員時代の実相寺昭雄監督のドラマディレクターのデビュー作になる『おかあさん』シリーズの一編『あなたを呼ぶ声』に子役俳優としてゲスト出演していました。実は『ウルトラ』的な世界に縁があるのですね。このときの池田さんはとても重要な役ですごい存在感でした。この作品は実相寺監督のデビュー作にして傑作。脚本はあの大島渚監督ですし、あまり知られていないですが必見です。

8話「ハロウィンの夜に」

松原信吾監督、川崎郷太監督と同じく木下プロの流れに立つ岡田寧監督は人間ドラマ重視の作品づくりでした。洒落ていて、繊細で、ファンタジックなのに論理的。この「ハロウィンの夜に」はお洒落な上に華やかな作品です。『ティガ』の先進的なイメージにとっても重要なものとなりました。

ロケ場所としては多摩センター駅周辺の人工的で少し未来的な街にハロウィン飾りをして撮影しましたが、これがとてもよいムードですし映画のようなスケールです。ハロウィンの扮装を楽しむGUTS隊員たちの準備は大変でしたが楽しい映像になりました。皆さん楽しんでいましたし、こういうシーンは個性が出て面白いですよね。撮影それ自体も楽しいものでした。

9話「怪獣を待つ少女」

GUTSがマキーナを迎え撃つ場所はわれわれが「東京ガス」と呼んでいた豊洲にあった東京ガスの工場跡地です。『ウルトラマンティガ』以降の『ウルトラマンシリーズ』に頻繁に登場する円谷作品ではお馴染みのロケ地です。東京湾の真ん中に位置し、背景にはレインボーブリッジを始めとして首都東京の情景が映り込むという素晴らしく映画的な場所なのでした。しかも、当時すでに難しくなっていたナパーム（ガソリン）やセメントなどの操演爆破やカースタントなどの撮影がなんでもOK。この9話でも広い敷地に自動地雷を設置して、特撮との切り合わせ合成やさまざまな難しいカットを撮影しました。『ティガ』以降、円谷作品では本当にお世話になりました。ここでの最後の円谷作品のロケは『ULTRASEVEN X』の2話「CODE NAME〝R〟」だと思います。その後、再開発されて今ではあの有名な豊洲市場が建っています。そんな東京の名所で撮影していたんですね。

10話「閉ざされた遊園地」

全編をよみうりランドで撮影しました。と言いながら怪獣ガギが触手で子供たちを引きずりこむカットはロケマッチさせたセットを東宝ビルトオープンに作って撮影しました。これはセットを立ち上げて、下に引きずり込まれる（通り抜けられる）ようにした仕掛けありの大セット。つまり、本編班で特殊効果を行なっています。本編班の仕掛けは特撮班とは違って等倍なので、別の味わいがあって面白いのです。同様に2話「石の神話」ではガクマの手を撮影しました。移動車に乗せて操演で動かした手は大迫力でしたね。崩れる瓦礫や煙と相まって素晴らしい効果でしたし『ティガ』ではいろいろとやっています。合成やミニチュアのよさとはまた別のよさがあります。

11話「闇へのレクイエム」

撮影の舞台となったリゾートホテルはとても素敵なところでした。仕事でなければ楽しい滞在ですが朝から晩まで仕事ですから海に入ったりプールで遊んだりする時間はありません。そして、このロケではちょっとした事件が起きました。新しく届いた脚本の方向性に疑問と不安を抱いたスタッフ（長谷川圭一さん、勝賀瀬重憲さん、倉持武弘さん、私、他数名）とキャスト（大滝明利さん）が笈田雅人プロデューサーを東京から呼び出して「このような方向性でいいのですか？」と直談判したのです。一般的にはプロデューサーをスタッフが呼び出して作品内容に異議を唱えるなどということはしません。それは越権行為です。しかもひとつ間違えれば全員クビですし。でもわれわれはしましたし、笈田プロデューサーもそれを受けて単身、伊豆まで乗り込んできました。笈田プロデューサーとわれわれはコーヒーを飲みながら一晩中語り合いました。でも、実は事件にもなにもなりませんでした。簡単なことだったのです。全員の熱意は同じ方向を目指していたのでした。それはよい作品を作るということ。話し始めてすぐに全員が納得しました。だから誤解が解けた後は全員で楽しく『ティガ』の未来を語り合っていたのでした。昔の青春映画のような、とても気恥ずかしくなるほど熱い夜でした。全員が強く結束したのです。早朝に、笈田プロデューサーは颯爽と東京へと帰って行きました。さすがは『ティガ』のプロデューサーですね。そしてわれわれはもちろん、撮影をしました。

12話「深海からのSOS」

神澤信一監督は新しいものが好きで新しい技術にとても強い方です。この新しいものが好きというのは円谷英二監督や円谷一監督から連綿と続く円谷プロの気風で、円谷プロの先輩の方々は皆さん新しいもの好きでした。その伝統を継承するのが神澤監督で、ついでに言えば円谷プロ最後の生え抜き演出部として私も末席に連なっています。11話の冒頭、リゾートホテルのカウンターで聞き込みをするホリイ隊員の隣でチェックインする人物が神澤監督です。ヒッチコックのようですね。ご自分も出演されるのです。

その神澤監督は3話の都会の夜の特撮でわれわれの度肝を抜きましたが、この話では水の特撮です。水の特撮は手間もコストもかかりますが、とても効果的です。やっぱりよいものです。ただしコストがかかりすぎるために誰も使わず当時はビルトにも撮影用のプールはありませんでした。

けれど『ティガ』を始めるに当たって、監修かつ円谷プロの専務取締役で製作部長だった高野宏一監督が、東宝ビルトに5スタの改築を依頼しました。ステージの床下に開閉式の撮影用プールを作り、天井を2メートル高く上げてホリゾントを広くしました。つまり、水の特撮のためにプールを作り、カメラを少しでも煽れるようにホリゾントを拡げたのです。すごいことです。これから作る新しい『ウルトラマン』の撮影のためにスタジオを改築してもらう。高野さんも本気でしたし円谷プロも本気でした。この東宝ビルトの新しい5スタで撮影されていたのがこの『ティガ』の特撮です。その結果を存分にお楽しみください。

13話「人間採集」

実は、11話の伊豆ロケで笈田プロデューサーとスタッフ・キャストとの事件のキッカケになったのはこの13話と14話の脚本なのです。脚本作りが難航して結局は村石監督が手を入れて現在の形になったということなのでした。

冒頭の夜道は新宿中央公園横の測道です。人通りが多くビルに囲まれて実際には全然怖くもなんともない都会を村石監督が演出で不気味に表現しています。レイビーク星人のアジトは横浜の廃倉庫と造船場でした。どちらも劣悪な環境で撮影は過酷でした。そして、それが殺伐とした感じでよい効果をもたらしているかのようなアクション編です。

14話「放たれた標的」

新宿東口の賑やかな歩行者天国で、冒頭のシーンはドキュメンタリー的に撮影しました。これは今では諸々の条件からかなり困難な撮影方法となってしまいましたが、このときはやっています。とても力強い映像が表現されています。

ムザン星人を追いつめるダイゴ隊員とレナ隊員のシーンは東京郊外の工場で撮影しました。ダイゴ、レナに向かってムザン星人が放った光線に注目してみてください。光線はダイゴ、レナの背後に着弾して激しく爆発しています。このような現象は撮影では操演部というパートがコントロールします。ところで、ここに映っているドラム缶ですが、よく見ると激しい勢いで飛んでいますね。実は撮影の1テイク目はほとんど飛ばず、NGだったのでした。爆発の余波ですから、もう少し激しく飛んでほしいという村石監督のオーダーでやり直しとなり、それで操演部が火薬を多めに仕込んで出来上がったのがご覧のカットです。勢いがありすぎて一瞬でドラム缶はフレームアウトします。実際に現場ではドラム缶はまるでロケットのように大空へ一直線に舞い上がっていきました。もちろんこれは重い金属製の本物ではなくて撮影用に発泡スチロールで作られたフェイクですから安全です。笑ってしまうくらいのすごい迫力でした。そのすごさのエッセンスを完成した番組でご覧になれるわけです。ということで渾身の操演カットをどうぞお楽しみください。

15話「幻の疾走」

冒頭のダイゴ隊員、シンジョウ隊員、マユミの3人のシーンはどこか青春物語な雰囲気で素敵です。未来的なテレコムセンターの景観がとてもマッチしていて未来の青春物語といった風情ですね。

青木拓磨さんが疾走するのはいつもの東京ガスです。撮影では安全のために基本的に俳優は運転しませんが、この場合は例外的にご本人、青木さんがバイクを操りました。彼以上にバイクを乗りこなす人などいません。撮影でもリハーサルなしでいきなりバイクにまたがって疾走していました。さすがです。

一方で、この話のヒロインであるマユミがオペルで走るシーンでは石橋けいさんはもちろん運転していません。カメラを乗せた牽引車両で劇用車を牽引しながら撮影するという手法で撮影しました。この技術面を取り仕切り牽引するのは専門のカースタントチーム、高橋レーシングです。円谷のカースタントはすべて高橋レーシングさんにお願いしていました。すごい技術のプロフェッショナル集団です。そのように安全対策は万全にしていましたが、それでもクルマの撮影は緊張するものです。幸い『ティガ』ではクルマの撮影での事故は一度もありませんでした。ところで、この真っ赤なオペルは円谷一夫さんの愛車です。エキゾチックな赤がお台場の街に合いますね。そしてこのクルマが走るカットでは助監督の私がトランシーバーを持ってシートの後ろにカメラから写らないように隠れていました。トランシーバーでカメラ車の川崎監督と劇用車の石橋さんをつなぎ、また段取るのが私の役割です。複雑な撮影なので演出部が乗り込む必要がありました。ちょっとしたシーンでもいろいろな段取りをして撮影しています。

この15話では貴重なダイゴの変身ポーズもあります。東京ガスの坂下の物陰に隠れて変身。本当に東京ガスはどこを切り取っても画になる素晴らしいロケ地でした。

闘いが終わって飛び去るウルトラマンティガはCGです。ティガのCGはわれわれの現場でも賛否両論でした。ミニチュアで作った伝統的な飛び人形の方がよいのではないかという意見の方が多かったです。でも、高野宏一監督は強力に推進めていました。もちろん高野さんは新しいもの好きですし限りないイメージをお持ちでしたから。だからCGに期待していました。私も全く同じ意見です。新しい技術はどんどん取り入れて挑戦するべきです。

16話「よみがえる鬼神」

相模湖周辺でのロケがノンビリ楽しかった撮影。喫茶店で繰り返される「ナルト、もらうよ」が笑えますよね。あの喫茶店は味のある渋い店で素敵でした。まだ相模湖畔にあるはずです。

これも不思議な雰囲気の作品です。『ティガ』には不思議な味わいの作品が多いです。そして過酷な組が多かった『ティガ』の撮影では珍しく、このときの川崎組もゆったりと楽しいものでした。決して悪い意味ではありません。スタッフが楽しく撮影していたのでそんな気分が作品からも伝わってきますから。見ていると楽しい気持ちになります。異色な傑作ですよね。『ティガ』は、いちいち書きませんが傑作ぞろいでもあります。

17話「赤と青の戦い」

冒頭の劇中ドラマの撮影風景では『ティガ』のスタッフが総出演しています。後ろに見える車両もすべて『ティガ』のロケバスや美トラ、照トラ他、関係車両です。実際にもこんな状況で『ティガ』の撮影は行なわれていました。25年も過ぎると懐かしい顔も多くて、中にはもうお会いできない方も映っていてとても趣き深い映像です。どこに誰がいるか探してみるのも面白いと思います。撮影は倉持さんですし照明の佐藤才輔さんも映っている。全員集合なのです。残念なことはカチンコを持つ助監督が私ではないことです。私は2本持ちの「ゴルザの逆襲」の撮影中に骨折してこの機会に限って治療中だったのでした。ここに参加したかったです。

撮影は3K（キケン、キツイ、キタナイ）です。危険なことも多かったですね。でも『ティガ』では深刻な重大事故はありません。安全管理は徹底していましたから。そこはご安心ください。

18話「ゴルザの逆襲」

冒頭に登場する雪山のロッジ。引き画の外観は特撮ですが建物内部は成城にあった住宅展示場のモデルハウスで撮影しました。私が骨折したのはこの撮影準備中です。モデルハウスの2階の梯子から落下したのです。このとき、落下してメガネを壊したのですがそれが後々の川崎監督の「拝啓ウルトラマン様」で役に立ちました。不思議なものです。幸い軽い骨折でしたので次の「GUTSよ宙《そら》へ」の撮影からは復帰しました。

TPCテント周辺は東宝ビルトオープンでの撮影。このオープンは『ティガ』では本編はもちろんのこと特撮でも多用されていました。そもそも東宝ビルトは古くは東宝のオープンスタジオなのです。だから『ウルトラ』だけではなくてもともとは黒澤明監督の名作などもここで撮影されていました。あの『隠し砦の三悪人』の砦も一部はここで撮影されたそうですし、映画史的に重要な場所なのです。そんな伝説の場所で『ティガ』、そして遡れば『ウルトラQ』から始まる円谷プロの『ウルトラマンシリーズ』は撮影されていたわけですね。でも、こんな映画的な聖地なのに東宝ビルトオープンの実体は単なる牧歌的な草原。狸がいたりウサギがいたりと、よいところでしたね。美しい場所でした。そんな素敵なトコロでしたが2007年末に撮影された『ウルトラマンメビウス外伝 アーマードダークネス』が東宝ビルトで撮影された最後の『ウルトラ』作品になりました。その後、あの素晴らしい東宝ビルトはオープンもスタジオも閉鎖され、そして取り壊されました。強者どもの夢の跡です。

19～20話『GUTSよ宙《そら》へ・前後編』

『平成ウルトラマンシリーズ』で最初の前後編です。前後編は完成尺も長いだけに描けることも多くて監督もスタッフも気合いが入ります。銀座、大手町界隈での大夜間撮影から始まる妖しい世界は村石監督によれば『青銅の魔人』にインスパイアされた乱歩ワールドです。その乱歩的世界に『ティガ』世界の未来感が融合された圧倒的な始まり方でしたね。深夜に『ティガ』の大所帯の撮影隊が都会の真ん中でロケするわけですが、合成カットもあるし、着ぐるみのゴブニュもいて、交通量も多いし、撮影はとても大変でした。でも、前後編ですからね、思いっきり描く必要があります。みんながんばりました。

アートデッセイ・コックピットはとても巨大で東宝ビルト2スタ全体を使って作られていました。まさに特別な番組を作っている感じですごい迫力でしたね。広いセット内にはさまざまなギミックが仕込まれていて本当に操縦し戦闘しているという気分が高まるのです。素晴らしい臨場感です。現在ならばこのセットは全方位収録してVRなどで楽しんでいただけたでしょうね。でも、撮影用のセットですから撮影が終われば壊してしまいます。もったいないことですが撮影用は撮影用。映像に永遠に残るのです。

アートデッセイの発進シーケンスにかかる基地内のアナウン

ス「Opening Gate 4」は満田穧監督の美声です。満田監督は『ティガ』の企画書をまとめた方で、『ティガ』の企画立ち上げの中心人物です。ちなみに私の円谷プロ新入社員時代の第二製作部部長でもあり直属の上司でした。とてもお世話になりました最初の師匠です。そして、多くの『ティガ』関係者が影響を受けたと語る『ウルトラセブン』での有名なウルトラホーク1号の発進シーケンスにかかる「Fourth gate open」も満田監督です。この2作品にはなにかつながりがあるのでしょうか？　ご想像にお任せいたします。

さて、機械島は荒崎海岸ロケで撮影しました。夜の荒崎海岸に照明を逆方向から当てると、それはまさに宇宙空間でした。宇宙空間に漂う島を海岸で撮影するなんて面白いですよね。これもいわゆるムービーマジック、魔法ですね。映像ではこのような意表をつく表現を頻繁に用います。大成功でした。ちなみに、私も『ウルトラマンマックス』の最終回を監督したときに地底文明「デロス」を同じ荒崎海岸で撮影しました。このときは昼の荒崎にグレーディングを施し異空間にしました。荒崎は宇宙だったり地下都市だったりと、とても映画的で美しい場所です。そして昭和の時代から『ウルトラ』がお世話になった由緒ある場所なのです。

21話「出番だデバン！」

一座が行なうショーのシーンは向ヶ丘遊園です。昭和の遊園地って素敵ですよね。今ではほとんど残っていませんが子ど

TPC基地のアートデッセイ。メカの発進シーケンスというのは燃えるものです。円谷プロでは『ウルトラセブン』からの伝統の特撮美術の華です。カッコいいですね

お芋を頬張るデバン。表情豊かで本当に生きているようです。スーツアクターとして小柄な女性が入りました。全体的にとても可愛いです

もたちの夢の国でした。円谷作品は遊園地にはお世話になりました。よみうりランド、横浜ドリームランド、ウルトラマンランド、たくさんの遊園地でロケしましたね。向ヶ丘遊園さんも『ブースカ！ブースカ‼』はメインのロケ場所でしたし、たくさんの作品に登場します。向ヶ丘遊園の閉園が決まったときに『ウルトラマンコスモス』を製作中でしたので、私は「遊園地伝説」というファンタジックな一編を作って向ヶ丘遊園を映像に収めました。これは向ヶ丘遊園さんだけでなく消えていくたくさんの昭和の素敵な遊園地への想いを込めた作品でした。脚本は右田昌万さんです。先ほど書いた遊園地は、よみうりランドを残してすべて閉鎖してしまいました。でも映像には永遠に残って、いつまでも楽しめます。

デバンたち一座の楽しい晩餐シーン。実際に美術が用意した料理を食べます。デバン、焼き芋を頬張りすぎてひっくり返っていますね。きっと美味しかったのでしょう！　このカットの撮影では北浦嗣巳監督が「もっと、芋詰めて！　もっと、芋詰めて！」と言いながら芋をデバンの口にガンガン詰めていたらデバンのアゴが外れて（着ぐるみの仕掛けが壊れて）しまい撮影が少しの間止まりました。着ぐるみは壊れると簡単には直せませんから焦りましたがデバンはすぐ元気に復帰。みんな安心しました。

撮影では作品をよくするためになんでもやるものです。だからアクシデントは多くて当たり前。円谷英二さんの有名な

「寄らば寄れ、引かば引け」という言葉がありますが、そういうことなのです。普通ではツマラナイのです。中庸ではいけないのです。芋も詰めすぎて壊すくらいでちょうどよいのです。だから面白い映像になっています。本当のことなのです。デバンが団長から受け取る栄養ドリンクは美術助手の小出憲さんのデザイン。画面では分かりませんが実物は細かく作り込まれていました。『ティガ』の現場ではすべてがこうです。いつどのように撮影されてもいいように常に全力で作り込んでいました。

デバンが投げられた栄養ドリンクをキャッチします。普通なら簡単なアクションでも着ぐるみを着てドリンクをキャッチするのは大変なことです。覗き穴の視界は狭く、造形された手は動きづらい。だから、失敗を想定して撮影用の栄養ドリンクをたくさん用意しました。でも、本番は一発OK！　デバンは栄養ドリンクを1回目で鮮やかにキャッチしたのです。すごかったですね。北浦監督のOKが出た後、自然に現場で拍手が巻き起こりました。デバンが本当にそこにいて、みんなの期待にこたえて一生懸命キャッチしたかのように見えたのです。デバンは本当に可愛い怪獣でした。

ラストでダイゴ隊員に一座から送られてくる請求書と「皆、元気！」の文字は私の字です。サード助監督の私の担当は美術、装飾、持ち道具、文字原稿、CGモニタなどで、登場する文字や脚本段階で指定されていない文章原稿なども私が書いていました。でも、私はあくまでも原稿までの担当です。その原稿をもとに美術の方が綺麗に作って用意するのですが、なぜかこのときは例外的に私がそのまま撮影用の紙に書くことになりました。監督があまり綺麗でない方がリアルだと考えたのかもしれませんが、おかげで『ティガ』の映像に私の文字が残っていて、今ではうれしい記録です。

22話「霧が来る」

装飾の親方だった長谷川圭一さんの脚本デビュー作です。この回で長谷川さんは脚本家でありながら撮影に参加して最後の装飾仕事としてフォグ、スモークを先頭に立って撒いていました。ホラーテイスト満載で全編が霧。霧。霧。大変な撮影でしたが、ずっと一緒にシリーズをやってきた長谷川さんの脚本デビュー作ですから現場はいつもにまして燃えていた。長野さんが水に浸かったりと、撮影はとても大変な回でした。盛りだくさんです。ホリイとミチルの出逢いの話でもあります。そのホリイ隊員とミチルに襲いかかる寄生体は現場に「親線」を組んでピアノ線で吊って動かしました。これは特撮での戦闘機の撮影方法と同じ手法です。つまり最初に基本の太い縦線を張っておいて、ミニチュアを吊ったりして動かす伝統的な手法。特撮のスタジオには親線がいつも張ってありますが、ロケでやる場合には準備に手間がかかりますからあまりやりません。でもとても効果的で、この作品でも素晴らしい出来上がりになりました。これらは操演部の仕事です。大活躍でした。

この回ではさらにカメラも親線で吊って撮影しました。ホリイとミチルに迫る寄生体の主観映像がそれです。今ならドローンでもこのような映像は可能ですが、当時はありませんでしたし正確さと迫力においてこの特撮的な手法は勝ると思います。

23話「恐竜たちの星」

物語は極めてSF的ですし、それを描く映像がなにより素晴らしいですね。袋田の滝、中央大学、国立科学博物館などのロケを自由に組み合わせて1つの世界、空間を立体的に作り上げていて映画やドラマならではのモンタージュです。人間ドラマ重視の岡田組ですからとても見やすい作品となりましたが、同時に王道のSFでもあります。

袋田の滝は寒かったですが荘厳な眺めでもっと見ていたいものでしたし、撮影で使わせていただいた国立科学博物館も素敵でした。観客としてではなく関係者として訪れ、普通は行けない裏側を歩くと博物館はナイトミュージアムのような不思議な空間で、なにかがありそうで『ティガ』にピッタリでした。

24話「行け！怪獣探険隊」

『グーニーズ』『スタンドバイミー』の系譜に連なる良質のジュブナイル。楽しいです。少しのどかな昭和テイストもありますね。昭和と言っても『ウルトラQ』の中川晴之助作品のところまで遡ります。とても牧歌的な作品。こんなにノンビリした作品はそうそうありません。

それにしても「悪魔の審判」の1つ前がこの作品というのが『ティガ』のシリーズ構成の妙ですね。本当に『ティガ』とは万華鏡のようにクルクル変わる面白いオムニバス作品だと思います。私も『ウルトラマンマックス』を作るときに研究しました。まるで奇跡のように成功した構成だと思います。

25話「悪魔の審判」

例によってファーストシーンのファーストカットは、お台場のゆりかもめの情景にマット画を描き足した未来都市の景観。『ティガ』ならではの独特な未来的雰囲気を盛り上げます。イルマ隊長、ダイゴ隊員、レナ隊員がいるのはお台場海浜公園です。今は賑やかですが、当時はまだ開発途中だったお台場周辺は人が少なくて絶好の撮影ポイントだったのです。だからTDGの三部作では頻繁に登場しましたし、とてもお世話になりました。私がプロデュースした『ウルトラマンマックス』でも、未来的な雰囲気があるお台場をメインのロケ地にしました。ウルトラマンシリーズ監督デビュー作『ウルトラマンガイア』の「天使降臨」でも我夢と藤宮をお台場の夢の大橋でW変身させました。とても撮影向きな場所です。

出撃前のイルマ、ダイゴ、レナが光について語るシーン。微妙な空気です。レナもイルマもダイゴがティガだということを知っているのでしょうね。ここは天王洲アイル。やはり円谷作品ではお馴染みの場所で、「天使降臨」でドビシが暴れたのもこのエリアです。「終わったらデートしよう」と言ってレナがシャーロックを急発進させる後ろをダイゴが走り去り、光になるまでを1カットで表現した流れが素晴らしいですね。村石演出が冴え渡っています。

26話「虹の怪獣魔境」

3泊で4日間の富士樹海ロケでしたが、大雪が降った後でロケ隊が到着してからの最初の1日は雪かきだけで終わりました。あんなに寒い中で、あんなに雪かきしたことは後にも先にもありません。そんな状況で1日分撮影時間が減ってしまったのでいつもにも増して過酷な撮影となりました。

魔境に迷い込んだ家族が、お父さんがその場でキャンプセットで作ったスープを飲むシーンがあります。映像では「美味しいね」と口々に言いながら喜んで飲んでいますが、このスープ、本当に美味しかった。装飾部の鈴木隆之さんが作った胡椒と塩だけで味付けしたシンプルなキノコスープ。少しだけお弁当のときにいただきましたが寒いロケには最高でした。現地で作ったスープとお弁当。ここは富士山ですから、ちょっとしたキャンプですね。寒く、その上にスケジュールもハードでしたが、でもやっぱり楽しい撮影でした。

27話「オビコを見た！」

川崎監督と太田愛さんの傑作。個人的にも大好きな話です。『ウルトラ』で常連となる赤星昇一郎さんもこれが初登場。ところでオビコが棲む彦野町はじつは東京都でのロケでした。美しい地方都市に見えますが日野市の平山城址公園周辺です。ここからオビコが過去を振り返って郷愁に浸り決心するシーンで見おろす景色はＪＲ中央線豊田駅方向なのですが、あの辺は当時は「オビコを見た！」での設定とは異なり実際には綺麗な緑、畑、田んぼが残る美しい場所でした。でも先日、25年ぶりにそのロケ場所を訪れてみると、なんと「オビコを見た！」の設定そのままに景色は全く変わってしまっていました。区画整理が失敗したようです。街には畑も田んぼも緑もなくいろいろと荒れていました。東京ですから仕方ないことですけど25年が過ぎた今、実際の世界が「オビコを見た！」で描いた世界になっていました。あの作品は警鐘でしたが、今や現実です。日本中でこんなことが起きているのでしょうね。

28話「うたかたの…」

ダイゴが「ティガーッ!!」と叫んで変身する川崎組の異色作です。でも、異色と言っても現場は普通に淡々と進みました。「オビコを見た！」の物語があまりにも個性的でしたし、こちらは物語というよりも空気感を楽しむような作品ですしテーマも重いですし。そして、ヤズミとマユミが良いです。映像と音使いも凝っています。

29話「青い夜の記憶」

円谷プロの作品では鈴木清プロデューサーの映画班で『ウル

トラマンゼアス2』の助監督として活躍していた原田昌樹監督のテレビシリーズ初登板回です。原田監督はスーパー助監督と言われていた方で撮影準備や段取りなどが完璧でした。食通で楽しいことが大好きで繊細な方でした。

ライブハウスは有名な渋谷エッグマンです。ポスターから観客からなにからなにまですべて仕込んで作っています。音楽もこの回のために作りました。原田監督はこの曲をとても気に入っていてクルマのオーディオでよく聴いていました。マユミが持つカメラは私のCONTAX T2でした。現場で原田監督がカメラを持たせたいということになり、急遽、その場にあった自分のカメラを使いました。

30話「怪獣動物園」

いきなりデートに来ているダイゴとレナにビックリします。最初の部分の撮影場所は多摩動物公園でした。ここでの「ホリイさんみたいだね！　向こうにもいっぱいホリイさんいるよ！　行ってみようよ！」というダイゴのセリフは長野博さんのアドリブです。可愛いけど少し毒もある洒落たセリフですね。そして次のシーンからは、同じ場所という設定ですが、神奈川県の牧場へと撮影場所が移りました。ここはとても神奈川県とは思えない自然溢れる美しい場所でしたね。円谷プロでは頻繁に撮影にも使用していて、私が監督した『ウルトラQ dark fantasy』「小町」のラストシーンに登場する北海道の牧場も実は神奈川にあるこの牧場で撮影していました。ここで食べたジャージー牛乳のソフトクリームは絶品でした。お薦めいたします。

ダイゴの「ピンコ、ポンタ、あはは、漫才師みたいですね！」というセリフも現場のアドリブ。このときが初登板の原田監督は周囲に気を遣いながら穏やかな雰囲気で撮影していました。原田監督はまずは俳優に演じさせてからプランを考えるという演出スタイルでしたから、演じる方も自由にのびのびできたのでしょう。

ラストで小さくなって登場するモーラット（通称モラちゃん）ですが、このギニョールを動かしていたのは私でした。地面にブルーシートと藁を敷いて、そこに隠れて手だけ出して演じています。演出部というのはなんでもやるのですが、これは重要な役ですし緊張しましたね。

31話「襲われたGUTS基地」

これは撮影中に全く寝なかった回です。仕掛けや合成や、つまり撮影分量が多くて全然寝られなかったのです。ホリイ隊員を現場でドロドロにして深夜まで、というより次の日の早朝まで連夜撮影。撮影本番中に立ったまま寝ているスタッフまでいました。大変でした。でも、現場で作った特殊効果は迫力があります。この作品の後に、このようなドロドロした表現は北浦監督の代名詞になりました。特撮班でも生物感を表現するために怪獣の着ぐるみに付けるワセリンのドロドロした液体に愛を込めて「北浦汁」と名づけて使っていたくらいで、伝説の作品となりました。

32話「ゼルダポイントの攻防」

北海道と言いながらも渋谷区松濤の洋館で撮影されたこの話。歴史ある高級住宅街ですから、ロケセットのもう人が住んでいない洋館は本当に趣がありました。寺田農さんの演技はすごかったです。実相寺昭雄監督作品常連の寺田さんですが、円谷作品でも常連でした。大学での撮影には寺田さんと親しい高野宏一監督や丸谷嘉彦プロデューサーもいらしていました。あの方々は仲間なのですね。

33話「吸血都市」

この回でムナカタ副隊長と小野田が会うバーのバーテンダーは村石監督が演じています。村石監督は演技がお好きですね。『ウルトラマンシリーズ』でも他にもたくさんの場面で出演しています。しかもそれぞれが単なるエキストラではなくポイントで重要な役で。村石監督もヒッチコックです。

ムナカタとイルマの2ショット写真が張られるボードの周囲にあるのはすべてスタッフがポラロイドで撮影した内トラ写真です。ムナカタ、イルマの左隣はわれわれ演出部の写真でした。いろいろな関係者が写っています。

村石監督といえば等身大のアクションです。このときも横浜の閉店したクラブを使って戦いまくりました。このクラブは既に廃墟で吸血鬼が出るのにピッタリなとても素敵なところでした。天井も高いですし、設計も面白くて。

34話「南の涯てまで」

サワイ総監の秘書官役で登場した実相寺吾子さんはあの実相寺昭雄監督の長女です。その実相寺吾子さんの撮影初日はお台場テレコムセンターでのＴＰＣ基地で、サワイ総監とともにダイゴ隊員とすれ違うカットでした。撮影前に現場スタッフは実相寺監督のお嬢様だからどんな方なのだろうと勝手に怖がって緊張していましたが、全く大丈夫。淡々と自然にお芝居されていてとても知的な方でした。

失踪したサワイ総監のニュース映像で紹介される各国要人との会談シーンなどの外国人エキストラ出演のシーンは、私が初めてエキストラを演出したシーンです。ドキュメンタリーチックで異国情緒もあって好きなシーンですが、このときやって感じたのは外国人エキストラの方々は芝居心があるということでした。設定を説明すると役づくりしてしっかり動いてくれる。しかも結構上手い。おかげでよいシーンになりました。

ダイゴとヨシオカ長官がサワイ総監を救出するためにボートで岩場を通り抜けて海から島へと潜入するシーンですが、このような水の撮影などは危険ですから、安全管理を徹底して行ないます。このシーンでは2人が実際にボートを操っていますが、実はボートの後ろに私がウェットスーツを着用して隠れながら泳いでボートが流されないように、回転しないようにコントロールしていました。ちょっとしたカットでも大変なものです。そして演出部はなんでも屋ですからなんでもやるのです。大変ですが、やりがいのある楽しい仕事です。

この34話はサワイ総監の物語でもありますが、サワイ総監役の川地民夫さんはとてもかっこいい方でした。日活黄金期の映画スターですからかっこいいのは当然ですが、ダンディで演技に真摯で、お酒の飲み方もかっこよく、つまり生き方がかっこよく、いろいろと教えていただきました。二子玉川にあった川地さんの隠れ家バーで何度か飲ませていただいたことがあります。そこはマンションの地下フロアをぶち抜きで使っていて、素敵なバーがあり、大きなラウンジにはグランドピアノが置かれて生演奏が楽しめ、帝国ホテルのレストランにいたという方がシェフとして料理を振る舞う。麻雀を囲める個室まである。看板がないから知り合い以外はその存在が分からない本物の隠れ家バー。そこでお酒を飲ませていただきましたが、とても美味しいものでしたね、すべて。中でも一番美味しかったのが、川地さんがお薦めの樽から出してくれるウイスキーです。これはすごい。川地さんと一緒に飲むからさらに美味しい。飲み方（小さなショットグラスでレモンと砂糖と一緒に飲む）も川地さんがやって見せくださる。あの川地民夫さんに飲み方を教わったわけですから、これは自慢できますね。ここは『ティガ』演出部でも連れて行っていただきましたし、『ティガ』の打ち上げのときにも三次会で成城からタクシーを飛ばして全員で行きました。広い場所でしたから『ティガ』のスタッフ・キャストが入っても全然平気なのでした。楽しい思い出です。そして、いつも川地さんがご馳走してくれました。かっこいい大人でした。そんな川地さんが総監として『ティガ』を引っ張ったわけですから『ティガ』が面白くないはずがないのです。

35話「眠りの乙女」

小中千昭さんのホラーテイストな脚本です。石井てるよし監督は小中さんとホラーを作っていましたから息もピッタリ合っていました。この作品、宇宙人のデザインがあからさまにグレイなのが面白いです。正統派のSFテイストを狙っています。

レナのマンションは近未来な感じでありながら少し現代ヨーロッパが入っていて雰囲気も素敵でした。あれは浦安のロケです。新しくて素敵な街でした。部屋に飾ってあるレナの写真はすべてこの「眠りの乙女」のために撮影したもので、合成して仕上げた写真までありました。この中にレナと水色シトロエン2CVが写っている写真がありますが、このクルマは私の愛車でした。この2CVは『ティガ』でレナ隊員のクルマとしてデビューしてから『ウルトラマンダイナ』ではヒロイン・リョウ隊員の愛車として活躍し、それから何度も『ウルトラ』世界に登場し、最後は2007年の『ULTRASEVEN X』最終回でエージェントSのクルマとしてカースタントまでこなして疾走しました。そして、このクルマ、現在も元気に現役です。

36話「時空《とき》を越えた微笑《ほほえみ》」

ヤズミ隊員のお話です。古屋暢一さんが初々しくて可愛いですね。『ある日どこかで』のような時空を超えたラブストーリー。ヤズミとヒロイン・ユリの2人がデートするサンドイッチ屋さんは高田馬場サブウェイでした。TPC隊員役では笈田雅人プロデューサーが出演です。いろいろある回です。そして、いろいろある作品の締めは番組最後の次回予告。次の回「花」のゲストとして実相寺ちな坊さんが紹介されました。もはやこの世界では彼は1人の役者、しかもスターなのでした。ヌイグルミなんですけどね。

37話「花」

実相寺昭雄監督作品。実相寺昭雄監督夫人である原知佐子さんと御長男の実相寺ちな坊さんも出演しています。特技監督は服部光則さんで、その他に美術監督・池谷仙克さん、撮影・中堀正夫さん、照明・牛場賢二さんなどと昭和の『ウルトラ』に貢献したコダイグループの重鎮が勢揃いしたこの作品は、円谷プロからコダイへの外注制作作品でした。だからわれわれ『ティガ』のレギュラースタッフはこの作品の撮影に直接は関係していません。演出部は衣装・美術・小道具などの決まり事項の申し送りで打ち合わせをしましたが、その程度の協力です。このときは憧れの実相寺組をやりたいなあと思いながら私たちは遠くから見ていました。

「花」はロケーションで「桜」の「お花見」のシーンを撮影しようとしていたのですが、あいにく天気が悪くて撮影が延びて、延びて、延びて、われわれ本編班のスタッフは撮影できるのだろうかと心配していたのですが、結局はビルトにセットを組んでの撮影になったのです。とても見事なセットでしたが、ロケだった場合はどうだったのでしょう？　それも見てみたかったです。

38話「蜃気楼の怪獣」

冒頭、2人の青年がお台場の街をギターかき鳴らしつつ歌いながら歩いていますが、これは脚本ではサラリーマン2人という設定でした。これをヒッピー風の人物に川崎監督が変更して大滝明利さんと増田由紀夫さんが変装して演じました。ちょっとしたお遊びのシーンですが、皆さん楽しんで演じています。スタッフも楽しんで準備しました。もう『ティガ』の最初のころの混乱も過去のことでした。撮影チームも熟練してきて余裕がありますね。夕刻、ダイゴとレナが2人で歩くのは『ティガ』ではお馴染みのお台場。長廻しの1カットで捉えられています。この2人、今やとても素敵な空気感になってきています。

39話「拝啓ウルトラマン様」

ゲスト主役のキリノ・マキオのメガネのフレームにはテープが貼られていて、折れたメガネのフレームを修繕してそのまま使っているようです。そんな少し変なキャラクターなのですが、この変なメガネには由来があります。17～18話のところで書きましたが、私は骨折したときにメガネを壊してしまいました。しかしその後は撮影が休みなく続くので新しいメガネを買いに行けずに、折れたフレームをガムテープで修繕して使っていたのです。テープで直したみっともないメガネをかけて現れた私を見た川崎監督が、面白がってキリノ・マキオのメガネのスタイルに採用したのでした。やっぱり川崎監督の感覚は変わっていますし、この素晴らしい作品に採用されて私も、そして私の壊れたメガネもうれしかったです。
そのキリノ・マキオが新交通ゆりかもめに乗るカットのＳＦ風味が私は大好きです。脱色した寒色系の色彩で、どこかゴダールの『アルファヴィル』を連想させる。『ティガ』ならではの美しいカットだと思います。そして、ダイゴとキリノ・マキオが対峙する競馬場のシーンはフレームも照明も凝りまくっています。川崎監督は画コンテで指示しますから、ここにも画コンテがありました。画コンテ通りなのですが、スタッフもただ単にそのままは撮影したりしません。なにかやります。ここは監督とスタッフの「こだわり」のシーンですね。

40話「夢」

再び実相寺昭雄監督作品。とても楽しい作品です。『ウルトラマンガイア』でリンブンを演じる角田英介さんのお芝居が味わい深いです。いま見ると撮影当時の時代背景が濃厚に現れていて、そんなところも面白いですね。角田さんと大家由祐子さんがデートするのはバブル時代を引きずったような洒落たレストランで、そこで交わされる会話までバブルの時代です。撮影は95年ですからね、崩壊したとはいえ世の中はまだバブルの残照の中にありました。浅野忠信さんが小さな役なのに登場しています。実相寺組ですからね。贅沢です。これは撮影の中堀正夫さんが是枝裕和監督の『幻の光』で知り合い、実相寺監督に推薦したそうです。
そして、怪獣から逃げ惑う人々のエキストラとして私も演出部の先輩たちと一緒に撮影に参加しました。憧れの実相寺昭雄監督作品ですから、もう、喜んで参加しました。結局は影しか映りませんでしたが、実相寺監督の撮影を間近に見られて大満足でした。牛場賢二さんの大掛かりな照明がとても眩しかったです。そんなでしたから、後年に『ウルトラマンマックス』でプロデューサーをやることになったとき、私は実相寺監督に監督をお願いしました。私は実相寺昭雄監督ファンですから一緒に作品を作れるのは、それは素晴らしい時間でした。

41話「宇宙からの友」

ひたすら多摩地区で撮影していた作品です。お台場の未来感とは違った地方都市的な無機的な不思議な味わい。アクションはあるし、現場に着ぐるみの宇宙人はいるし、合成も多くて、極めて高カロリーで大変な回でしたが、だからこそ躍動的な作品になっています。そしてこれはシンジョウ隊員の話でもあります。影丸茂樹さんは当時は円谷プロ所属の俳優で、ヒーロー番組の王道を歩んできた方です。立っているだけでも画になる素敵な俳優さんです。

42話「少女が消えた街」

仮想空間のキャラクターとの物語はSF作品では定番で『アバター』『レディ・プレイヤー1』『スター・トレックTNG』など多々ありますが、これもかなり早い時期に作られています。この回でもヤズミ隊員が大活躍。初々しいヤズミでないとこの話は成立しません。そして、今回これを見ながらヤズミは『ガイア』の我夢の原型になったのではないかとも考えました。

43話「地の鮫」／44話「影を継ぐもの」

TDGシリーズでは初めての大掛かりな地方ロケ。前後編は気合いが入る上に地方ロケですから、とてもスペシャルな回になりました。舞台になった熊本は素晴らしかったです。綺麗な所で撮影して美味しいものを食べて。楽しいです。撮影というのは、少し遠足に似ています。みんなでバスに乗ってお弁当を持って面白いところへ行く。そして撮影してお弁当を食べて帰ってくる。まさに遠足ですよね。

と、楽しそうですが地方ロケは実はとても大変です。コストがかかっているのでスケジュールがシビアなのにやるべきことが多いからです。でも、大変ではありましたが初の地方ロケで村石監督も気合いが入ってノッていましたし、キャスト、スタッフ全員が気合い十分でした。

大変だった熊本ロケの撮影の中でも特に過酷だったのが遊園地での夜の撮影です。ダイゴの前にマサキ・ケイゴが登場するあのシーンです。撮影当日は雨模様。普通なら雨がやむ、または弱まるまで待つのですがこれは地方ロケですからなんとか撮影しなければなりません。困っていると、村石監督は弱いながらも降る雨に濡れた地面で美しく反射する光を見つめて「もっと水を撒こう」と言って、地面をさらに濡らした状態で撮影を行なう決断をしました。すごいことです。雨の中での撮影はキャストもスタッフも本当に大変です。自分も濡れるし、機材は守らないといけないし、キャストも守らないといけない。でも、出来上がりはあの通り。素晴らしいシーンが撮影できました。結果がよければすべてはOKなのです。映像のクオリティで勝負しているわけですから。

そしてこの前後編は地方ロケでスペシャルな回でしたから、普段は撮影現場にはあまり顔を出されない監修の高野宏一監督も来ていました。高野さんはリラックスして愛機ライカⅢGで熊本城ロケなどをスナップ撮影されていました。ライカⅢGは完全なマニュアルカメラですが、高野さんは被写体と天空の状態を見ただけで露出が分かるので、露出計など持たず50ミリのレンズで颯爽と撮影されていました。東京に戻ってから高野さんが撮られた写真を見せていただきましたが衝撃的な写真でした。とても明晰な写真。現場スナップなのにドラマの1カットのような写真。写真を見てあれほど驚いたことはありません。あれは本当に美しい写真でした。

45話「永遠の命」

ギジェラの花は美術が用意した作りものです。たくさん作ってロケやスタジオで配置して撮影しましたが、実際にあの花を自分の手に持ってみるとなにか異様な雰囲気を感じるから不思議です。とてもすごみのある作りものでした。

そして、そのギジェラで解放されたGUTSメンバーや総監たちのシーンの撮影は楽しいものでした。監督とキャスト、スタッフで相談して決めていきましたから、それぞれの個性が出ています。面白いですね。みんな思い思いに演じていました。

46話「いざ鎌倉!」

ゲストのガッツ石松さんはとても楽しい方でしたし、鎌倉の有名なスポットやロケ場所で構成された作品なので撮影はとても楽しいものとなりました。ガッツさんの差し入れのアイスキャンディをみんなで食べたりもしましたね、暑い日でしたから、とても美味しかったです。45～46話は松原監督の最後の登板回です。『ティガ』にとってとても重要なエピソードとなりました。45話は『ティガ』というシリーズの根幹にかかわってくるテーマを語る作品で、46話は『ウルトラ』ならではの王道の楽しい作品。どちらも傑作になりました。このころになるとスタッフも完全に熟練していました。もう、なんでも来いなのでした。『ティガ』の撮影開始の段階では撮影現場のことなどなにも知らなかった私も1年近い時間の中で、かなり分かった気になっていたころです。撮影がとても楽しくなっていました。スタッフも気心が知れて仲良くなってきていますし。でも、そんな『ティガ』も最終回へと向かっていきます。

それにしても本当に『ティガ』の構成はすごいと思いますね。最終回間近でこのエピソード。このめくるめくバラバラな感じが全く飽きさせずに最後まで楽しませてくれるのです。

47話「闇にさようなら」

ホリイ隊員の話です。超ハッピーエンドです。増田由紀夫さんという方はホリイそのものでとてもピュアで素敵な方です。優しい方でもあります。そしてホリイの魅力は彼の関西弁にもあります。『ティガ』の世界で素晴らしいアクセントになっていました。さて、これはホリイ隊員の三角関係のラブストーリーです。『ウルトラ』では珍しいタッチですが、これも『ティガ』ならではでしょうか。なんでもありの魅力はシリーズ最後になっても全く衰えません。そしてこの話のホリイは本当にカッコいいですね。

ラストシーンの感動的な結婚式は八王子にある結婚式場での撮影でした。参列者として集合したキャストも豪華ですし、内トラも多数出演です。原田昌樹監督もしっかり映っています。こういう撮影は楽しくてみんな張り切るのですが、張り切って撮影していたらクラッカーを使いすぎて足りなくなってしまい、ラストカットでは最後に残った貴重な3個を石井監督からの指示で私が持たされてフレームに入って使いました。NGを出したらどうしようとドキドキしながら、最後の大切な3個のクラッカーを鳴らしました。もっとクラッカーがあればさらに派手にできたのですが、でも、無事にOK。それが現在映像に残っているこの作品のラストカットです。とても幸せなカットです。

48話「月からの逃亡者」

ハヤテ隊長役の京本政樹さんは特撮がお好きで、円谷プロの怪獣倉庫によく遊びにいらしていました。そしてメンテの打出親五さんや杉本国功さんと親しくされていました。そんな長い関係から生まれたエピソードのようです。役づくりは『ウルトラセブン』の南廣さん演じるクラタからでした。かなりお好きなのですね。

このエピソードは佐川和夫特技監督の特撮がすさまじいです。冒頭の宇宙空間が素敵ですね。ライティングなどが濃い陰影で表現されて『スペース1999』のような雰囲気で日本離れした壮大な感じがよいです。

ラストの月に帰るハヤテ隊長をGUTSのメンバーが見送る夕刻のシーンの引き画は『スター・ウォーズ 帝国の逆襲』の有名なベスピンでのミレニアムファルコンのように美しく想像が膨らむ素晴らしいカットだと思います。

49話「ウルトラの星」

冒頭のチャリジャとダイゴの接近遭遇のシーン。お台場で撮影しましたが、このときに撮影隊は小学生の遠足観光バスと遭遇しました。劇用車のシャーロックも置いてありますから目立ったのでしょうね。バスの窓越しに小学生たちが『ウルトラ』の撮影現場を見て盛り上がっていました。撮影ということではギャラリーが多いのは問題があったのですが、でもテレビの場合は視聴者の反応が視聴率という数字でしか確認できませんから、子どもたちが喜んでいる姿を目の前で見られるということはスタッフ、キャストにとってはうれしいことなのです。盛り上がりましたね。

登場する未来の円谷プロはお台場の有明スポーツセンターをマット画で加工しています。とても未来的な夢のお城ですね。受付嬢を演じるのは『ウルトラマンM730』シリーズでも活躍していた満田稔監督のお嬢様・赤木優さん。そして、受付の後ろに貼ってある新番組のポスターは『CHAOSSEVEN（カオスセブン）』です。面白そうなタイトルですし意味深長ですね。この原稿も私が書いたのです。いつかこのタイトルで『ティガ』のスピンオフを作ってみたら面白いと思っています。あの世界に登場する円谷プロを舞台にしたSFドラマですね。

1965年の円谷プロのシーンは1996年の当時の実際の円谷プロで撮影しました。これはほとんど加工なしです。円

© 円谷プロ

円谷プロ製作部の部屋での円谷一（円谷浩）と金城哲夫（沖田浩之）。円谷一監督を演じる円谷浩さんは一監督の三男。飯島敏宏監督は「そっくりだ」とおっしゃっていました。背景にある黒板も飾りではなくて昔から使っていたもの。本物の空気感。60年代にタイムスリップします

谷プロの社屋は１９６５年からほとんど変わっていなかったのですね。これは本当にすごいことです。浮世離れした夢工場が、あの時代にはまだ世田谷の高級住宅街の片隅にひっそりと、そのまま、でもしっかり残っていたのです。あんな夢のように素敵なものが25年前には本当に存在していたのです。沖田浩之さん演じる金城哲夫さんがいる古風で趣のある製作部の部屋も、実際にわれわれが当時使っていた製作部の部屋です。私のデスクもあの部屋にあって、あそこで仕事をしていました。『ティガ』の撮影がないときに出社する場合はあの部屋にいました。あそこは昔から変わらない『ウルトラ』の故郷ですね。

この円谷プロの製作部で円谷一監督が脚本家・金城哲夫の脚本を読むシーンがあります。沖田浩之さんと円谷浩さんというお世話になった俳優のお２人が「うん、まとまってきた、でも、このホン、おもしろい？」と作品づくりの根幹にかかわる会話をされています。これは真実の姿ですね。制作現場は、いつでもこうなのです。少しでも面白い作品にするためにいつも戦っています。脚本を書いているのが当時あの場所にいた円谷プロの先輩で作家の上原正三さんであることも重要です。上原さんが描かれた当時実際にあった制作現場での葛藤。先輩たちの真の姿を垣間みられる素晴らしいシーンです。尊いです。

その後に金城哲夫、上原正三たちが銭湯からビアガーデンへ

とハシゴしますが、このビアガーデンは調布にあったお店です。とても気持ちのよいところでした。原田監督の指示で、私は店員役として「ヤッコ（冷奴）お待ち！」というセリフをもらって撮影に備えていましたが、そんな私に沖田浩之さんが面白がって演技指導をしてくれました。ビアガーデンの店員としてのキャラクター作りを、なんとスタニスラフスキーの理論を交えて。もちろんおふざけですが。それは楽しい時間でした。

円谷英二監督と円谷一監督が円谷英二邸の縁側で将棋を指しながら語り合うシーン、円谷英二監督と脚本家・金城哲夫が書斎で語り合うシーン、この2シーンは本物の円谷英二邸で撮影されました。円谷英二邸は時間が止まったような素敵な空間。今はもうありませんが当時はまだ祖師谷に健在でした。「ヒーローが必要なんだよ、金城君、ヒーローが」というセリフは円谷英二さんの言葉であると同時に、あの時代をあの人たちと生きた上原正三さんの万感の思いがこもった言葉でもあったでしょう。美しいです。

ラストカット。金城哲夫の脚本が出来上がり「ウルトラ作戦第一号」の撮影が始まるところでこの物語は終わります。エンディングタイトルにはその後に作られた初代『ウルトラマン』の映像が流され素敵な歴史が刻まれることを預言します。そして映像は『ティガ』の怒濤の最終回へと向かっていきます。

この「ウルトラの星」は、最終回を前にして伝説の初代『ウルトラマン』の世界と『ウルトラマンティガ』の世界とをリンクさせた傑作です。そして何度も書きますがここにきてこの作品を作るシリーズ構成。すごいとしか言いようがありませんね。

50話「もっと高く～ Take Me Higher！～」

冒頭で司令室、幻影を見たダイゴのところにレナが現れるシーン。レナが持つ紙コップは撮影リハーサル中に原田監督がオーダーしたもの。現場調達なのでした。そうでなければTPCの別のコップになっていたかもしれませんが、これもよいのです。これがよいのです。原田監督は現場で俳優の演技を見ながら芝居を考える方だったので、すべては俳優が芝居をしてからでした。このときはリハーサルしながらレナにコップを持たせようと考えたのでした。で、このようなことになったのです。

ガッツウイングのコックピット、レナの後ろでダイゴが変身するシーン。原田監督は悩んでいて演出部などに演出を相談していました。私も、お前ならどうすると聞かれました。自分ならば象徴空間でのお芝居にしますと答えました。でも、出来上がりはあの通り。素晴らしかったと思います。ここまで来たら直球という判断でした。あのシーンはスタッフ全員の思いの結晶でもありましたね。ラストシーンでヘルメットを落とす演技も現場で構築しました。

た。撮影したのは浦安の草原地帯です。当時は東京近郊にもまだこんな場所があったのですね。演技に集中できる環境を作るために大勢いるスタッフを遠ざけて監督と長野博さん、吉本多香美さん、そしてカチンコを持つ助監督の私の４人で静かにリハーサルをしました。そこで監督と長野さん、吉本さんがどこまで2人の気持ちが接近するかを話し合い、その表現として、あのヘルメットを落とすというお芝居が完成しました。最終回の前ですから、２人の関係を描く上でもこれがぎりぎりの落としどころだったでしょう。このシーンは黒澤映画のようにすべてのカットが望遠レンズ、またはそれに準じるレンズで撮影されています。

エンディングはこれまでのシリーズでのダイゴとレナ。最終回へ向けていろんなことがあったよねと胸がいっぱいになる素敵なエンディングです。

51話「暗黒の支配者」

暗闇に覆われた地球。本編も特撮も闇に覆われているので撮影としては本編はフォグ（スモーク）大会ですし特撮は水の特撮大会です。ついに最終の2本持ち回が始まりました。

本編班では1年間大切に使ってきた司令室の最後の撮影ですから万感の思いを込めて激しく撮影しました。中でも、本当の最後のシーン、ダイゴとレナ、イルマの３人のシーンでは操演部が火薬を仕掛けフォグメーカーで煙を炊き込んで壊すことを前提にして思いっきりやっています。１年間、大切に撮影してきたＧＵＴＳ司令室はわれわれの家と言ってもよいものでした。そんなセットですが撮影が終了したら壊します。セットは撮影されてのものですから。だからわれわれの手で、思いっきり感謝を込めて激しく壊しました。

このシーンを撮影したのは深夜でしたが、ものすごい熱気の中で撮影が進行しました。キャストもスタッフもこれで最後と思うと、自然に力が入り激しいテンションです。

レナ、イルマが万感の思いを込めて演技をして退場しました。最後はダイゴです。残ったダイゴが煙と炎の中で変身するカットでした。ここまで派手に激しく積み重ねてきたのに変身する瞬間は見せない村石監督の演出はすごいです。光と音で表現しました。激しい演技をぶつけたくなりますが、あのハイテンションな現場の中でも村石監督は冷静でした。しびれました。監督のカットの声がかかると、素晴らしい撮影ができたという満足感と、もう二度とこの場所では撮影しないという現実を前に深い寂しさを感じました。

でも、スタッフもキャストもこの後には飲みに行きました。打ち上げです。撮影はお祭りですから。このころになると何度も打ち上げをしていました。われわれは最後の瞬間を大いに楽しんでいました。

52話「輝けるものたちへ」

ＧＵＴＳ司令室はもうなく、アートデッセイのコックピットで物語が進行します。これは司令室があった東宝ビルト１スタの向かいにある2スタに作られていました。ですから1スタを眺めながら、中にまだある司令室を感じながらの撮影でなにかとても微妙でした。『ウルトラ』は1年間撮影しますから、その長い時間を共に過ごすわけで、自然と思いは深くなるのです。

神澤信一監督が演出するガタノゾーアの存在感もすごいとしか言いようがありません。素晴らしいです。そしてこの最終回では全編を通して『ティガ』へ光を送る人類の姿を描きました。最後に子どもたちが光になって、その光がティガに溢れる瞬間が『ウルトラマンティガ』のクライマックスです。本編でも細かくカットを積み重ねて子どもたちを撮影しました。特撮でも復活したティガがV6の歌う主題歌「TAKE ME HIGHER」をバックに大バトルを繰り広げます。村石監督の本編と神澤監督の特撮が見事に連動して素晴らしい相乗効果を作り上げていました。そして子どもたちの光を得て、すべての人々の光を得て、ティガはガタノゾーアに圧勝しました。撮影現場ではこのモンタージュのためにたくさんの素材を撮影しましたが、それが見事に整って素晴らしい効果を上げています。名シーンとしか言いようがありません。

ラストシーンのアートデッセイの甲板は、浦安にある海岸近くの堤防に美術部が甲板のセットを組んだものに人物を配置して海と空を借景にして撮影しました。これまた歴史に残るラストシーンですね。


「よし、みんな、記念写真を撮りましょう」以降は脚本にはなく村石監督の演出です。ここまで来るともうダイゴ、レナ、イルマ、ムナカタ、シンジョウ、ホリイ、ヤズミ、全員がキャラクターになりきっていて、それはもうとても自然な雰囲気でした。なにか演出するでもなく、そこでそうしているのが自然なこととして撮影は進みました。ドキュメンタリーの撮影のようです。あまりにもキャラクターとキャストが同一化していたので、もはや彼らが彼らであること自体が自然になっていたのです。

『ティガ』のラストカットはブルーバック前で撮影しました。にこやかにフレームに収まるGUTSのメンバーたち。そして、ダイゴとレナにズームアップしていきます。素晴らしい余韻。ここに『ティガ』は完結し傑作として伝説となったのです。

この後にキャストの皆さんは東京ディズニーランドで遊んだそうです。『ティガ』のキャストは本当に仲のよい素晴らしいチームでした。番組の世界のそのままでした。

楽しかった素晴らしい『ウルトラマンティガ』の物語は完結しました。でも、今も『ティガ』の「光」は存在し続けています。人類は光になりましたから世界中に『ティガ』は拡散したのです。世界中に『ティガ』は存在し『ウルトラマンティガ』は永遠の傑作となりました。

PART 3 プロデューサー編

MASATO OIDA
笈田雅人

YOSHIHIKO MARUTANI
丸谷嘉彦

KAZUO TSUBURAYA
円谷一夫

笈田雅人

Masato Oida | Producer

魂をぶつけるくらいの脚本じゃないとやらないよ

平成ウルトラ三部作と称される『ウルトラマンティガ』『ウルトラマンダイナ』『ウルトラマンガイア』（TDG）のプロデューサーを務めた笈田雅人氏は、根っからの『ウルトラ』好きで円谷育ち。その溢れる愛情と知識を「新しいウルトラマン」の創造へと注ぎ込んでいる。クレジットにはないがシリーズ構成的な役割も担い脚本の全体的な取りまとめを行なったという氏に、『ティガ』創作の秘密を伺っていこう。

聞き手：八木毅

「製作部で英二さんを目指して特撮監督になりたい」

八木　円谷プロの先輩でもある笈田さんには会社に入られた経緯などもお伺いしたいのですが、まずは『ウルトラマンティガ』立ち上げの部分から教えていただきたいと思います。『ティガ』はどのように企画され、笈田さんがプロデューサーとしてかかわるようになったのかということですね。

笈田　僕が円谷プロに入った1989年ごろだと製作部はなにも作っていないような状態で、ウルトラマンでいえばカラータイマーが明滅しているような感じでした。でも伝え聞く梁山泊だった円谷に憧れて入ったわけですから、それを見ないと死ねない。実相寺（昭雄）監督が「わが青春、円谷にあり」と色紙に書かれたような円谷プロにできないなら、意味がないなと思っていたんです。でも幸いにMD（マーチャンダイズ）が好調だったおかげで毎年新人が入るようになり、僕の2年後には八木くんや渋谷（浩康）くんを始め、毎年4～5人ずつの新人が入ってくるという頼もしい状況になってきてはいた。この流れで5年くらい続いていたのでTDGの前に会社の梁山泊化を目指して盛り上げていくという雰囲気ができていたっていうのはありましたね。若手同士でよく飲みに行ってサウナに泊まったり社員旅行で強制的に宴会芸をやったりして楽しい雰囲気になってきて、僕も28歳くらいで「新しいウルトラマン」の営業活動を続けていたんです。

八木　それが『ウルトラマンネオス』や『世界初ウルトラマン』ですか？

笈田　そう。1年ほどTBSさんに営業していて、結局映像化は決まらなかったんだけどね。僕はプロデューサーとして企画営業をやっていたから、責任を取らされる形でAP（アシスタントプロデューサー）に降格になって「新しいウルトラマン」からは1回外されたわけです。それで腐って「もう会社を辞めよう」とまで思っていた。（円谷）一夫（製作／当時の円谷プロ社長）さんにも相談せず、1人で悶々としていた。30歳を過ぎたら現場でやるのは年々きつくなるだろう、でも他の制作プロダクションに行って現場に放り込まれれば、まだモノになるかなって。そのときにたまたま新宿で占いを見てもらったら、いきなり「あなた、会社を辞めようと思っているね」と言われて。それで一挙に引き込まれたんだけど、「とはいえ当てもないからもうしばらく会社にはいようと思います」って言ったら、「そうね、それがいいね」ということで。そしてその2ヶ月後に『ティガ』が決まったんです。

八木　そんなタイミングだったんですね。

笈田　あと占いで言われたのは、感情線が2つになっているから同時に2つの思考ができる珍しい人間だということ。

しかもこの手相を見るのは2人目で、1人目は与謝野晶子だって（笑）。

八木　そういう人ってたまにいますよね。「孫文を叱った」とか言うんだけど、いったい何歳なんだろうって。

笈田　まあご本人を直接見たわけじゃないだろうけど（笑）。そんなこんなで会社に残って様子を見ていたら、また話が戻って来たということです。そのときは満田（穧／企画）さんがプロデューサーになっていて、企画書をまとめて読広（読売広告社）さんがMBSさんに営業してくれて決まった。それで満田さんが高野（宏一／監修）さんと共に一夫さんに、「プロデューサーは笈田くんで」と言ってくださったんですよね。一夫さんからその話を聞いたときはうれしかったし、すぐ製作部に行って高野さん、満田さんに「よろしくお願いします」とご挨拶をしました。もうAP確定だなと思っていたら数カ月後に話が戻ったので、本当に知らないところで回っていた感じでしたね。

八木　ちなみに、営業部からプロデューサーにというのは普通にあるルートではないですよね。

笈田　1つは、営業部からプロデューサーを出すというのは（円谷）皐《のぼる》（当時の円谷プロ社長）さんの方針だったんです。1993年には一夫さんが営業部第一号のプロデューサーとして『ウルトラマンパワード』を手掛けているので、僕が最初ということではありませんでした。そのときは一夫さんが毎月2週間くらいロサンゼルスに行って番組を作っていたわけですけど、僕はAPとして国内の制作販売会議なんかに出席していました。そういう流れでいうと、一夫さんの補佐をしていた僕が次にということもあったんでしょうね。余談ですが一夫さんにはよく中目黒の「これくしょん」というバーに連れていってもらいましたね。あと僕は、入社時に皐さんに「製作部で英二さんを目指して特撮監督になりたい」という話はしていたんです。でも会社は営業部員として採っているわけだから、最初は営業をやってもらう。ただ、働き次第ではチャンスを与えるからねっていう話で。それで「分かりました。じゃあ営業でがんばります」ということでやっていたわけです。

八木　最初から特撮をやりたいと明言されていたんですね。

笈田　そういうことですね。最初にAPとしてかかわったのは『ウルトラマンキッズ』で、第1話の物語の出だしは僕が考えたんですよ。企画室の江藤（直行）さんが座長の企画会議があって、皐さんの発案で『母をたずねて三千里』をベースにするといいんじゃないかって。そこから先が、なかなか具体的にストーリー案が出てこなかったの。それで「卒業式でみんなお父さんお母さんが来ているのに、主人公のマーだけお父さんお母さんがいなくて寂しい。それを見てみんながかわいそうに思って、行方不明になったままのパパとママを探しに行こうって皆が冒険の旅に出る」というスタートはどうですかっていう提案をしたんです。そうしたらメインライターの志村多穂さんが思いのほか熱心に聞いてくれて、それを「ふんふん」と即座にメモしてくれて。江藤さんにも「これでいけるんじゃないですか？」っておっしゃられて。江藤さんは「えっ？」という感じだったんだけど（笑）。あともう1つは、（円谷）昌弘さんがプロデューサーの『ムーンスパイラル』ですね。

八木　放送が3本で、ビデオオリジナルの4本目は僕が監督しています。

笈田　あのときには営業担当で呼ばれていて、脚本会議で僕が出したアイデアをもとに2話が作られた。昌弘さんが数字をフックにしたいって言っていて、僕がノストラダムスの1999年をフックにして連続事件をからめたアイデアを差し込んでいます。これも会議が停滞してるときアイデアをぶつけて担当ライターがノッてくれた。だから自分では思いつきで出しているものが、意外に反響あるなっていうのは経験していたんです。

立ち上げ時のプロデューサーは満田さんだった

八木　ではいよいよ『ティガ』の話なのですが、最初は満田さんが企画書を作成されたということでしたね。

笈田　満田さんが全部自分のワープロで打ってまとめた企画書が『新ウルトラマン』というものでした。
八木　まだ『ウルトラマンティガ』とは言っていないわけですね。
笈田　名前は後で決まるので『ティガ』とは言っていないです。内容に関しては、江藤さんの『ウルトラマンネオス』とかそれまでの『世界初ウルトラマン』を参考にしながら組み直したものだよと満田さんはおっしゃっていましたけど。ネーミングなんかも結構工夫して、GUTSとか、ダイゴ隊員とかは満田さんがいろいろな企画から組み替えて使っていたんじゃないですか。具体的な設定資料を満田さんが作っていましたからね。だから過去のいろいろなものを参考にしながら満田さんがつなぎ合わせたというか、組み替えてまとめたのが『ティガ』の企画です。これはクレジット通りということですね。
八木　満田さんは『ティガ』までは結構コミットされていたんですね。
笈田　キャスティングからなにから、立ち上げ時のプロデューサーでした。だから僕の授業参観に親が来てくれるような感じで、満田さんは1クール目をすべて同席でやってくれていました。逆に高野さんは僕がルーキーとか一切関係なしで、実戦の中でスタッフの前でも平気で「そんなことも分かんねえでプロデューサーかよ」と罵倒されまくっていました（笑）。でもそのお蔭もあって、周りもなんとなく僕をプロデューサーとして認めてくれたんだと思います。まあでもお2人には日々かなりきつめの叱咤激励をいただいたので（笑）、それがかなり発奮材料にもなりました。スタッフとやりあう前、楽屋でエンジン全開になっていましたから（笑）。今では感謝しかないです。
八木　僕はサード助監督だったので、そういう上の動きを知らなかったんですよね。
笈田　で、満田さんの企画書をもって脚本家さんを呼んでもらって。最初だから小中千昭さん、宮沢秀則さん、あとは武上純希さんもいらしていたのかな。別々に企画書をお渡ししながら、「窓口は笈田くんがするので」ということで紹介していただいて、そこからやりとりがスタートしたという流れです。その前に満田さんに呼ばれてサシで話したんですけど、「笈田くんはなにを目指そうと思っているんだ?」ってストレートに聞かれて。それで「正真正銘の新しいウルトラマンにするために、『ウルトラ』の草創期に『Q・マン・セブン』が持っていたSFワールド、《センスオブワンダー》をしっかり打ち出して、今の視聴者に驚きを楽しんでもらいたい。そして、われわれのように『ウルトラマン』を見て育った世代がウルトラマンをテーマになにをぶつけていけるかで勝負して、ウルトラマン像を探求していきたい。たとえそれが満田さんの時代のものと比べ無残なものになったとしても、そこからわれわれ世代はスタートすべきだし、ライター陣と玉砕覚悟でいくのでホン作りを任せてほしい」という話をしました。そうしたら「分かった」ということで、次の日にまた呼ばれて企画室に一緒に行ったら、「今度の『ウルトラマン』の脚本づくりは全部笈田くんがやるから企画室はノータッチで」っておっしゃって。満田さんがそこまでシロクロつけてくれたのでやりやすかったですけどね。

八木　満田さんは信用すると全面的にまかせてくれるんです。

笈田　確かに満田さんは企画室へ行った後「じゃあ、後はまかせたよ」とおっしゃってくれたんだけど、実際作業をスタートして僕がちょっとでもへばった姿を見せると、「笈田くん、辛くて辞めたかったらいつでも言いなさい。いつでもクビにして、僕が代わりにやってあげるよ」って。えーって思いましたけど(笑)、これは途中でも何度も言われましたね。軍人じゃないですけど、四の五の言わせず、ストレートにシロクロつける。そういう方なんです。

八木　すごく毒舌というか……。

笈田　余談になるけど、満田さんには殴られたこともある。それは『ブースカ!ブースカ!!』のときだからだいぶ後だけど、満田さんとカップリングで八木くんが監督をやったときの打ち上げです。冗談なんだけど「満田さんのに比べたら、八木くんのは全然ダメですよ」なんて言っちゃって、八木くんはデビューしたばっかりで若手だから「いやー、もちろん満田さんの足元にも及びませんよ」なんて合わせてくれていた。そこで「いやいや、そんなことないよ」くらい僕も言えばよかったんだけど、調子に乗って「ホント、ダメなんだよ」みたいなことを言ったら、満田さんにバコンって後ろからたたかれた（笑）。「馬鹿野郎！　そんなことを言うんじゃない！　八木くんだってちゃんと監督として仕事をしているんだから」って。

八木　それは全然覚えていないんですけど。円谷プロに入ったときに満田さんは第二製作部部長で、僕は満田さんの部下でしたからそうなりますよね。まあ本気でたたいてはいないと思いますけど（笑）。

笈田　いや、かなり痛かった。あれは本気だったと思うよ。まあ殴られたというのはオーバーだけど、思いっきりはたかれたのかな。倉持（武弘／撮影）さんがそれを見てちょっと引いて苦笑しながら、「うわー、円谷いいなぁ～」って言っていたな。最後はベロベロに泥酔して僕と八木くんで満田さんの肩を抱えてタクシーでお送りしました（笑）。

松原監督にはゼロベースで撮影開始するところまで持っていっていただけた

八木　笈田さんが脚本を進める中で1～2話「光を継ぐもの」「石の神話」はどう決まっていったのでしょうか？

笈田　1～2話は白ボン（準備稿）段階の右田（昌万）くんの脚本でスタートしたんだけど、そこからだいぶ直しを入れているはずです。松原監督から「もっとリアルにしたい」というリクエストがあったので、ギャグっぽい設定なんかを書き換えています。僕と丸谷（嘉彦／企画）さんなんかで見ながら、決定稿になっているはずです。これからいろいろなテーマを詰めていくっていうスタートラインなので固まっていない要素も多かったけど、松原監督には作品のムードをゼロベースで撮影開始するところまで持っていっていただけたので感謝しています。結局脚本って、撮影やカット割りの前に監督が手を入れるわけじゃない？　だからニュアンスなんかは監督の色が強く入ってくるのが宿命ですよね。

八木　1〜2話でいうとホリイ隊員が発明した物質変換装置デオ２０９に関してはいかがですか？　これは脚本では最後まであって撮影もしましたが、結果的には編集でカットされています。

笈田　デオ２０９は編集でも僕は見ていないから、台本で切ってしまって撮っていないと思っていました。そこは記憶違いですね。ちなみに編集でカットする前に松原さんからは電話で連絡があったんですよ。夜の11時過ぎだったかな、1話の尺は21〜22分なのに「40分になっちゃった」って。とはいえ、最後はティガが怪獣をやっつけてスカッと終わるようにしないと成立しないから、そこ至上主義で細かい設定は切ってくれと言ったんです。そうしたら「いや、1〜2話で3話分にしてなんとかするから、笈田ちゃん俺に任せてよ」ということで。それで最悪3話にするのもアリかな……なんて思って、ひとり夜空を仰ぎながら「まあ明日、監督の話を聞いてみるか」って会社のソファで寝て。翌朝連絡を待っていたら勝賀瀬（重憲／助監督）さんから電話がかかってきて、「監督が伺う予定でしたが、あれからわれわれも話しまして、会社の意向としての笈田さんの意見に従おうと思います。だからかなり切るから話が成立しているか分かりませんよ」という脅しを受けたんです（笑）。それも困るなと内心は思ったけど、なんとかまとめてくれるということだったので信頼して、「じゃあその方向でお願いします」と言って電話を切ったということもありました。だからデオ２０９のくだりは物理的な理由もあってカットされたんでしょうけど、結果的にはそれがよかったなと思います。

八木　1〜2話は撮影に1ヶ月くらいとすごく時間をかけていますが、準備期間は短いし、久しぶりのウルトラだしで撮影現場は大混乱でした。それで尺が伸びていったということもあったかもしれません。でもあの混乱の中で進んでいたのに、編集してみたら奇跡のようないい作品になっていた。デオ209を切ったとかいろいろありますけど、最終的にすべてがいい方向に向かった気がしているんです。

笈田　デオ209に関してはこういう設定でいいのかっていうのは、結構議論になっていたしね。台本の段階で切る方向性も出ていたけど、撮影まではしていたということですね。

『ティガ』を成立させる現場の柱だった村石監督

八木　その後に3話「悪魔の預言」の脚本で小中千昭さんが入ってくるわけですね。

笈田　3話も実はすんなり決まらなくて、もめにもめたんです。最初は9話「怪獣を待つ少女」のプロットが3話になるはずだったんだけど、これは満田さんの考えでした。その意図は『ウルトラマン80』でも3話は「泣くな初恋怪獣」で、正統派怪獣ではなくファンタジーっぽいやつだった。だから満田さんとしては3話ではあまりハードな方向にいかないで、ファンタジックなもので緩和しておく方がいいだろう、ということですね。それで局打ち（放送局との打ち合わせ）に臨んだら丸谷さんが開口一番、「3話でこのファンタジーはないだろう」って（笑）。困っちゃったんですけど、丸谷さんからは僕の意見も聞かれたので、「『ウルトラマン』の2話はバルタン星人です、怪獣ものといっても『ティガ』もそれくらいバリエーション豊かにしたいから、3話でパッと変えてライバルの宇宙人みたいなものにしていきましょう」っていう提案をしたんですね。そうしたら小中さんが「いやー、もうこの時代に宇宙人ってないだろう」と言うわけ。なぜかというと、ドラマ部分でさんざん宇宙人が戦略を語って緻密に動いたのに、最後に巨大化して肉弾戦っていうのはあり得ないだろうって。うーん、今は『ウルトラマン』にもそんな理屈づけが必要なのかなって思ったんですけど（笑）、じゃあウルトラマンに挑戦してくる宇宙人があえて普段の自分とは違う形で、ウルトラマンにタイプを合わせて挑んでくるという方向性はどうですかってダメ元で提案して。そうしたら即、それなら面白いよねっていうことになった（笑）。それと丸谷さんが「3話だったらイルマ隊長を紹介しないとあかんだろう」っておっしゃって、小中さんも隊長を描きたいということで一致したので、急遽2日後にまとめていただいたのが伝説の「悪魔の預言」です。そうしてとりあえずホンはできましたがいろいろ課題があって。本編の村石（宏實）監督、特撮の神澤（信一）監督双方が脚本家を交えて打ち合わせをしないと入れないということになって、夜に小中さんにも来てもらって、東宝ビルトの2階の大部屋で打ち合わせをしていたんです。ウルトラマンにしゃべらせるのはどうなのかとか、特撮のスケジュールに無理があるといったことがとっかかりの議題でしたが、立ち上げのバタバタ感の中でいろいろな不満が噴出して、もう収拾がつかないくらいのバトルになってしまった（笑）。後で聞いた話ですが、実はそのときに勝賀瀬さんとか長谷川（圭一／装飾）さんも言いたいことがあって、「監督やプロデューサーが来ているんだったら言ってやろう」と上に様子を見に来ていたらしいんです。でも、怒声が飛びかいケンカ腰のわれわれのあまりな状態を見て「これはちょっとお呼びでない」って下がっていったそうですね（笑）。

八木　そのバトル状態はどうやってまとめられたんですか？

笈田　村石監督がかなり円谷側で考えてくれていたのがすごくありがたかったですね。他の回でもそうでしたが、常に作品が成立する方向で話を持っていってくれたんです。だから村石監督は『ティガ』を成立させる現場の柱だと思っていました。神澤さんももちろんすごいんだけど、とにかく映像至上主義だから最高の条件になるまで譲らない方なんです。一方、村石さんはプロデューサーサイドの苦しみや現状の苦境を分かった上で自分の色を出そうっていう、大人の思いやりを持っていらっしゃる方だと思いますね。ですから最初からシンパシーを感じていました。あと1〜2話の松原（信吾）監督は、途中でTBSのドラマの立ち上げに参加するために離れているんですね。それで村石監督にバトンタッチしましたが、松原監督にもとても感謝しています。立ち上げ時、無茶な質問攻めを受けて僕が孤軍奮闘して打ち合わせが紛糾したときも僕に加勢してくれたりして、松原監督も本質を見てくれていたんだなって思います。村石監督と松原監督はまさにメインたる監督でしたね。

八木　お2人とも本当に人格者ですから。

笈田　それから小中さんもありがたかったですよね。脚本家サイドから、シリーズ構成に関してはプロデューサーがやるべきだよねって言ってくれて。「ただ、監督の意向もちゃんと聞いた方がいいよ」って。でも村石監督に脚本のことを聞いたりすると逆に怒られたんですよ。「そんなことはこっちに振ってくるな。俺たちは上がってきたホンを撮るんだから、プロデュースサイドでちゃんとやっておいてくれ」ということで。これはわざと怒ったのか、変に気を遣うなっていうことだったのかは分かりませんけど、逆にやりやすかったですね。そんなこともあってライターさんと僕とで方向性を決めて、もちろん各話の監督の意向も聞きながらもどんどん進めることができるようになっていきました。

八木　『ティガ』の最終回は村石監督で小中さんが締めています。当時見ていて、笈田さんと村石監督、小中さんの三角形はかなり特別な感じがしていました。

笈田　高野さん、満田さんは立ち上げから僕を推してくれて、プロデューサーとして立たせてくれました。一方で、作品制作に入ってから一緒に引っ張っていったのは村石監督と小中さんだったと思います。あの2人が協力的でよいバランスでいてくれたっていうのは大きいですよね。村石監督の現場を制する力、小中さんの脚本でのドラマ構成力があったので、僕は作品のベクトルとかアイデアや思いをサジェスチョンできる。そういうことで、すごくよいバランスで1つのクルマになって作品を引っ張っていけたのかなという気がしますね。

伊豆ロケで颯爽と立つ笈田雅人プロデューサー。今や伝説となったスタッフとの大激論（プロデューサー呼び出し事件）があった次の朝。すべてがよい方向に行って『ティガ』の成功を予感させる爽やかな朝です

八木　現場でも本当にそう見えていました。

それぞれの話数でハリウッド映画にも負けないくらいの感動を『ウルトラ』が与えていく

八木　脚本に関していうと第1話の右田さんから始まって小中さんが入って……と、人員配置や流れも含めてすごく絶妙な構成じゃないかと思うんです。

笈田　最初は細かいシリーズ構成とかを考えずにいろいろな人にプロットを出してもらっていた中で、思ったことがありました。それは1つ1つ、いろいろな色でとにかく感動させていきたいということ。とにかくそれぞれの話数で脚本家さんの力を借りて、ハリウッド映画にも負けないくらいの感動を『ウルトラ』が与えていく。そうやって1本1本を積んでいこうという思いはありましたね。だからプロット選びもそうですし、そういう方向性にこっちの思いを乗せて脚本を仕上げまでもっていく。脚本家さんとはプロット時にポイントを具体的にやりとりをしましたし、小中さんとも19~20話「GUTSよ宙《そら》へ・前後編」から、具体的にこういうのでやってほしいというポイントは伝えているんですね。小中さんも嫌がるどころかノッてくれたので、思いは一緒だなとよりシンパシーが増しました。

八木　千昭さんはすごく頭のよい方ですからね。

笈田　とにかくセンスもよくて義に厚い（笑）。頼もしいメインライターが来てくれたなって思いますね。あとは右田くんとも2人で話し合って、特に8話「ハロウィンの夜に」、18話「ゴルザの逆襲」、45話「永遠の命」なんかは喧々諤々でやりながら、僕が納得できるまで話し合った記憶があります。おかげで中でも「永遠の命」では、超古代文明衰亡の歴史を、結局は人の心の弱さが原因で滅んだという、完全に納得いく形で現出してもらえました。

八木　「ハロウィンの夜に」は楽しい作品でしたね。

笈田　4本しか撮っていない岡田寧監督でしたが、シルエットを交えての撮り方とかセンスがあって素晴らしかったですね。ただハロウィンというテーマは最初に決まっていたんですけどなかなか脚本がまとまらなくて、僕としては子どもの夢の大切さをポイントに、飲み屋での打ち合わせも含めて監督と3人でまとめていったという思い出深い作品です。映像もファンタジックで素晴らしかったですね。あれができたときに、新しい『ウルトラ』像がちょっと見えてきたなっていう気がしたのを覚えています。

八木　そしてギジェラの回は、1~2話もそうですけど超古代文明の話につながるわけですよね。そうすると、「光であり人である」というテーマがどう出来上がったのかが気になるところです。

笈田　もともと「ウルトラマンは光の国から来た」というのはあったから、光にも人にもそれほど抵抗はなかったわけです。それで僕のイメージとしては、もともとウルトラマンは物理的な存在というよりは高次元の光の存在で、各惑星にも出現するエネルギー体であると。しかもそれは、その惑星の住民が理想とする形に見える光のエネルギー体。こういう設定はどうですかねって小中さんに話したら、それは面白いって言ってくれて。だから光とウルトラマンはイコールで、人間が昇華した姿はああいう光なんじゃないかっていう漠然としたイメージがあって。

八木　そうした思いの下地もあって名作ぞろいになったということですね。

笈田　そこにはもちろん脚本家さんの熱い思いもあったわけですけれど、こちらとしては「魂をぶつけるくらいの脚本じゃないとやらないよ」という強い意識もありました。なぜなら円谷としても久しぶりの『ウルトラマン』ですから失敗できないし、予算もたくさんかけている。そういう責任感もあったんですね。だから自分の命をかけるまではいかないまでも、そういう思いがこもっているようなストーリーを持ってこない限りこっちも前に進めない。脚本家さんとの打ち合わせでプロットを出してもらうときに言っていたのは、軽い言い方に聞こえるかもしれないけど、

八木　「僕に魂をください」ということでした。その上で出てきたプロットの中でこちらのテーマと即して「いける」と思えるものに対して、「こういう方向で」っていう色づけをしていったんですね。また、先にポイントやお題をこちらからあらかじめ提示していく部分もありましたね。

八木　長谷川圭一さん、太田愛さんが『ティガ』で脚本家デビューされているのも大きなトピックです。

笈田　長谷川さんはもともと装飾で、現場で八木くんのいい兄貴分的な人がいるなって見ていたんですね。そうしたら八木くんを通して僕に脚本のプロットが夜な夜な届くようになって。

八木　そうでしたね。「ヤギラ、読んでくれ」って脚本を渡されて。長谷川さんは本当に『ウルトラ』への熱い思いがある方で、それで読んでみたらすごく面白いんですよね。笈田さんと僕はしょっちゅう会社に泊まっていたので、その流れでお見せしていたんでした。

笈田　長谷川さんの脚本は読んでいたのでなんとなく頭にあって、本格的にやりたいということだったので新たに書いてもらったんですね。だから長谷川さんには「僕に魂をください」とは言っていないかもしれない。ただ、最初にもらったプロットがちょっと大人っぽすぎたので、もっと『ウルトラセブン』的な王道の侵略もので1本ということでお願いしました。それが結果的にホラー色の強い感じの22話「霧が来る」になったんです。太田さんに関しては知り合いの出版社の人から「ライター志望の女性がいて、演劇なんかもやっていて熱意がある人だから1回会ってくれないか」という電話があったんですね。それで会社で一度お会いしました。印象はすごくピュアな方で、ほぼ年も同じでシンパシーも感じました。まず第1話を見てもらったんだけど画面に食い入るように見てくれました。それでピグモンのように可愛いキャラクターを出したいのでそういう方向でまず考えてもらえますかって。それがデビュー作「出番だデバン！」（21話）、ということになります。本当に熱意ある援軍が2人も来てくれたという感じでした。

『ティガ』の原点回帰、『マックス』の原点回帰

八木　僕が『ウルトラマンマックス』をプロデュースするときに、笈田さんから「こういう作品の構成は綺麗なグラデーションになるのがいいんだ」と伺ったことをよく覚えています。そのときに、色分けされた紙も見せていただいたんですよね。

笈田　『ウルトラマン白書』には各シリーズのリストに脚本、監督、特技監督が載っているわけじゃない。僕は中高生のころにそれを、高野さんは水色、佐川さんは赤という感じで蛍光ペンで塗って、組み合わせを見ていたんです。それで「ああ、この監督が入るとこうなるのか」なんて想像するのが楽しかった。『Q・マン・セブン』のころはグラデーションが本当に綺麗で、柱となる監督と脚本家が明確でした。そういうことを客観的に解析するというか、明晰に見られる簡単なやり方だよっていうようなことですね。

八木　この教えはとても参考になりましたし、『ティガ』自体も当然そうなっているわけじゃないですか？

笈田　それを復活させようとしたからね。

八木　ちょっと見ただけではよく分からないかもしれないですけど、流れがとても綺麗だと思いますね。

笈田　それはうれしいです。構成としては『ウルトラマン』『ウルトラセブン』に匹敵する全体のバランスにしたいなと思ってはいたので。でも『ダイナ』ではあえて少し崩してラフな構成にしたり。『ガイア』では『ウルトラ』初の大河ドラマ構成ということで、小中さんの力をお借りしてさらなる高みを目指しました。

八木　笈田さんに教えていただいたグラデーションの話や、プロデューサーをやるに当たっての心構えなんかを『マックス』には反映しているので、テーマは違うけど『ティガ』は目標にしていた部分があるんですね。

笈田　『ティガ』に関しては16年ぶりの作品ということで新シリーズ復活という扉を開かなければならないという時

代だったので、特別な部分もあったと思います。でも『マックス』に関しては壁を突破とかではなく自然体で『Q・マン・セブン』のころの精神に近いやり方で作っていたんだろうなって思っています。シンプルにクリエイティブな作品をみんなで楽しみながら作っていくというね。

八木　そこの世界観だけは戻そうと考えていました。『ティガ』は逆に本当に自由でM78星雲の出身でさえないです。

笈田　『マックス』の原点回帰はM78星雲に戻ったということでもあった（笑）。でも『ティガ』のときだと、M78星雲を含めてバックボーンは全部周知されているような状態だったわけじゃない。つまり履歴書が全部付いているような人が出てきても、「ああ、分かりました」となってしまう。だから怪獣が出ようがウルトラマンが出ようが、SF性なんて全くなくなっている。そこからのスタートだったから、『ティガ』の原点は最初に『Q・マン・セブン』を見たときの驚きを取り戻さないといけないということだったんです。そうじゃないと、この先『ウルトラマン』を作っても魅力は生まれないだろうと。既知の存在だとやっぱり面白くないですから。

八木　置かれた状況によって表現は違ってきますけど、『マックス』も『ティガ』と一緒でSFであることとかセンスオブワンダーをすごく意識しているんですよね。

笈田　『マックス』は1本1本が『ウルトラQ』的というか、『Q・マン』に近いなと思いました。だからうれしかった。またああいうクリエイターが楽しんで作るワクワクするような作品ができた、これは『ティガ』がなんとか生き残ったから、扉を開いたからつなげられたんだなって思えましたから。

八木　まさにそうなんですよね。『ティガ』が扉を開いてくれたわけですから。その『ティガ』では49話「ウルトラの星」という異色作もありますね。そういう意味では『ティガ』もM78星雲につながっているわけです。

笈田　上原正三さんに脚本を1本お願いするというのは、自分自身のファン視点からの絶対のこだわりで最初から思っていたことです。それでこちらとしては、「円谷英二さん、金城哲夫さん、円谷一さんの子どもに夢を与えたエネルギッシュな生き様みたいなものを、エピソードをうまくからめて熱く語ってほしい」ということをお願いしました。成城の焼鳥屋でお昼を食べながら打ち合わせをしたんですけど、上原さんが最初に「もう『ウルトラ』は書かない」と。でもなんとか書いてもらいたい。ちょうど上原さんが金城さんについての本を執筆されたということだったので、「上原さんの本も含めて金城哲夫を後世に語り継ぐものになれば、お互いの思いは合致しているんじゃないですか」って説得して。

八木　それでああいう話になったんですね。

笈田　「うーん、それは痛いところを突かれたね」っておっしゃっていましたけど（笑）。それで半ば強引に確約を取りつけましたが、残念ながらまだ半信半疑だったようで4ヶ月くらいはナシのつぶてだった。そうこうするうちに満田さんがパーティで上原さんと話をする機会があって、「まだ書いてもいないみたいだよ」って教えていただいて（笑）。それで上原さんに電話して「この間申し上げましたように本の宣伝にもなるし、金城さんを語り継ぐホンにしてください」と念押しして上がってきたのが、もろ円谷プロが舞台になっていたあの作品だったんです。しかもウルトラマンも出てくる。そういう話は打ち合わせでは一切なかったので驚きましたけど、ウルトラマンを出したいというのは自分でもどこかで思っていたのでよかったなって。ただ、小中さんにお願いしている最終の3部作が次に控えているから、小中さんにも意見を聞いておこうと思ったんですね。流れ的に全然違うところにぶっ飛んでいるから、嫌がるかもしれないなと思って。そうしたら半日後に、文字がぎっしり書いてあるファクスが届きました。要約すると「意義があるからこれは絶対にやるべきです」ということで、こちらの意向に100％ご賛同いただいた。他のプロデューサー陣も満場一致ということで。『ウルトラマン』30周年ということもありましたしね。

八木　小中さんはきっと論理的に理由を書かれていたんでしょうね。

笠田　そうですね。ただ1つ心配だったのは円谷プロがそのまま出てくることで、会社の宣伝と受け取られないかが気になりました。それで丸谷さんにお見せしたら、「お前、本当にこれをやりたいのか?」「上原さんは伝説の脚本家ですからぜひやりたいです」「上原さんって誰や?」っていうやり取りがあって（笑）。そこから説明したら、「お前が本当にこれをやりたいんだったら通してやる」って言われて。

八木　それはすごい信頼関係ですね。

重要だった34話「南の涯てまで」

八木　『ティガ』では1本1本の面白さを追求するというベクトルと、縦の流れを綺麗なグラデーションにするというベクトルの両方を目指されたということですが、実際にはなかなか難しいところではありますよね。設定なんかも詰めきれずにスタートしたということでしたし。

笠田　最初は2クールでの契約だったからいろいろドタバタした部分もあったけど、延長が決まって4クールまでいけるということが分かってから巻き返しましたね。お正月休みに夜空を見ながらダイゴの素性とか、なんでティガになったのかとか、GUTSのTPCが地球平和連合に移行したいきさつとか、超古代文明がなんで滅びたのかとか、そういうもろもろをビシッと解決してエンディングに持っていくための構想を自分なりにまとめました。それで三が日明けすぐに小中さんに連絡して、まずはダイゴがなんでティガになったのかを34話「南の涯てまで」に詰めて、まとめていただくということになりました。最初はヨシオカ長官が実はキリエル人で、暗躍してTPCで破壊活動をするという方向で小中さんからプロットが提案されてきたのかな?

八木　そんなストーリーも考えられていたんですね。

笈田　でも僕はヨシオカ長官をそういう風にはしたくなかった。『セブン』のキリヤマ隊長とクラタ隊長みたいな男気あふれるストーリーで、ケンカしているけど実は芯ではサワイ総監を一番分かっていてサポートする存在にしたい。そういう人が中枢にいるから、いい組織になっているという方向で活用したいんですよってお伝えして。余談ですが、『ダイナ』の33話「平和の星」でヒビキ隊長とヨシオカ長官のツーショットがインサートされるんですが、そんな後につながる世界観にもなりましたね。

八木　確かにあれは重要な回ですよね。

笈田　ダイゴについて話したのは、ダイゴがなにか特別な能力を持っているとか、秀でているということではない。ただ、自分の熱い思いで火中の栗を拾いに飛び込んでしまう性格なんだということ。無我夢中でやってしまう性格、そういうことの延長線上にウルトラマンとの遭遇があるのがいいんじゃないかって。サワイ総監を救いに行く一隊員、その延長線上にガッツウイングで死を顧みずに飛び込んで行くいち隊員があって、それがティガに飛び込むことにつながっていく。そんなようなことで、スムーズなキャラクター設定になったんじゃないかなと思っています。

八木　余談ですがヨシオカとダイゴが乗っているボートは動作が安定するように僕がウェットスーツを着て後ろから泳ぎながら押さえたりしていて、サード助監督としては撮影が大変だったという思い出があります（笑）。しかし三が日に細かい設定を考えられて、それを最初に相談するのもやはり小中さんだったんですね。

笈田　そのときにはもう最終2話の脚本を3人（小中千昭、長谷川圭一、右田昌万の3氏）にお願いして、まとめ役は小中さんにやっていただこうというのは考えていたと思います。

八木　では最終2話のお話をお願いいたします。

笈田　最終回はここまで見てくれた、応援してくれたファンに恩返しとして、一番喜んでくれる形で最大級のプレゼントをしたかった。それが、自分にウルトラマンが宿って一緒に闇を切り拓くという共同作業。人類の熱い思いで次の時代の扉を開く！　最後は特大ハッピーに終わらせたいと。じゃあなんでハッピーエンドなのかというと、当時届いたファンレターなんかを読んでいると、「最後はウルトラマンが堕落した人間に嫌気が差して地球を闇に閉ざしてしまうんですよね」「ウルトラマンに人類を成敗してほしい」みたいなネガティブな意見も多かったんですよ。世紀末的不安感があったのかもしれません。ああそうか、こういう人もいるのかということで意を強くしましたね。また、『ティガ』の方向性をスタート時から心配していたスタッフ陣の最後の動きとして、特撮班の制作担当の熊田（雅彦）さんが刺客として送り込まれてきました（笑）。熊田さんは黒澤（明）組も経験しているベテランの野武士のような強者というイメージの方です。その熊田さんから４クール目に電話が入り、「サシで話したい」と。それでラストの方向性を確認しないとこの先できないという勢いで見えたので、成城の飲み屋で、「あくまでまだ僕の胸の内だから極秘に」と約束してから方向性をお話しました。そしたら、「笈田さん、なんでそんないい話を皆に言って安心させてやらないんですか」とおっしゃるので、「大事なことほど慎重に進行しないと、実現前に横やりが入ったりでうまく進行できなくなりますのでご容赦ください」とお話したこともありました。それで熊田さんが「分かりました。明日からまたがんばります。私は明日、撮休でお休みですけど（笑）」と納得して帰って行かれたので、僕も方向性に自信を持ちましたね。まあそういう方向性だけど、ドラマに関しては小中さんにおまかせという感じで無茶なお願いではありましたが、小中さんを中心に長谷川さんと右田さんのお三方で見事に意を汲んで形にしてくれたということですね。

実相寺監督も気に入っていたティガの顔立ち

八木　最終回までの流れを伺ってきましたが、そことは少し違う流れとして実相寺作品があると思います。実相寺監督は『ティガ』で2本撮られているわけですが、この2作はどんな感じで進められました？

笈田　実相寺監督とは営業のときからお付き合いがあって、コダイにもずっと出入りさせてもらっていたんですね。一夫さんと親交があって、実相寺さんの方から『ウルトラマン』をまた撮りたいという打診をしてくださって、それでコダイに2本制作協力をお願いして37話「花」と40話「夢」を撮っていただきました。問題は実相寺監督が局打ちはおろか、撮影が始まるまで打ち合わせには一切参加しないという宣言をされたことで。お忙しいというよりは、そんなのはちゃんちゃらおかしいっていう感じでしたね。でもさすがにそれはちょっと困るからということで、局打ちに1回だけ参加していただいたことがあります。それ以外は全部服部（光則）さんが打ち合わせに来てくれて、段取りもしてくれました。脚本は薩川昭夫さんですね。この2本に関しては実相寺監督がやりたいものを撮っていただくのが一番だという思いもあったので、手を入れる必要はないだろうという気分でお迎えしていました。実相寺監督が局打ちに来てくださったときの脚本は準備稿の前のペラの状態のものだったんですけど、監督が「笈田くん、どうだい？」と聞かれるので、僕は「いや、監督の思い通り撮っていただければそれで大満足ですので、僕からはなにもございません」と返したら、地球平和連合が地球防衛軍になっていたりして名前がちょっと違っていたんですね。それで諸冨（洋史／プロデューサー）さんに「笈田さん、設定が違うのはおかしいでしょう」って突っ込まれてしまった（笑）。

八木　並行世界の話じゃないんだからって（笑）。

笈田　そうしたら監督に「そういうところはちゃんとチェックしておいてくれないと困るんだよ」って怒られてしまった記憶がありますね（笑）。

八木　服部さんとは打ち合わせを進めていたけれど、ということですね。

笠田　ぎりぎりまで脚本はこなかったし準備期間を全然持てなかったという言い訳はあるにはあるんですけど、実相寺組に関しては「丸投げ」みたいな意識もあったんですね。でも実相寺監督はウルトラマンティガ自体にはすごく好印象を持ってくださっていて、デザインがすごく気に入ったとおっしゃっていました。「久しぶりに見るよい顔立ちで、これは美しい画になるんじゃないか」って。すごく楽しそうでしたよ。

八木　実相寺監督がそうおっしゃるなんてすごいですね。ティガは本当に美しい。丸山浩さんの傑作だと思います。

高校時代のあだ名は「円谷笠田」

八木　笠田さんは特撮監督を目指して円谷プロに入社されたということですが、もともとどういう少年だったのですか？

笠田　当時は時代的に、男子は怪獣ものにどっぷりはまっている子が多かったと思うんです。ただ中学高校と進む中で怪獣好き・ウルトラ好きがだんだん少なくなってきて、「だいぶライバルが減ってきたな」という変な感想を持っていたのを覚えています（笑）。僕の中では円谷プロがずっと目標でそれは明確になりこそすれ変わらなかったんです。

八木　かなり早い段階で円谷プロに入るのが目標だった。

笠田　『ウルトラマン80』が中学3年だったかな。その後の『アンドロメロス』（83）は10分番組だったりして、すごく材料的に弱い時期だったんです。一方で『宇宙戦艦ヤマト』や『機動戦士ガンダム』が出てきてみんなアニメに流れていくわけです。あとはハリウッド映画ですよね。僕ももちろん好きですけど、周りがスピルバーグがどうだ、ルーカスはどうだという話をしている中で、僕は1人だけ高野宏一の特撮はどうだ、満田さん、実相寺さんはどうだ、金城哲夫はどうだっていう話をしていて。「誰それ？」「お前ら『ウルトラマン』を見て育って、そんなことも知らないのか」っていう感じで劣勢ながらも布教活動をしていたわけです。それで高校時代には「円谷笈田」なんて呼ばれるようになってしまって（笑）。

八木　素敵なあだ名だと思います（笑）

笈田　高校時代の思い出は映画同好会で映画を作っていたのと、『宇宙船』で募集していた「スペリウム」という集まりに参加したことですね。マニアックな名前に惹かれて。脚本家で『グリッドマン』なんかを後に書かれる川崎ヒロユキさんが主宰者で、久里浜で月に1~2回集まって話をしていたんです。『ダイナ』の打ち合わせでバンダイさんに行ったら、スペリウムにいた野中剛さんが担当者でびっくりしたということもありました。当時から野中さんの絵はプロ並みにうまかったんですけど、ずっと戦隊もの・ウルトラものが好きで、今は講談社の『ウルトラ特撮PERFECT MOOK』の最後のページのコラムを書いたりもしています。そんな集まりで川崎さんも野中さんも同い年だったこともあって、「笈田くんは高校を出たらどうするの？」なんていう話になって、最終的には円谷プロに行きたいんだって言ったのを覚えていますね。ただ当時は円谷プロが新卒を採用していなかったので、「それは無理じゃない？」なんて言われてしまって（笑）。まあそんな高校時代を過ごした後に大学は1浪して明治学院に入ることになるんですけど、大学時代は弓道に没頭していました。日大芸術学部という選択肢も当然ありましたが、そこで道を定めてしまうよりも自分の土台をちゃんとしておきたいということで一般の学校に行ったんです。体育会に入って心身ともに鍛えておきたいなっていう気持ちもありましたし。

八木　体育会系の弓道部ですもんね。

笈田　そうしたら本当に厳しいけどいい先輩がいっぱいいてとても健全でした。入学当時は1985年でバブル真っ最中でしたけど、夏も冬も合宿があって普段は道場にいるしということで、ディスコとは対極の、『ルパン三世』でいえば五エ門の棲み処みたいなところにいる毎日で（笑）。

八木　言っていいのか分かりませんが、僕はマハラジャとか行っていたんですよね（笑）。

笈田　それが『ティガ』と『マックス』の違いだね（笑）。まあそんな学生生活を送っているうちに、はっと気づくと4年生。就職活動はどうしようかなっていうときに考えたら、やっぱり円谷しかないわけです。業界人の父に、友人のオフォス21の社長経由で調べてもらうと、やっぱりここ数年は人を採っていないみたいだっていうことでした。それで代理店なんかをちょこちょこ受けていたんですけど、ホリプロの社長がすぐ近くに住んでいて皐社長と親交があるので聞いてもらったら、「MD（マーチャンダイジング）が好調だから今年は4名採用予定だ」ということでした。それで面接を受けたら合格したというのが経緯ですね。最初はダメだなと思っていたんですけど、89年の卒業でラッキーだった。

八木　浪人した1年で運命が違っていたということですね。

笈田　まあそれで最初に言ったように営業部に配属されたわけです。入社直後、最初に皐さんに言われたことで今でも覚えているのは、「笈田くん、円谷プロの一社員になってはダメだよ」ということでした。やっと入ったのになんだろうと思ったんですけど、「この業界は笈田個人で仕事をして初めて一人前。社員に甘んじていたらそれで終わっちゃうんだぜ」って。それで感動して週末には今と同じVISUAL FRONT LINEの屋号で名刺を作りました。自分のイメージとしては、今は円谷プロで仕事をしているけど、VISUAL FRONT LINEから出向している笈田なんだっていう気持ちでね。そういうわけで社員という感覚をなるべく持たないようにしていたのは、よかったんじゃないかなって思います。皐さんでもう1つ鮮明に覚えているのは、『ウルトラマンキッズ』の絵本を作っているときに言われたことです。あれは皐さんが原作だったんで進行状況とかセル画を見せてチェックしてもらっていたんですけど、何度目かに「これは問題ないんだけど、どこに笈田の色が入っているんだ?」っておっしゃるわけです。自分としては入ったばかりでアシスタント気分もあるから、全然そんなことは考えていなかった。『ウルトラ』の仕事だからうれしくてやっているだけ（笑）。でも「作家さんの上げたものをチェックしているだけじゃダメなんだよ。いかに自分の色を作品に落とし込むかっていうことをしないとこの業界は生き残れないよ」と言われて。ああ、右から左へっていうのじゃダメなんだと思いました。その2つはすごく残っていますね。

八木　すごく教育的ですね。でも確かに皐さんはそういう方でした。

笈田　それがあるとないでは制作に向かう上での姿勢が全然違いますから、本質的な教育をしてくれましたよね。だから円谷のＤＮＡを注入されたっていう感じがしていますね。

みんなで疑問をぶつけあってつむいだ答えが最終回

八木　笈田さんの円谷愛はとてもよく分かりました。その上でお聞きしたいのは、『ウルトラ』以外の要素で『ティガ』に影響を及ぼしたものの存在です。

笈田　僕は昭和40年代に生まれて、当時みんなが見ていたテレビや映画は当然共通する原体験として持っています。また、読書も好きなのでいろいろ興味のあるものは本を通じて探索しています。だからいちいちそういう話はしませんが、特に強かったものとしては『愛の戦士 レインボーマン』から始まる川内康範先生の3部作なんです。その前には『月光仮面』がありますが、これは戦後初のヒーローで、その流れを汲む正統派のヒーローですね。この3部作はすごいし、『ティガ』にも一番影響していると思います。それはなにかというと、レインボーマンは特別な力を持っているわけではなくて、人間がインドで修行してダイバダッタの魂を宿して……っていうことですね。『ティガ』

の人間ウルトラマンという設定、人間ががんばった末に昇華してウルトラマンになるということは、ここからきているんじゃないかなと思うんです。パワーの源は石像にあるかもしれないけれど、それを活用するのは人間の思い。だから人間自身の思いが先行しないと突き抜けられないっていう部分がある。川内康範先生の人間を尊重するヒーロー観、人間ががんばらないと始まらないという強烈な教えですね。『ティガ』では奇跡が起きたわけだけど、超古代の人たちには奇跡は起こらなかった。それはなぜなのか。GUTSも戦意喪失の中でダイゴ（ティガ）は、まずはギジェラに空手チョップを食らわせるわけじゃない。だから人間の意志が『ティガ』のキモなんだと思います。人間が自らの意志で切り開く、そこに光が射すんだっていうことで。

八木　それで「人間ウルトラマン」ということだったんですね。

笈田　結果的にはそうですね。ただそれは最初から思っていたことではなくて、右田くんや小中さん、長谷川さん、太田さんたちと話しながらたどり着いた結論だと思います。監督としては村石監督もそうだし、神澤監督もそう、岡田監督もそう、松原監督もそうです。喧々諤々でときにはバカヤロウ呼ばわりしながらみんなでやりあっていく中で、そうはいっても胸の中に「あいつの言っていることも一理あるな」「あれで怒ったのは俺が足りなかったからかな？」みたいな思いがよぎるわけです（笑）。そうやってみんなで疑問をぶつけあってつむいだ答えが最終回なんじゃないですかね。だからもう最後はヘロヘロになりました。

八木　では最終回を作り終えていかがでしたか？

笈田　最終回のMAの後にプロデューサーと小中さん、村石監督で打ち上げをやったんですね。そのときに丸谷さんが「結果的に素晴らしいものになってありがとうございます」とおっしゃってくれて。それに続けて「笈田、お前の好きな『ウルトラセブン』に『ティガ』は勝ったのか？」と聞くわけです。それで僕は「僅差で勝ちました」と言ったんです。自分の幼少体験を含めて『セブン』はでかい存在ですから、やはりそれをぶっちぎりで勝ったとも思わないし、同等か、もう一歩かなっていう部分もある。そうしたら小中さんが「僅差じゃないだろう、大勝ちだろう」って言ってくれた（笑）。村石監督もうれしそうに笑っていましたけど、勝った負けたではなく、やりきった達成感を味わいました。

八木　今回あらためて全作品を見返しましたけど、本当に『ティガ』は傑作だと思います。現場でのトラブルなんかもすべていい方向に回っていくことの連続でしたし、そういう好循環も味方したんだろうなって。

笈田　確かにそうなんだけど、それをあまり強調すると「みんながちゃんとやっていた」ということが置き去りになって、救われてばっかりみたいなことになっちゃうじゃない（笑）。そういう意味では人事を尽くして天命を待つという言い方が合っているのかもしれない。『ガイア』のときに村石監督がおっしゃっていたのは、「笈田ちゃん、『ティガ』のときからいろいろあったけど全部結果オーライで、思った以上の結果になったよね」っていうことでした。それで僕は「天国から『ウルトラ』の復活を後押ししてくれている英二さん、金城さん、一さんたちの意志を感じますね」と答えました。それはもちろん現場でわれわれが人事を尽くしているからこそ、そういうフォローを得られたんじゃないかということなんです。

丸谷嘉彦

Yoshihiko Marutani | Producer

ホン打ちから仕上げまで徹底的に付き合った

毎日放送（MBS）のプロデューサーとして『ウルトラマンティガ』『ウルトラマンダイナ』『ウルトラマンガイア』の制作に携わった丸谷嘉彦氏は、放送人としての長いキャリアをお持ちで、かかわった作品もドラマからアニメ、バラエティまでと幅広い。そんな氏の経験が作品を方向づけたことは想像に難くないが、実際にはどのようなことが行なわれていたのだろうか。大きな流れの中にあったTDGの制作について振り返っていただいた。

聞き手：八木毅

フィルムで撮った経験のある人は円谷プロに2人しかいなかった

八木　丸谷さんはMBS（毎日放送）の担当プロデューサーとして『ウルトラマンティガ』にかかわられていますが（クレジットは「企画」）、そもそもどういう経緯で企画が進んでいったのでしょうか？

丸谷　これは営業部からきた話で、土曜日18時の枠で『ウルトラマン』をやるんだということでした。でも当時の編成部ではその企画を担当できる人間がいなかったので、僕がやることになった。というのもいろいろ話をしていたら、フィルムで撮るというのを聞いたんです。「あ、それならやるのは俺しかいないだろうな」と思って。すでに、フィルムの実写番組の制作を経験したことのある部員がいなかったのです。それなら自分がやってやろう。私が担当すべきだと考えたのです。そしてフィルムでの収録は、結局あの3シリーズが系列最後の作品になりました。なぜフィルムかというと高野宏一さんがもともとはキャメラマンですから、フィルムの画質に非常にこだわる人だったんですよね。でも僕自身は最初の『ウルトラマン』が始まったときにはもう大学生だったので放送は見ていません。その前の『ウルトラQ』の記憶はあって何本か見ました。そんな感じでしたね。

八木　松原信吾監督もフィルムにこだわりがあったとのことでしたが、もともとは高野さんだったんですね。

丸谷　そうなんだけど、撮影に入る前に「特撮はフィルムで撮るが、ドラマ部分はVTRで撮ってもいい」と高野さんに言われ、「それではうまくつながらないと思います。木に竹を接ぐようなものです」と偉そうなことを言いました。でもそれは本人の思いに近かったようで、すぐに決まりました。結局は16ミリで撮って、OKカットをすべてVTRにダビング、それ以降の編集、音づけ作業はVTRで行ないました。

八木　合成カットの一部は35ミリで撮っていましたね。

丸谷　そうそう。『ティガ』『ダイナ』『ガイア』は基本的にドラマも特撮もフィルムで撮っているから、あの当時としてはすでにとても珍しかった。フィルムで撮っていた最後の牙城『水戸黄門』枠の時代劇も1998年以降はVTRで撮影するようになりました。だから制作費のやりくりは大変だったんじゃないかなと思いますね。

八木　円谷プロとして覚悟は決めていました。

丸谷　こちらもごく久しぶりのテレビ映画だったし、円谷プロといえばそれまで何シリーズも撮ってきた会社だからノウハウもあるだろうということで、局の担当として立ち会っておけばいいだろうくらいの思いだったんです。最初はあまり口出しをせずに、プロに任せようと思っていました。でもふと気づいたのですが、製作、演出陣にフィルムで撮ったことのあるスタッフは、高野さんと満田穧さんぐらいしかいなかったのです。「ああ、これはある程度は口を出しておいた方がいいな」と思って、そこからちょっと方向転換しましたね。

八木　円谷プロではその前の『グリッドマン』はＶＴＲで撮っていて、『平成ウルトラセブン』もそうでしたね。『平成ウルトラセブン』では神澤信一監督が「フィルムルックを調べろ」とおっしゃっていたのが印象的でした。技術にとてもお詳しい監督で、今ではよくある手法ですけどグレーディングでフィルム的な効果を狙おうということでした。

丸谷　言葉は悪いけれど「汚す」ということです。でも当時の円谷プロだと、ＶＴＲを使ってもおそらくフィルム撮りと同じやり方だったんじゃないかな。

八木　そうですね。カメラはビデオになりましたけど、マルチではなくワンカメでずっとやっていて。結局はフィルムの撮り方なんですよね。それはともかく、『ティガ』では丸谷さんのノウハウが活かせたというわけですね。

丸谷　それまで培ったフィルムで作品を撮るノウハウを知らない若い人が多かったので、ああ、これは自分がからんだ方がいいなと思ったのです。

ホン打ちに出ないのは局担当ではない

八木　キャスティングに関して、長野博さんの起用は丸谷さんのコネクションを背景に実現したと聞いています。

丸谷　あれはもともと営業が勝手に企画書に「ジャニーズの若手を起用する」って書いただけで、誰もジャニーズ事務所と接触した人はいなかったんです。でも企画書に書いちゃったから、なんとかしろって。たまたまジャニーズ事務所と親しいプロデューサーと30分のドラマシリーズの仕事をしたことがあったので、そういうルートから頼みに行ったんです。満田さんと読広（読売広告社）の大野実さんと3人でジャニーズ事務所に頼みに行きました。あとキャスティングで口を挟んだのは増田（由紀夫）かな。『ビーナスハイツ』（92）で付き合ったことがあって、関西弁をしゃべる男ということで推薦した記憶があります。まあ元来、局の人間はテレビ映画のメイン以外のキャスティングにはあまりからみません。初期のオーディションには顔を出しましたが、その後はほとんど口を挟まないようにしたつもりです。

八木　丸谷さんがいらっしゃらなかったら『ティガ』の主役は長野さんじゃなかったと思うんです。それから松原監督の1～2話がなければ『ティガ』はああならなかったし、3～4話で村石（宏實）監督が来なかったらやっぱり『ティガ』はああはならなかった。いろいろな要素がミックスされて奇跡的な傑作になったんだろうなと思っています。

丸谷　1～2話の脚本が右田（昌万）で、非常に常識的な流れで話を進めたのがよかったのかもしれない。

八木　1～2話ってよく見ると普通に見えながら、超古代文明とかGUTSが戦闘部隊ではなく平和的な組織であるとかいろいろな要素も入っているんですよね。そこは松原監督の力も大きかったんだと思います。

丸谷　僕はそれまでは番組宣伝やラジオの方をやらされていたんだけど、やっぱり現場でしか使いものにならないということで5月の人事異動でテレビ制作部に戻りました。そしてすぐに1～2話の準備稿を読みました。収録が7月で放送が9月だからかなりギリギリの進行だった。フィルムでの編集というアナログ作業がなかったとはいえそれにしても時間がなかった。まあ、もともと円谷プロというのはそういう体質だったんでしょうけど（笑）。ちなみに毎日放送のテレビドラマは、他社への発注であれ自社製作であれ、プロデューサーが一番こだわるのが脚本です。だからホン打ち合わせに出ないプロデューサーはいません。脚本家、演出家とプロデューサーが延々時間をかけて一緒に作ります。

八木　確かに丸谷さんはホン打ちには必ず出席されていましたね。

『ウルトラマンティガ』製作発表でマイクを握る丸谷嘉彦プロデューサー。『ティガ』を作ったテレビ局側の中心人物です。丸谷さんなしには『ティガ』はこの形ではなかったでしょう。ダイゴのキャスティングの立役者でもあります

丸谷　ドラマでいえば最初に担当したのが、東宝テレビ部がやった時代劇の『幡随院長兵衛お待ちなせえ』（74）という作品で。大阪に局プロデューサーがいて、僕が東京担当のAP（アシスタントプロデューサー）という形でした。そのときのプロデューサーが徹底して脚本にこだわる人でした。どうしても自分が会議に出られないときは、「こうこうこうだから」って僕に電話で伝えて代行したくらいでしたから。もちろん局によっていろいろ違うんだけど、脚本にそれだけ集中するのは珍しい方かもしれない。

大阪局ならではのバラエティに富んだキャリア

八木　キャリアの最初期に時代劇を担当されていたんですね。

丸谷　『幡随院長兵衛』から何本か時代劇をやらされて、それと並行してアニメだと『エースをねらえ！』（73）が最初でした。東京局だったらアニメとドラマの制作は部署が違うんだろうけど、僕の場合は比較的規模の小さな大阪局に入ったので、ラッキーにもいろいろなジャンルの番組を担当できた。それが後には『世界まるごとHOWマッチ』（83-90）であり、『地球ZIGZAG』（89-94）でありということで。

八木　『まんが日本昔ばなし』（75-94）も担当されていますし本当に幅広いですよね。丸谷さんは映画もお好きですし、やはり映像制作を志してMBSに入社されたということでしょうか？

丸谷　特にそういうことではなかったんですよ。嫌な言い方をすると、放送局はしばらくは潰れることもなかろうし、割に給料もよさそうだ（笑）。ただ僕らの世代は大学をぶっ潰すみたいな活動をしていたので、あまり目立つ部署に配属されるのは嫌だなと。それで一応志望は営業部と書いたのですが、要らないようだった。そんなことで編成・制作ということで入社しました。ただし、なかなか出世しない部署なんです（笑）。まあやりたいことをやってきたんだから文句を言うつもりもありませんが。でも、自分が担当した番組であれだけホン打ちから仕上げまで徹底的に付き合ったのは『ティガ』が最後かもしれないな。まあホン打ちは『ガイア』までずっと出ていましたけど、僕にとってのプロデュースの基本形がそれですからね。

八木　脚本家とのやりとりで覚えていらっしゃることはありますか？

丸谷　小中千昭さんとはよくもめたね（笑）。ストレートに反論してくることはあまりなかったのですが、よく睨まれた。非常に古いタイプの脚本家に会ったという気はしましたね。でも今になって自分の中に残っているのは千昭の作品だったりするんだけど。あとは笈田（雅人／プロデューサー）がよく太田愛を見つけたよね。脚本でいえばもう1人は日芸の監督コースを出た長谷川（圭一）ね。「どうせなら1本、監督として撮らないの？」なんて話をしたんだけど、「僕は脚本に方向を決めましたから」と言っていた。ああ、自分のことを分かっているんだなって感心した覚えがあります。長谷川とは今でもたまに会って飲んだりしますね。

『ガイア』は諸富に任せようという思いが強かった

丸谷　『ダイナ』は『ティガ』の「7年後の世界」ということだけど、自分の中ではそれほど大きな違いはなくて連続しているんだよね。一番の違いは千昭が抜けてメイン作家が長谷川になっているということかな。

八木　確かに地続きですけど、キャスティングもあって雰囲気はだいぶ変わりましたよね。あと『ダイナ』は小中和哉監督と長谷川さんの主流と、原田昌樹監督、太田愛さんたちのバランスというか。

丸谷　その両方があっての『ダイナ』でしょうね。

八木　『ティガ』は当初26話の契約だったそうですが、『ダイナ』も一緒だったのでしょうか？

丸谷　契約上はそうでしたね。でもみんなももう、「これはもうしばらく続くな」って分かっていたんじゃないかな。MD（マーチャンダイジング）もうまくいっていましたし。

八木　笈田さんは、『ティガ』が1年続いて『ダイナ』も決まったことでだいぶ燃え尽きたとおっしゃっていました。

丸谷　僕はそこまでではなかったですね。まあ笈田はのめり込むから（笑）。思い込みが強くて頑固じゃない？　だから彼ともよくケンカになりました（笑）。それで続けて『ガイア』になったから、さすがに同じ番組を3年やっていてもどうしようもないだろうということで。『ガイア』は諸冨（洋史／プロデューサー）に任せようという思いが強かったです。『ティガ』からずっと一緒にやっていましたしね。でも『ガイア』の打ち合わせでは、「あなたはずっとやってきてこんな基本的な設定も忘れているのか」ってよく怒られたけど（笑）。「そうだっけ」なんて言って。

八木　その『ガイア』でいったんシリーズが終了となりました。

丸谷　もともと高野さんから「2年やるつもりが3年目に入りましたけど、連続してもう1シリーズは無理です」という話がきていたんです。続けるにしても、間に1年は空けないと無理ですということで。それはそうですよね。もうずっと緊張しているわけだから現場のパトスが保たない。おそらくルーティンにも陥っちゃうだろうしね。

八木　いったん終わるに当たって気持ち的なものはいかがでした？

丸谷　よく3年やったなって思いましたね。実はそれまで担当した子ども番組で半年を超えたのは『銀河漂流バイファム』（83-84）だけだったんです。あとはすべて半年で、『エースをねらえ！』なんかは後半で視聴率が上がったけど間に合わなかった。それが毎年50数本を3年でほとんど休みもなかったから、これは大変なことでした。でも、とてもよい番組に出会えたなというのが正直なところです。『ウルトラマン』だけではないですけど、そういう作品が何本かあって私は非常に幸せでした。出世はできなかったけどね（笑）。

円谷一夫

Kazuo Tsuburaya | Executive Producer

『ティガ』を96年にスタートできたことを誇りに思っています

１９８３年に円谷プロに入社し、『ウルトラマンティガ』制作時は同社の社長を務めていた円谷一夫氏。クレジットは「製作」ながら、自ら2話の原案を担当し、撮影現場も頻繁に訪れるなど作品へのかかわり方は通り一遍のものではなかった。またファンとの交流をとても大事にしている点も特筆されるべきだろう。Ｖ６ファンにもおなじみの「カズオ」さんに、『ティガ』への思いを伺った。

聞き手：八木毅

新しい『ウルトラマン』を作っていく必要性

八木　『ウルトラマンティガ』立ち上げ前でよく覚えているのは、製作部会かなにかの会議で高野（宏一／監修）さんが「本当に『ウルトラマン』をやるんだったらちゃんと作らないといけない。だから持ち出しになるかもしれないけど、カズちゃんいいのか」って当時の社長だった一夫さんに聞いたことです。そうしたら一夫さんが「いいものを作ってください」と。『ティガ』はこれで決まったんじゃないかなと思っています。

円谷　それはちょっと覚えていないな（笑）。

八木　普通なら「しっかりと予算管理して利益を上げます」とか言いそうなところですから、これはすごいなと思いました。高野さんも当然、真剣にやりたかったでしょうしね。

円谷　笈田（雅人／プロデューサー）くんにも言ったけど、「あれをやっておけばよかったな」って後で思わないようにきちんとやったらいいよって。そういう気持ちはありましたね。あと笈田くんに言ったのは、あんまり硬い話ばっかりだと疲れるからバラエティに富んだお話を織り交ぜてやっていった方がいいんじゃないかなということ。僕はそういう方が好きなんですよ。まあ順を追って話すと、１９９６年のウルトラマン生誕30周年に向けて、円谷プロとしてはなにかをやりたかった。それで『ウルトラマンネオス』という企画を立ち上げて、バンダイさんやテレビ局にセールスをかけたわけだよね。パイロット版を作って、熊本のウルトラマンランドのイメージキャラクターにもネオスを据えようということでした。ウルトラセブン21というもう1人のヒーローと同時にドレンゲランっていう怪獣やザム星人という宇宙人や主題歌も作ってショーをスタートさせて。ネオスのデザインは丸山浩さんにお願いしたんだけど、立体物があった方がイメージしやすいだろうということで、40〜50センチのウルトラマンのソフビをネオスに作り変えてもらったりもしました。で、この『ネオス』のプロデューサーを笈田くんにやってもらおうということだったんです。彼は『ウルトラマン』を作るべくして生まれてきたんじゃないかというくらい詳しいし、新しい『ウルトラマン』を作りたいという意気込みもすごかった。余談ですけど、古谷敏さんバージョンのウルトラマンポーズを真似するととてもよく似ている（笑）。そんなわけでプロデューサーをお願いして、それがうまくいったらテレビシリーズを引き続きやってもらおうと思っていたわけです。でも残念ながら『ネオス』はそのときには実現しなかった。ＴＢＳさんに売り込んでいたけど、「もうちょっと目新しいものがあった方がいいんじゃないか」みたいなことで。そうしたら読売広告社さんから「大阪のテレビ局でＭＢＳさんはいかがですか」って言われたんですね。同じＴＢＳ

系列だしこれはいいなと思ったんだけど、そのときに「M78星雲出身のウルトラマンだと今まで通りなのでなにか目新しさが欲しい」っていう話になったんだよね。

八木　M78星雲じゃないウルトラマンというリクエストが放送局側からあったんですね。

円谷　そうなんです。M78星雲から離れることに内心では少し不安もあったけど、確かに長く続けることを考えたら新しい『ウルトラマン』を作っていく必要性もあるだろう。それにM78星雲のウルトラマンたちだって、並行して作っていくことはできる。あとはウルトラマンフェスティバルみたいなイベントだったら、ファンや子どもたちが直接声援を送れる場所だから、M78星雲でもティガでも一緒に出ていいだろう。お祭りみたいな特別な場だからね。それからマルチ、パワー、スカイとタイプチェンジすることを考えたり。そういうことがあって、大きな抵抗もなく新しいものを立ち上げられたんじゃないかなって思いますね。

『有言実行三姉妹シュシュトリアン』の影響

八木　『ティガ』は『ネオス』からの流れも1つあったということですね。

円谷　それで企画書なんかがあがってくるんだけど、僕は石橋けいちゃんに出てもらいたかった（笑）。なんでかというと東映さん制作の『有言実行三姉妹シュシュトリアン』（93）が大好きで、円谷プロでロケをしてもらっているのね。僕も出演させていただいたんですけど（笑）、演技なんかできない僕を当時10代だった月子役の彼女がリードしてくれた（笑）。それで本当に助かったということがあったんだよね。

八木　怪獣倉庫でも撮影していましたよね。

円谷　そうそう。黒部進さんも出ているし。まあそれで「石橋けいさんっていう女優さんはすごくいいな」と思っていて、新しい『ウルトラマン』をやる際は彼女にもぜひ出ていただきたいなって思っていたんです。だから企画書の段階でシンジョウ隊員の妹のシンジョウ・マユミという役を作って出てもらったんですよ。それからは『ダイナ』『ガイア』と平成三部作にはすべて出演していただきました。また「幻の疾走」の脚本は『シュシュトリアン』の「ウルトラマンに逢いたい」を書かれた武上純希さんにお願いして、以降は数々の円谷作品の脚本も書いていただいております。

八木　そういう流れがあったんですね。

円谷　あと思い出すのは『シュシュトリアン』の打ち合わせで東映さんに行った帰りに、いただいたグッズをクルマのトランクに入れて国会議事堂の近くを走っていたのね。そうしたらちょうど海外の要人がお見えになっていたので検問をやっていたわけ。みんな止められてトランクを開けられるんだけど、機動隊の人がグッズを見て「『シュシュトリアン』のグッズですね、家の娘も大ファンなのでいつも見ているんですよ。どうぞお通りください」って。それで「やっぱりすごいな『シュシュトリアン』、みんなが見て知っているこういう番組を作りたいな」と思ったんですね。そうこうするうちに『ティガ』が始まって、ホンダさんやヤナセさんの関係で仙台のイベントが入ったんです。レースの前に地元の人たちを呼んで、家族連れが自分のクルマでコースを走るファミリー走行会というものだったんだけど、青木拓磨くんにシャーロックを運転してもらってコースを先導してもらいたいということでした。それで撮影のスケジュールを確認したらちょうど1日だけ空いていたから、僕と車両管理の市川（直治）さんと交代でシャーロックを運転して仙台まで往復してきたんです。夜中に東京を出てね。そのときに東北自動車道を走っていたら後ろから高速隊のパトカーが来て、追い抜きざまに隊員さんが敬礼してくれたんですよ。それで「ああ、『シュシュトリアン』と同じように『ティガ』のことを見てくれている人がいるんだ」って実感して、あれはすごくうれしかったですね。

八木　平和を守るという意味では警察とGUTSは同じですからね。

円谷　こっちは走行車線でパトカーが追い越し車線で、横に並んで敬礼してくれた（笑）。あれは粋でしたね。

八木　「さっきGUTSに挨拶してきたよ」とか、きっと隊員さんたちも盛り上がったんじゃないですか？　「ダイゴ隊員やムナカタ副隊長は乗っていた？」とか言って（笑）。

円谷　中は見えにくいし、乗っていたのは僕と市川さんだったけどね（笑）。あと『シュシュトリアン』でいうと、雪子役だった田中規子さんには29話「青い夜の記憶」でクルス・マヤ役をやっていただいているんです。それでもう1人、花子役だった広瀬仁美さんにも出ていただいて、『ティガ』の世界であの3姉妹を再会させたかった。そういう夢があったんですね。でも実現させることができなかった。『ティガ』ではそれが心残りなのと、そしていつの日か『シュシュトリアン』の新作を見てみたいですね。

江ノ電が出てくる話を作りたいなと思っていた

八木　「幻の疾走」のほかに、『ティガ』では46話「いざ鎌倉！」の原案も一夫さんが書かれていますよね。

円谷　僕は小学校6年から高校3年まで藤沢に住んでいたので江ノ電が好きで、自分が作品をやるときは江ノ電が出てくる話を作りたいなと思っていたんです。あのときは松原（信吾）監督で、江ノ電の話を右田（昌万）くんに書いてもらった。自分なりに案を考えるために沿線を歩き回って写真を撮ったりして、それを右田くんや笈田くんに伝えたりしましたね。

八木　「いざ鎌倉！」はいい話でした。現場的に車掌さんの話だと難しいということで脚本がうまく進まないときに、一夫さんが「星野寫眞館っていうのが線路脇にある。江ノ電を撮っている人の話にすればいけるよ」っていう提案をしてくれたと聞いています。

円谷　目の前を江ノ電が走っているしさ、すごくレトロな写真館でいいなあって思っていたんだよね。

八木　ロケハンの成果ですね。車掌でもよかったのかもしれませんが、写真館というのがすごくはまっていたと思いました。

円谷　ガッツ石松さんに出ていただいたんだけど、安藤実さんのキャスティングもいいなと思いました。ただ、セリフで「なにがGUTSだ！」って言わせたかったたっていうのはあった（笑）。そういうことでは49話「ウルトラの星」は上原（正三）さんがシナリオで、初代ウルトラマンが出てくる話だったじゃない。あれは上原さんの最初の案だと、長野（博）くんが演じる助監督の役は全然別の名前だったんですよ。でも「助監督の長野」にした方が絶対に面白いし受けると思って、笈田くんを通じて上原さんに提案してもらった。それで「助監督の長野」になったんです。

八木　メタフィクション的な構造になるので面白いですよね。

円谷　そうだね。江の島にはもう1つ話があって、『ダイナ』では19話「夢幻の鳥」と46話「君を想う力」の2本の原案を書いているんだけど、実はもう1本江の島を舞台にした話を作りたかったんだ。つる（つるの剛士）ちゃんが2役で、アスカと母親を病気で亡くした5歳くらいの女の子がいる漁師のお父さんを演じる話でね。お父さんの船が嵐で遭難して、その女の子は周囲の助けも受けながら1人で育つ。それで15年経って20歳になって、江の島に調査で来たアスカとリョウにばったり出会う。亡き父の面影があるアスカと仲のいいリョウに焼きもちを焼いたりする。そんな話で怪獣が出てくるわけではないんだけど、最後は嵐に見舞われた江の島で、ダイナがアスカと瓜二つのお父さんと重なるような感じで彼女とみんなを避難させる。これは夏のお話で、時期を外しちゃったのとまだ話を練る必要があったので実現しなかったけど心残りですね。つるちゃんはいま藤沢の観光親善大使をやっているから、なにか縁があったのかなって思うけど。

『ティガ』と『マックス』をつなぐ幻の設定

八木　一夫さんは大のクルマ好きなのでその辺のお話も伺えますか？

円谷　『ティガ』から『コスモス』までのクルマやバイクはホンダさんが提供してくれていて、その間を取り持ってくれたのがクリエイティブ・オフィス・ヤップさんでした。ヤップの社長さんは堀井さんとおっしゃって、とても顔が広いんですよね。

八木　ホリイ隊員の堀井さんですよね。

円谷　そうそう、ホリイ隊員の名前は堀井社長から付けさせてもらったものです。それからシャーロックはカマロのスポーツクーペで、デ・ラ・ムがブレイザーLSっていう四駆。どっちもシボレーで、これはヤナセさんが提供してくれたものですね。ヤナセ・レナのヤナセはヤナセさんから付けました（笑）。確かゴールデンウィーク開けにMBSさんに決まったっていう電話が満田稔さんのところにあって。僕は当時砧の営業部の部屋にいたんだけど、満田さんが「決まったよ」って言いに来てくれて、みんなで「やったー！」って言ったのを覚えている。ただこれから大変だよねって。9月からの放送なので、いろいろ手配もしないといけないしね。それでヤナセさんにすぐ電話して、こういうわけなのでクルマをなんとかしてくれませんかって（笑）。そうしたらカマロとブレイザーの2台を用意していただけて、皆さん本当に協力的でした。大変感謝しております。

八木　マユミは一夫さんのオペルに乗っていましたね。

円谷　「幻の疾走」で拓磨を空港に迎えに行くとき、彼女の愛車という設定でした。僕がオペルのワゴンを持っていたので、それを「使っていいよ」って現場に貸してあげた。走行距離はまだ800キロくらいだったかな。撮影では爆破されなかったけど、CGで爆破されちゃった（笑）。

八木　川崎組で、撮影は豊洲の東京ガスでしたね。予定表だと日程は10月20日となっています。この日も一夫さんは現場にいらしていましたし、メイキング用のビデオを回したりもされていました。

円谷　その前後でオペルを御殿場のロケに持って行っていると思うんだけど、荷台とかがドロドロになって帰ってきたんだよね。笈田くんには「これ、どこで使ったの？」って聞いたんだけど。

八木　撮影に貸すのはよくないっていう話ですね。ところで『ウルトラマンマックス』の話になりますけど、ダッシュアルファも一夫さんがつないでくださったんでした。

円谷　アルファ・ロメオが新しいのを出すっていうので使いたいなと思っていたら、八木プロデューサーも同じことを考えていたんだよね。

八木　アルファGTですね。ベルトーネだったしすごくかっこよかったです。

円谷　自分自身もスパイダーに乗っていたことがあってそれはミズキ隊員が使ったんだけど（14話「恋するキングジョー」）、特捜車でアルファ・ロメオを使いたいなと。それでヤップの堀井社長に相談したら、当時のフィアットの広報宣伝のサラさんという女性を紹介してくれたんですね。もちろん改造して撮影に使うので後でお返しすることもできない。その代わりバンダイさんでおもちゃが出るのでそれを差し上げますってサラさんに言ったら、OKですって。そんな無茶なお願いが通ってしまったんだよね（笑）。そのときに、「TPCのサワイ総監がミラノのアルファ・ロメオ社を訪れてDASHの特殊車両を発注してどうのこうの」っていう設定を書いたんですよ。それはなぜかというと、『007』のアストンマーチン、『サンダーバード』だったらロールスロイスのペネロープ号が頭にあったから。実在の会社がちゃんと作ってキャラクターが乗っている、しかも会社のマークも入っている。それがいいなと思っていたので、アルファ・ロメオがDASHのために特注で作ったのがダッシュアルファだっていう設定を考えた。だからボデイにもアルファ・ロメオのマークを残している。TPCという組織がまだあって、『マックス』と『ティガ』がちょっとリンクできたらまた面白い展開になるんじゃないかなっていうこともあったしね。

八木　確かに『マックス』と『ティガ』だったらリンクできましたよね。

円谷　そういう種をちょっと仕込んでみたりしたんだけど、知らない人が見たらTPCは『ティガ』だから関係ないじゃないですかってなってしまうんだよね。

八木　そこはもったいなかったです。

円谷　ダッシュアルファにはもう1つ話があって、長野くんとは今度アルファGTを使うことになっていま改造に出しているんだよねなんていう話をしていたんです。そうしたら「運転してみたいです」ということだったので、改造があがって円谷プロに届く日に彼に電話をして「このタイミングだったら運転できるよ」って。それ以降だと撮影に入っちゃっていつ使えるか分からないからね。「じゃあ、ぜひ運転してみたい」という話になって、仕事が終わってから長野くんが砧に来て会社の近所の世田谷通りや環八を走ったんだよね。だからDASHの誰よりも早くGUTSのダイゴ隊員がダッシュアルファを運転したっていう裏話があるんです（笑）。

八木　ダイゴ隊員がテストしてくれていたんですね。やはりなにかの縁を感じます。

円谷　長野くんとは撮影の間も、1日くらい休みがあると鈴鹿サーキットに一緒に見に行ったりしたし楽しかったですね。

ファンとの交流はすごく大事にしていた

八木　キャスティングに関しては一夫さんはどんな形でかかわられたのでしょうか？

円谷　『ティガ』のキャスティングに関しては、僕はあんまりかかわっていないんだよね。ただ主役を決めるときは丸谷（嘉彦／企画）さんから長野くんでどうでしょうという話がって、僕はバレーボールワールドカップでV6を見ていたから「ぜひお願いできれば」という感じでした。純朴なイメージがぴったりで、すごくよいキャスティングだったと思う。でも長野くんに最初にお会いしたのは撮影初日の山梨県の道志村で、滝（大滝明利）さんとか影（影丸茂樹）ちゃん、マッサン（増田由紀夫）、（吉本）多香美ちゃんと会ったのも『ティガ』ではそこが初めてでした。

八木　衣装合わせかなにかで会われているかと思っていましたが、あの日が『ティガ』では初対面だったんですね。

円谷　そうだね。でも面白いのは、付き合っているうちに滝さんとムナカタって全然イメージが違うんだということが分かってきて。ムナカタリーダーってキリっとしているけど、滝さんはそういう雰囲気じゃなくて話しやすい。マッサンなんかホリイ隊員そのものだけど、滝さんはギャップがあるんだよね。でも、あのキャラクターははまっていたな。あとサワイ総監とイルマ隊長に関しては、やっぱり演じていただいてはいるんだけど、自分も総監と隊長に接しているような気持ちになっちゃうんだよね。女性隊長は高樹澪さんで決まってよかったなっていう思いもありましたし。だから本当に失礼があってはいけないなっていう感じで接していました。これは黒部（進）さんと接するときも同じですね。じゃあ滝さんには失礼でもいいのかっていう話なんだけど（笑）。

八木　大滝さんは普段は優しい方ですからね。

円谷　滝さんとかマッサン、影ちゃんはもう身内みたいな感じになっちゃったのかな。『ティガ』が終わってからも、滝さんと影ちゃんとは名古屋とか豊橋、静岡でファンに会いながらこだまで東京に戻って来るなんていうこともして

© 円谷プロ

ホリイ隊員は演じる増田由紀夫さんそのもの。増田さんは明るくて演技に真摯な現場のムードメーカーです。『ティガ』の現場には明るい楽しい方が多かったです。だから現場はいつも笑いがいっぱい。ちょっとだけ特別な実相寺組の37話「花」より

いたくらいで。あれは会社のイベントとかは関係なく、ほとんどプライベートに近いような形で付き合ってくれたんだよね。

八木　それはどういう感じの集まりだったのですか？

円谷　そのころは円谷プロもやっとホームページを立ち上げたくらいで、それとは別にある方が立ち上げた『ティガ』のファンサイトがあり、そこに「○月×日何時に静岡に行きます」なんて書いておくとファンが駅に来てくれるっていう感じでとてものどかでした。それでみんなで食事に行ったりするんだけど、まあオフ会みたいなものですね。そういう草の根的なことにも2人は付き合ってくれていたんですね。

八木　一夫さんのそういうファン思いのところも頭が下がります。

円谷　確かにファンとの交流はすごく大事にしていたと思う。それでいうと、『ティガ』はウルトラファンだけじゃなくてV6のファンもすごく見てくれていたんですよ。それで僕のところにもファンレターがいっぱい届くんだけど、時間を見てはなるべく返事を書くようにしていましたね。その話を長野くんが井ノ原（快彦）くんとか坂本（昌行）リーダーに話していて、彼らのラジオ番組『ネクストジェネレーション』では僕のことを「カズオ」と呼んでネタにしていたみたい（笑）。「カズオがまた現場に来た」とかいって。だからV6ファンの間では僕は「カズオ」として知られていて、そのラジオにもゲストで出たりしました。また『学校へ行こう！』の特番でムナカタリーダーと大阪に行ったりということにもつながって楽しかったですね。あのときは長野くんもリーダーもGUTSスーツを着て出演していたから、ダイゴとムナカタの大阪ロケみたいな感じでしたね。僕は円谷プロの社長として出ていて、ただコートを着ていただけだけど（笑）。

八木　ダイゴとムナカタとして出ていたわけですから、これは完全に『ティガ』のスピンオフですね。しかも円谷社長がいて、ダイゴとムナカタが現実の世界にいる。すごいSFですね。

円谷　いまだにV6のファンはあの回をよく覚えているみたい。あのときの幼稚園児だった男の子も大人になっているんだろうな。その後、ダイゴ隊員とムナカタリーダーが訪れる企画をやれば面白いのにね。そんなわけで25年も経つけど今でも僕のところにまでファンレターが届くんです。ありがたいことですね。あとV6ですごく覚えているのは、長野くんから「ティガをコンサートに出したい」って言われたことがあって。そのときに中に入るスーツアクターも手配した方がいいかを確認したら、「自分たちでなんとかするので大丈夫です」って。当日はティガが出たら大盛り上がりで、実際にスーツに入ったのは当時のマネージャーさんだったらしく後でマネージャーさんに感想を聞いたら「ティガの姿でステージに立って、いつも長野博が見ている景色を見て自分もダイゴ隊員やティガになることができすごくうれしかったです」と言ってくれたんです。それを聞いて僕もうれしかったですね。

砧の円谷プロダクションの思い出

八木　せっかくの機会なので円谷プロの話も伺っておきたいのですが、一夫さんは円谷英二さんの仕事場に行かれたりということはあったのでしょうか？

円谷　英二さんの撮影現場には行っていませんでしたけど、祖師谷の英二さんの自宅の中に特技研究所っていうのがあったんですね。そこは子どもたちが立ち入りを禁止されていた場所でしたけど、あるとき庭先で遊んでいたら英二さんがひょっこり出てきて「カズ坊、ちょっと入ってごらんよ」と招き入れてくれたことがありました。フィルムの作業をしていてフィルム屑が下に落ちていて、あの現像液の匂いが懐かしいですね。祖師谷の家の研究所には金城哲夫さん、中野稔さんがよくいらしていて、金城さんとは何回か話した記憶があるんです。一番印象的だったのは金城さんが沖縄に帰るときで、祖師谷の家に挨拶に来られたんですね。それで寂しい思いがして、子どもながらに「えー沖縄に帰っちゃうんですか」って話したことを覚えています。

八木 『ウルトラ』にとってとても重要な場面に立ち合われていたんですね。

円谷 英二さんの思い出ということでは、ゼロ戦のプラモデルを途中で投げ出したら怒られて、「最後まで作らないとダメだ」って一緒に作ってもらった覚えもあります。あとは初代『ウルトラマン』のゴモラの大阪城のセットは見た覚えがあって、尾っぽが暴れまわるところとかが印象に残っていて。『セブン』だとユートムの回の基地の廊下のシーンとかマグマライザーのところは見た記憶がある。だから英二さんの現場ではないけど、特撮の現場には連れて行ってもらった記憶があるんです。まあ当時の砧の円谷プロは「忙しいので見学はできません」という看板はあったけど結構自由で、近所の子どもたちの遊び場みたいになっていたんですよね。裏にポインターとか観音開きのクラウンのパトカーとかが停まっていて、そういうところに入っても怒られなかった。僕の友達なんかも「円谷プロに遊びに行ったよ」なんてよく言っていましたし。

八木 僕が入社した当時も、子どもたちが遊びに来たら怪獣倉庫を案内したりお土産をあげたりしていましたね。

円谷 わざわざ訪ねてきてくれたんだからということで、見学はできるだけさせてあげるようにしていたんですね。本社が八幡山に移ってからだけど、照明の佐藤（才輔）さんのお子さんとクラスの子どもたちと先生が見学に来たこともあったし。

八木 才輔さんの息子さんは今『ウルトラ』の現場で働いていますからそれはすごい話ですね。

円谷 お父さんの仕事場見学みたいな気持ちもあったんじゃないかな。会社の話でいうと、僕は大学生のころはよく学校終わりで覗きに行っていましたね。編集を見るのが好きだったから、湯浅（憲明）監督、深沢（清澄）監督、東條（昭平）監督、外山（徹）監督が編集の小林（熙昌）さんと『ウルトラマン80』の作業をしているのを横で見させてもらったりしていました。当時は使わないフィルムを大きなドラム缶みたいなものにバンバン入れて捨てていたんだけど、これはもったいないなと思って、小林さんに「要らないんだったら欲しいんですけど」って言ってもらってね。それで小林さんに教えてもらいながら編集機でつないで、30分くらいのNG集みたいのを作ったこともありました（笑）。『80』のスカイハイヤーとかシルバーガルの発進シーンでタイヤが取れちゃったりとか、そういうのなんだけど。あれを捨てずに残しておいてよかったなと思ったのは、円谷プロのファンクラブのイベントで「なにか上映するものはないか？」という話になったときに、思い出してかけたら大受けだったんだよね。

八木　貴重な資料ですから目にできたファンはうれしかったでしょう。しかしそんな感じで会社にはよく通われていたんですね。ちなみに実相寺（昭雄）監督とのお付き合いはどのようなものでした？

円谷　円谷プロに入ってまずやらされたのが出版の担当だったんです。それで『続・ウルトラマン白書』とか『ウルトラマン大図典』『ファンタスティックコレクション』なんかに写真を提供したり出版社に行って監修したりということをしていたんですけど、実相寺監督の『星の林に月の舟』が出版されるときの円谷の担当も僕でした。ですからそのころはよくお会いしていましたね。奥付にも僕の名前を「円谷プロ担当」ということで実相寺監督が入れてくれてうれしかったですね。もともとファンでしたから仲人もしていただきました。これは自分の結婚式を実相寺監督作品にしたかったということですね。

誰ひとり欠けてもあの作品はできなかった

八木　『ティガ』に話を戻すと一夫さんはロケ現場にもよくいらしていましたよね。

円谷　初日の道志村や熊本ロケにも行っているし、V6の番組でネタにされるくらいには現場に行っていたんですよね。記録用のデジカメを初めて回したのは村石（宏實）監督のレイビーク星人のとき（13話「人間採集」）で、あれは横浜の廃墟のロケじゃなかったかな。村石監督とは鳥の話をした記憶がある。カラスじゃなくて鳩だったと思うけど（笑）。

八木　大滝さんに言われて思い出したんですけど、30話「怪獣動物園」では牧場のソフトクリームを懸賞に大じゃんけん大会をやって、キャストチームでは大滝さんがビリで、スタッフチームでは僕がビリだったということもありましたね。あのときも一夫さんはいらっしゃいましたが、とても牧歌的な現場でしたよね（笑）。

円谷　当時「たまごっち」がすごく流行っていて、手に入りにくかったんだよね。それで滝さんも含めて役者さんみんなに欲しいって言われていたので、バンダイさんからいただいたのを持って行ったんだよね。

八木　その「たまごっち」は実際に映像で使っています。レナが「たまごっち」を出すから、そこのセリフを考えろって監督に現場で急に言われた覚えがありますから。でも神奈川県なのに撮り方によっては北海道にも見える素敵な場所でしたね。後に『ウルトラQ dark fantasy』で「小町」というのを撮ったんですけど、そのときも同じ牧場で北海道として撮影をしました。

円谷　相模湖の近くにあって、西部劇に出てくるような牧場だったね（笑）。

八木　あと『ティガ』ではいろいろなゲストが出演されていますけど、京本政樹さんは特に熱心でしたね。

円谷　48話「月からの逃亡者」で登場し、最終話「輝けるものたちへ」でも活躍するハヤテ・シン隊長役でしたね。もともと特撮ファンで円谷プロにもよく遊びにいらしてたんだけど、「自分で考えているアイデアがある」ということで自らご提案されたんですよね。『セブン』の「V3から来た男」のクラタ隊長のキャラクターがお好きということとで、宇宙から帰ってくる隊長を演じたいというお話でした。それで笈田くんとも相談して、右田くんに書いてもらったのが「月からの逃亡者」ですね。京本さんのスーツはアトリエグレイで制作して、ヘルメットも新調しています。その京本さんのご紹介で『ダイナ』では赤井英和さんが出演されるわけですけど、赤井さんも『ウルトラ』ファンでしたね。

八木　『ティガ』からの縁が『ダイナ』につながっていくという流れもあるんですよね。『ダイナ』以降の話はまた別の機会にお伺いできたらと思いますが、一夫さんにとって『ティガ』はどういう作品だったのでしょうか。

円谷　キャストもそうだしスタッフもそうだけど、とても素晴らしい人たちが集まっていますよね。だからみんなの力の結集で、誰ひとり欠けてもあの作品はできなかったんじゃないか。そう思える作品ですね。しかも『ウルトラマン80』から16年ぶりのシリーズだったので、本当に『ウルトラマン』が途切れてしまうかもしれないという時期だった。だから『ティガ』を96年にスタートできたことが今につながっているんじゃないかって思うし、数々の作品を送り出すことができたことに誇りを持っています。

© 円谷プロ

東京ガスのロケでメイキング映像を撮影中の製作の円谷一夫社長（当時）。『ティガ』を心から好きだった一夫社長はロケに頻繁に訪れてたくさんの現場の映像を撮影しました

放送リスト

話数	サブタイトル	脚本	監督	特技監督	放送日
1	光を継ぐもの	右田昌万	松原信吾	高野宏一	1996年9月7日
2	石の神話	右田昌万	松原信吾	高野宏一	1996年9月14日
3	悪魔の預言	小中千昭	村石宏實	神澤信一	1996年9月21日
4	サ・ヨ・ナ・ラ地球	宮沢秀則	村石宏實	神澤信一	1996年9月28日
5	怪獣が出てきた日	小中千昭	川崎郷太	北浦嗣巳	1996年10月5日
6	セカンド・コンタクト	小中千昭	川崎郷太	北浦嗣巳	1996年10月12日
7	地球に降りてきた男	宮沢秀則	岡田寧	高野宏一	1996年10月19日
8	ハロウィンの夜に	右田昌万	岡田寧	村石宏實	1996年10月26日
9	怪獣を待つ少女	小中千昭	松原信吾	北浦嗣巳	1996年11月2日
10	閉ざされた遊園地	川上英幸	松原信吾	北浦嗣巳	1996年11月9日
11	闇へのレクイエム	武上純希	神澤信一	神澤信一	1996年11月16日
12	深海からのSOS	児玉宣久	神澤信一	神澤信一	1996年11月23日
13	人間採集	河崎実 村石宏實	村石宏實	村石宏實	1996年11月30日
14	放たれた標的	中崎一嘉 村石宏實	村石宏實	村石宏實	1996年12月7日
15	幻の疾走	武上純希	川崎郷太	高野宏一 川崎郷太	1996年12月14日
16	よみがえる鬼神	川上英幸	川崎郷太	高野宏一 川崎郷太	1996年12月21日
17	赤と青の戦い	宮沢秀則 神澤信一	冬木椴	神澤信一	1996年12月28日
18	ゴルザの逆襲	右田昌万	冬木椴	神澤信一	1997年1月4日
19	GUTSよ宙《そら》へ・前編	小中千昭	村石宏實	村石宏實	1997年1月11日
20	GUTSよ宙《そら》へ・後編	小中千昭	村石宏實	村石宏實	1997年1月18日
21	出番だデバン！	太田愛	北浦嗣巳	北浦嗣巳	1997年1月25日
22	霧が来る	長谷川圭一	北浦嗣巳	北浦嗣巳	1997年2月1日
23	恐竜たちの星	武上純希	岡田寧	大岡新一	1997年2月8日
24	行け！怪獣探険隊	平野靖士	岡田寧	大岡新一	1997年2月15日
25	悪魔の審判	小中千昭	村石宏實	村石宏實	1997年2月22日
26	虹の怪獣魔境	右田昌万	村石宏實	村石宏實	1997年3月1日
27	オビコを見た！	太田愛	川崎郷太	川崎郷太	1997年3月8日

話数	サブタイトル	脚本	監督	特技監督	放送日
28	うたかたの…	川崎郷太	川崎郷太	川崎郷太	1997年3月15日
29	青い夜の記憶	長谷川圭一	原田昌樹	大岡新一	1997年3月22日
30	怪獣動物園	斎藤和典	原田昌樹	大岡新一	1997年3月29日
31	襲われたGUTS基地	川上英幸	北浦嗣巳	北浦嗣巳	1997年4月5日
32	ゼルダポイントの攻防	太田愛	北浦嗣巳	北浦嗣巳	1997年4月12日
33	吸血都市	長谷川圭一	村石宏實	村石宏實	1997年4月19日
34	南の涯てまで	小中千昭	村石宏實	村石宏實	1997年4月26日
35	眠りの乙女	小中千昭	石井てるよし	大岡新一	1997年5月3日
36	時空《とき》をこえた微笑《ほほえみ》	右田昌万 長谷川圭一	石井てるよし	大岡新一	1997年5月10日
37	花	薩川昭夫	実相寺昭雄	服部光則	1997年5月17日
38	蜃気楼の怪獣	大西信介	川崎郷太	川崎郷太	1997年5月24日
39	拝啓ウルトラマン様	長谷川圭一	川崎郷太	川崎郷太	1997年5月31日
40	夢	薩川昭夫	実相寺昭雄	服部光則	1997年6月7日
41	宇宙からの友	太田愛	北浦嗣巳	北浦嗣巳	1997年6月14日
42	少女が消えた街	長谷川圭一	北浦嗣巳	北浦嗣巳	1997年6月21日
43	地の鮫	小中千昭	村石宏實	村石宏實	1997年6月28日
44	影を継ぐもの	小中千昭	村石宏實	村石宏實	1997年7月5日
45	永遠の命	右田昌万	松原信吾	大岡新一	1997年7月12日
46	いざ鎌倉！	右田昌万	松原信吾	大岡新一	1997年7月19日
47	闇にさようなら	長谷川圭一	石井てるよし	佐川和夫	1997年7月26日
48	月からの逃亡者	右田昌万	石井てるよし	佐川和夫	1997年8月2日
49	ウルトラの星	上原正三	原田昌樹 満田穧	北浦嗣巳 高野宏一	1997年8月9日
50	もっと高く！ ～Take Me Higher!～	小中千昭	原田昌樹	北浦嗣巳	1997年8月16日
51	暗黒の支配者	小中千昭 長谷川圭一 右田昌万	村石宏實	神澤信一	1997年8月23日
52	輝けるものたちへ	小中千昭 長谷川圭一 右田昌万	村石宏實	神澤信一	1997年8月30日

PROFILE in order of appearance

のストーリー』でデビューし、3弾目の、作詞・作曲：井上陽水『ダンスはうまく踊れない』が80万枚の大ヒットなり、歌手と女優の両面で大活躍する。1985年、ハリウッド映画『ベルリン・アフェア』リリアーナ・カヴァーニ監督作品に主演し、104ヶ国で公開。テレビドラマでは『スチュワーデス物語』『HOTEL』『ウルトラマンティガ』『愛しの刑事』等があり、『ウルトラマンティガ』では初の女隊長として子供たちにも大人気となった。現在、映画・舞台・ドラマ・バラエティーと活躍中である。

松原信吾 (まつばら・しんご)

1947年1月6日東京生まれ。東京都立青山高等学校卒業後、早稲田大学第一法学部入学。普通のサラリーマンになるのが嫌でマスコミ、TV局各社を受験するも失敗。1年留年し、1970年（株）松竹に入社。1981年『なんとなく、クリスタル』で監督デビュー。1987年『青春かけおち篇』を監督。1989年松竹退社。（株）木下プロダクションと監督契約。2007年木下プロが「ドリマックス」に変わったのを機に契約を解除。以後フリーランスで映画、連続ドラマ、単発の2Hドラマを手掛け、現在に至る。

村石宏實 (むらいし・ひろちか)

監督・特技監督。1947年3月生まれ。東京都出身。円谷プロダクション入社後『(初代) ウルトラマン』などで光学撮影助手を務める。その後フリーとなり、大映テレビ、歌舞伎座プロなどで助監督行、キャリアを重ね三船プロの『大忠臣蔵』でチーフ助監督に。1973年自主映画『OH!カオ』で初監督。ピープロの『電人ザボーガー』で商業作品デビュー後も、各社の劇場映画、2時間ドラマで助監督を務め、『まんがはじめて物語』シリーズでアニメの監督も経験。1988年東宝の『電脳警察サイバーコップ』でメイン監督を担当し、以降、円谷で『電光超人グリッドマン』や『ウルトラマンティガ』を始めとする『平成ウルトラシリーズ』などで重要なエピソードを担っている。他に『超星神グランセイザー』、劇場版『ウルトラマンティガ THE FINAL ODYSSEY』などがある。

神澤信一 (かみざわ・しんいち)

監督・特撮(特技)監督。1948年東京生まれ。多摩美術大学技術職員在職中から撮影助手として現

長野 博 (ながの・ひろし)

1972年10月9日生まれ。神奈川県出身　A型。1995年V6として『MUSIC FOR THE PEOPLE』でCDデビュー。バラエティ、ドラマ、舞台、映画等で幅広く活躍。1996年に『ウルトラマンティガ』(TBS系)に出演。その後、映画『ウルトラマンティガ THE FINAL ODYSSEY』(2000年)、『大決戦！超ウルトラ8兄弟』(2008年)に出演。現在、『アメージパング！』(TBS系)、『よじごじDays』(テレビ東京)、『晴れ、ときどきファーム！』(NHK-BSプレミアム)、『水野真紀の魔法のレストラン』(毎日放送)にレギュラー出演中。V6としてアルバム『STEP』が発売中。

吉本多香美 (よしもと・たかみ)

1971年、埼玉県出身。

女優としてテレビ、映画、CMで活躍するほか、ハーバリストとして、自然と人間の共存をテーマとしたドキュメンタリーやトークショーに力を入れ活躍している。

趣味は、海で泳ぐこと、子供と遊ぶこと、料理、ボディボード。

石垣島で無農薬・無肥料、自然栽培の島ハーブガーデン"Fresh＆Wild"を2018年にオープンさせ、石垣の雄大な自然に包まれたハーブガーデンでハーブのワークショップ、マクロビ教室、リトリートツアーなどを開催している。

大滝明利 (おおたき・あきとし)

1963年宮城県仙台市出身。主な代表作に、1996年MBS『ウルトラマンティガ』ムナカタ・セイイチ副隊長役、1997年MBS『ウルトラマンダイナ』ムナカタ・セイイチ／キャプテン・ムナカタ役などがあり、1990年代から多数の円谷プロ作品に出演。他、様々なドラマ作品でも活躍。

映画では2000年『ウルトラマンティガ THE FINAL ODYSSEY』ムナカタ・セイイチ副隊長役、2002年『ウルトラマンコスモス2 THE BLUE PLANET』ヒジカタ副司令官役などがある。

また、殺陣師として『平成ウルトラセブン』や『ウルトラマンネオス』を手掛けていた。

高樹澪 (たかき・みお)

1980年、映画『モーニングムーンは粗雑に』・『無力の王』と2本同時主演デビューする。歌も、映画の挿入歌として、作詞・作曲：桑田佳祐『恋の女

救命室Vital Signs』でメジャー監督デビュー。日本映画監督協会会員。

黒木浩介 （くろき・こうすけ）

1963年生まれ。平成元年木曜ゴールデンドラマ『マルタの女パート2』で助監督デビュー。フリーで東映、円谷プロ、その他で映画・ドラマの助監督の仕事に就く。『はぐれ刑事純情派』『五星戦隊ダイレンジャー』『仮面ライダーZO』『仮面ライダーアギト』『ゼイラム2』『鉄甲機ミカヅキ』など。円谷プロでは『ウルトラマンティガ』『ウルトラマンダイナ』『ウルトラマンネクサス』『ウルトラマンマックス』『ウルトラマンネオス』『ULTRASEVEN X』など。

倉持武弘 （くらもち・たけひろ）

茨城県土浦市出身。横浜放送映画専門学院（現日本映画大学）第一期卒。

卒業後主に映画、TVドラマの撮影助手として椎塚彰氏、大岡新一氏に師事。

1995年頃よりキャメラマンとして『平成ウルトラシリーズ』『超星神グランセイザー』『琉神マブヤー』（映画）、Vシネマなどに参加。

佐藤才輔 （さとう・さいすけ）

1960年秋田生まれ、1980年横浜放送映画専門学院卒、照明フリーで多数の作品に参加。円谷プロでは『電光超人グリッドマン』『ウルトラマンティガ』から『ULTRASEVEN X』まで参加。

右田昌万 （みぎた・まさかず）

脚本家、映画監督、俳優。1966年鹿児島県出身。映画監督を志して上京、松竹シナリオ研究所に通う傍ら小劇場演劇に没頭する。円谷英二の次男・円谷皐との出会いから円谷プロに入社、企画文芸部のエースとして沢山の企画や脚本に関わる。脚本デビュー作は『電光超人グリッドマン』。また『ウルトラマンダイナ』46話『君を想う力』ではゲスト出演している。円谷プロ退社後はフリーの脚本家、映画監督として活動の場を広げ、代表作に『Oh!透明人間』『日本以外全部沈没』『まいっちんぐマチコ先生』『三大怪獣グルメ』などがある。近年は出身地である鹿児島の役者を集めてワークショップ短編映画なども制作している。

場に就く。後、特撮系映画の監督助手も務め『ウルトラマンA』で特技監督デビュー。『ウルトラマンタロウ』ではキャラクター「ウルトラ6番目の弟」を案出。『流星人間ゾーン』ではシナリオにも参加する。大学講師も兼任するが、教育者向きでないと判断しフリーランスとして映像制作業務に専念する。

岡田寧 （おかだ・やすし）

子どものための作品づくりを目指し『ウルトラマンティガ』に参加。その後東北新社、オスカープロモーション等にて製作活動。2020年子どものための映像劇団「時猫」を旗揚げ、映像演技やドラマ演出を指導している。【代表作】テレビ朝日土曜ワイド劇場『救命士・牧田さおり』シリーズ（2000年より）プロデューサー、監督／映画『ヒナゴン』（2005年）企画／テレビ朝日スペシャルドラマ『めぞん一刻』（2007年）プロデューサー／NHK連続ドラマ『コンカツ・リカツ』（2009年）監督／テレビ朝日スペシャルドラマ『陰陽師』（2015年）プロデューサー／ポッドキャスト『ボイスドラマで学ぶ日本の歴史』（2020年）総合演出。

勝賀瀬重憲 （しょうがせ・しげのり）

1968年、京都市生まれ。京都東山の寺社仏閣を遊び場に育ち、高校時代から自主映画を撮り始める。実相寺昭雄監督に師事し映画、ドキュメンタリー、特撮、オペラなど多岐にわたって演出を学ぶ。『ウルトラマンティガ（TVシリーズ）』（1996）、『ウルトラマンダイナ（TVシリーズ）』（1997）、『姑獲鳥の夏』（2004）などのチーフ助監督を経て、『岸 惠子・輝きのギリシャ紀行』（2004）で監督を務める。主な作品『CONTACT ME！（Yahooムービー）』（2001）、『教授的恋愛協奏曲（Yahooムービー）』（2002）、『岸 惠子・輝きのギリシャ紀行（テレビ朝日）』（2004）、『構え森』（2015）、『KAN TOKU 実相寺昭雄』（2016）など。

株式会社きつねのしっぽプロダクションを設立。

今泉吉孝 （いまいずみ・よしたか）

1966年7月19日生まれ。愛知県新城市出身。AB型。1988年東放学園放送芸術科卒。実家は1931年創業のかわら煎餅屋「マルヤス富川屋」。86年からニッポン放送にてラジオ番組のアルバイトをやり始め、87年在学中に火曜サスペンス劇場『ラーメン横町 女たちの危険な午後』（桜井秀雄監督）でドラマ助監督としてデビュー。その後、東宝テレビ部を経て東映・にっかつ・松竹・大映等撮影所、各テレビ局、制作会社をめぐり、フリーとして本格的に活動。2005年TBS BS-i『大学病院救急イア』『ブースカ!ブースカ!!』を担当。2001年5月：中国支社「上海円谷企画有限公司」に現場責任者として出向。2004年7月：円谷プロを退社。暫く、中国キャラクター映像事業に関与。2006年4月：同社再入社し、『ウルトラマンティガ』の中国展開を務める。2009年2月末日：「高野宏一氏を偲ぶ会」に出席後、同社を完全退職。同年10月：天空社と『上海グルメ紀行』を日中共同制作。2010年3月：有限会社Visual Front Line institute法人登記・主宰。特撮企画を中国5社と仮契約まで結ぶが、本契約移行時に、交渉決裂し実現ならず。【2021年7月現在】

丸谷嘉彦（まるたに・よしひこ）

1947年2月22日、大阪・池田市生まれ。

1970年毎日放送入社、72年東京支社に異動。

以来、テレビ編成をメインに、テレビ制作、テレビ営業、ラジオ編成制作などを歴任、『ウルトラマンティガ』以来テレビ編成部で番組を担当。

主な担当番組は、アニメ『エースをねらえ！』、テレビ映画『横溝正史シリーズ』、『世界まるごとHOWマッチ』『まんが日本昔ばなし』『地球ZIGZAG』など。

2007年定年退職、09-11年BPO（放送倫理・番組向上委員会）に勤務。その後無職。

円谷一夫（つぶらや・かずお）

1961年1月18日生まれ。1983年3月、玉川大学英米文学科卒業。同年4月、株式会社円谷プロダクション入社。営業部に配属されて、出版物、玩具、文房具、レコード・CD等の商品化権の業務に携わる。

関連会社、株式会社円谷エンタープライズの業務を3年間兼務し円谷プロ作品の再放送の販売を行なう。

その後、円谷プロダクション営業部課長、営業部長、常務取締役を経て、1995年に4代目社長に就任、円谷プロダクション作品の製作および監修を行ない、2003年に会長、2008年名誉会長に就任。2009年に円谷プロダクションを退職。

小中千昭（こなか・ちあき）

1961年東京生まれ。小学生時代から自主映画を撮り始める。成城学園中学～大学で過ごす間に映画を作り続け、1985年に映像ディレクター、特殊メイク・アーティストとして活動を開始。1989年にビデオ作品『邪願霊』で初めて脚本を書く。以降は実話ベースの短編ホラー作品を多く手掛け、後にJホラーの規範となった「小中理論」を構築。これは後に『恐怖の作法　ホラー映画の技術』（河出書房新社）でまとめている。1996年からアニメの脚本も執筆。『ウルトラマンティガ』『ガイア』『マックス』などの特撮シリーズも手掛ける。

太田愛（おおた・あい）

香川県生まれ。大学在学中より始めた演劇活動を経て、1997年『ウルトラマンティガ』で脚本家デビュー。『平成ウルトラマン』では『ティガ』から2007年『ULTRASEVEN X』まで10シリーズで脚本を執筆。また、『TRICK2』『相棒』などのサスペンスドラマでも高い評価を得ており、17年には『相棒 劇場版Ⅳ』の脚本を担当する。2012年、『犯罪者』で小説家デビュー。13年に『幻夏』で日本推理作家協会賞（長編および連作短編集部門）候補となる。17年に『天上の葦』。近刊は20年秋に上梓した『彼らは世界にはなればなれに立っている』。21年4月からは陸奥新報など四紙で最新作『未明の砦』を連載中。

長谷川圭一（はせがわ・けいいち）

脚本家。1997年『ウルトラマンティガ』第22話で脚本家デビューし、その後『ウルトラマンダイナ』『ウルトラマンネクサス』『ウルトラマンギンガ』などの円谷プロダクション作品、『仮面ライダーW』『仮面ライダーセイバー』などの東映作品の脚本を担当する。TVアニメ作品では『ゲゲゲの鬼太郎（5期、6期）』『神撃のバハムート GENESIS』『SSSSグリッドマン』『SSSSダイナゼノン』などに参加している。

笈田雅人（おいだ・まさと）

1965年8月3日：東京都生まれ、神奈川県川崎市・横浜市育ち。1989年3月20日：明治学院大学経済学部経済学科卒業。在学中、体育会弓道部に所属し、選手として活躍。1989年4月1日：円谷プロダクション入社。版権営業に携わる一方、新作制作にAPとして参加。『ウルトラマンキッズ』『電光超人グリッドマン』等。1996年：『ウルトラマンティガ』でプロデューサーとなる。製作部に異動し企画／プロデューサーとして『ダイナ』『ガ